木の家づくり

(財)林業科学技術振興所 編

海青社

日本の木造住宅

▲ 写真
竪穴式住居。弥生時代の遺跡である登呂で
復元された住居。正確には平地住居

◀ 写真 2
高床式住居。登呂で復元された住居。
穀倉に使われていた

▲ 写真３　数寄屋風書院造りの代表的な遺構・臨春閣。横浜三渓園に移築した紀州徳川家の別荘

▲ 写真４　寺島家住宅外観とその小屋組。飛騨高山で日下部家と並んで建っている質の高い民家

▲ 写真5　白川・五箇山の合掌造り。大きなさす組の屋根を持つ建物で、2階から上は養蚕などに使用、居住部分は 1 階のみ

▲ 写真 6　渡辺家住宅。新潟県関川村にある旧街道沿いの代表的民家

◀ 写真 7
田中家住宅。四方蓋(しほうがい)と呼ばれる形式の藍作り民家

写真 8 ▶
農家のたたずまい。房総風土記の丘。かつてこうした茅葺き屋根の農家は日本の各地で見られた

◀ 写真 9
旧夏目漱石の家。明治時代の典型的な住宅。明治村に移築

欧米の木造住宅

◀ 写真 10
ノルウェーの民家。ネズミ返しを持つ2階建てのセイロウ造り(校倉)の民家

◀ 写真 11
ブルガリア(プロブディブ)の民家とその内部。木造軸組に茶やブルーや黒の漆喰塗りとし、内部の壁や天井には寄せ木の内装が施されている

◀ 写真 12
イタリア北部アルプス山麓(ドロミテ山地)の農家

写真 13▶
スイス(グアルダ)の民家。校倉造りに厚く漆喰塗りが施されている

写真 14▼
ポーランド(ザコネバ)の校倉造りの民家(4段で天井に達するほどの太い木材を使っている。下の写真は民家群のうち築300年の住宅の内部)

◀ 写真 15
チェコ(プラストヴィーチェ)の農家。左端に見られる部分を含め木造の2棟造りの農家。漆喰塗りで模様を付けているほか建設年(1864)が表示されている

写真 16 ▶
スコットランド北部(チェスター)の民家。軸組を黒、壁を漆喰で白くし、ベイウインドウには美しい彫刻が施されている

◀ 写真 17
ドイツ(フリッツラー)の街並み。木造中層建築の街並みには観光客が絶えない

▲ 写真 18　ドイツ(ゴスラー)の 2 階建て民家。隣が改築中で軸組がよくわかる。外壁には天然のスレートが張られている

▲ 写真 19　スイス山村の住宅群遠望

▲ 写真 20　アメリカ(サンフランシスコ)の古い木造のタウンハウス。古いツーバイフォー住宅の街並みで、表通りの景観を揃えている

▲ 写真 21　アメリカ(カリフォオルニア地域)の共同住宅。2 階までは RC 造りでオフィスや商店が入っている。上階はツーバイフォー住宅としている共同住宅

この本をお求めのあなたに

木の家といえば、温もりと優しさに包まれ、ダニ、カビなどアレルギー源がない健康な環境が得られる良い面もあるけれど、その一方で、建材からホルマリンが出る、狂って建て付けが悪くなる、湿気に弱く腐れやすい、地震に弱いといったいろいろな話があって、いざ家を建てるとなるとどんな住宅がよいのか迷ってしまいます。

そこで先ず、第Ⅰ部第1章では、いろいろな構法で建てられる様々な木造住宅があることを、第2章では、いろんな角度から技術開発が進められていることなどが紹介され、前述のような疑問や心配事に答えてくれています。

いよいよ木造住宅を建てるとして、希望どおりの家を手に入れるためには、家を建てる前にどんなことに気を付けたらよいかなどのチェックポイントが第3章に、また、実際に家を建てる場合の心配事に対する答えが第4章に親切に解説されています。また、我が家が出来た後のメンテナンスや住み方が悪くては何にもなりません。第5章では、これらの知識や日頃の心がけを詳しく教えてくれています。

これで一通りの勉強はできましたが、折角「木の家づくり」を目指したのですから、ハウスメーカー、工務店や棟梁、大工さんなどとの打ち合わせのなかで中味を理解したり、「木遣い」についてあなたの意見を的確に伝えることができるように、第6、7、8章で「木」について基本的なこと知っていただき、あなたの知識を一層豊かにして、理想の家づくりに挑戦してください。

最近、地球温暖化防止の問題が国際的な課題になっていて、森林の役割が大きく見直されています。木造住宅に気候風土に合った国産材を使うなら、日本の国土を守っている森林のためにもなりますし、環境改善にも大いに貢献します。ところが今、木材生産を担う日本林業は苦しい経営に追い込まれていますし、山村は衰退を余儀なくされています。それでも、新しい認証制度に取り組むなど、二十一世紀に向かって懸命に森林を育んでいる林業家もいます。このことは第Ⅱ部で解説しています。また、ここでは我が国ばかりでなく世界を視野に入れた森林、林業、木材産業について、あなたも知識人になっていただけるような構成になっています。

さらに巻末には、詳しいことを知りたい方のための参考書の紹介や専門用語の解説を載せています。また、所々に挿話があって肩をほぐしてくれます。

この本の中味を、順を追ってご紹介しましたが、持ちやすいよう小型の判にしましたので、あなたの住まいの建築現場までお供することになれば最大の喜びです。どうぞ、理想の木の住まいがあなたの手中に納まりますように。

二〇〇二年 五月一日

財団法人 林業科学技術振興所
顧問 土井恭次

木の家づくり——目　次

第Ⅰ部

木の家を建てる

カナダ・バンクーバーの木造共同住宅（写真提供：住宅生産団体連合会）

第1章　木造住宅いろいろ

まずは構法で分けると

木造住宅にはいくつかの構法があります。それぞれの特徴については後で詳しく紹介するとして、ここでは、それぞれがどのように誕生したか、年間どれくらいの数が建てられているのか、どんな会社が建てているのか等について説明します。

さて、木造住宅で建設棟数が一番多いのは、やはり日本の伝統構法から派生した在来軸組構法（在来構法）で、やや減少傾向にありますが、年間約四四万戸（二〇〇〇年）が建てられています。これは全木造住宅の八〇パーセントにあたります。在来軸組構法の生産主体は幅広く、全国津々浦々にいる大工、工務店から大手ビルダーまでさまざまです。在来軸組構法は、その名が示すように柱や梁で軸を組んで建物を構成する構法（図１・１）で、その建築基準は、昭和二五年に成立した建築基準法によっています。なおこの時期は、在来軸組構法が唯一の木造建築でした。建築基準はその後何度か改正され、今日では、当時よりはるかに高い耐震性などを付与することが義務付けられております。

プレファブ構法は、柱がなく、枠材に面材を接着したパネルを組み立てる構法（図1・2）で、昭和三〇年代の後半に、法律に基準が書かれていない新しい構法として登場しました。そのため、長年にわたり、建設大臣の特別の認定により建てられてきました。大臣が認定するため、設計基準は比較的厳しくなっています。これは、在来軸組構法が建築基準法が施行される前から建てられていたので、その建築基準が比較的緩やかになっているのと対照的です。プレファブ構法は誰でも建てられるものではなく、建てられるのは認定を受けたメーカーに限られます。そのため、建設主体のほとんどが大手メーカーです。プレファブ住宅の木造住宅に占める割合は、一九九一年からほぼ一定の五パーセント台を推移しています。

ツーバイフォー工法は、元々は北米の構法であったものを一九七四年に建築基準法の中に取り込んだものので、いわば、国が輸入した構法といえます。枠材を組んでこれに面材を釘で張り付ける構法（図1・3）で、法律では枠組壁工法といいます。国の責任で導入した構法であるため、プレファブ構法と同様に、建築基準は厳しめになっています。建設主体は、かつては大手が中心でしたが、最近は中小の工務店も急速に増えてきました。木造住宅に占める割合は年々増加しており、二〇〇〇年は一四・四パーセントになっています。

ログハウスは、正倉院などに見られる校倉造り（写真1・1）です。かつてはプレファブ住宅と同じように、建設大臣の特認で建てられてきましたが、一九八六年に建築基準が整備され、一般に建設できるようになりました。法律では丸太組構法といいます。建て方には、部材を工場で加工して現場で組み立てるキット販売の方式と、現場で加工しながら造る方式とがあり、キット販売が大多数を占めています。欧米

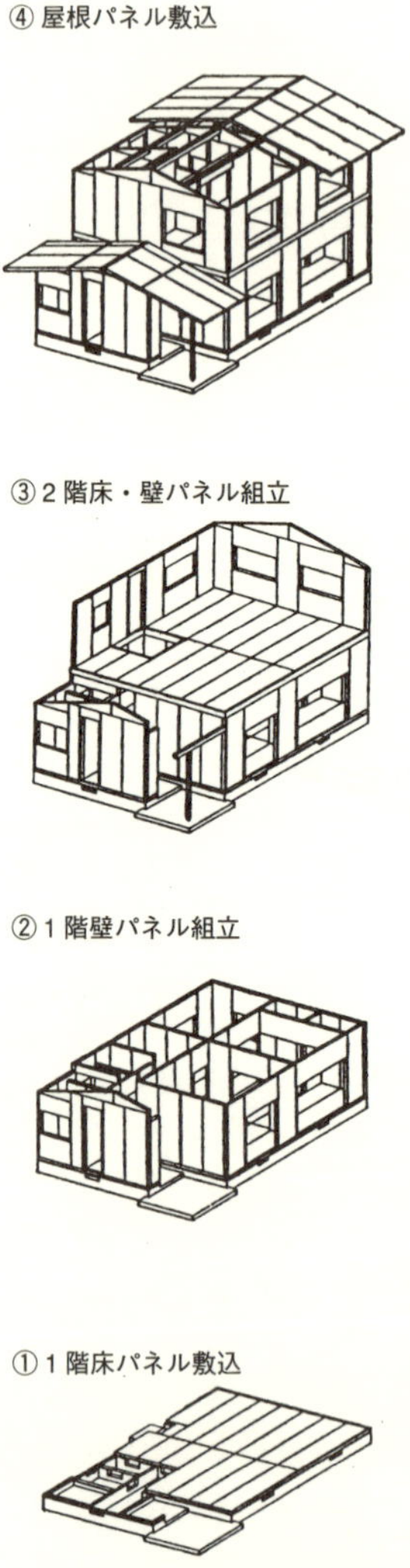

図 1・2　プレファブ構法の建て方

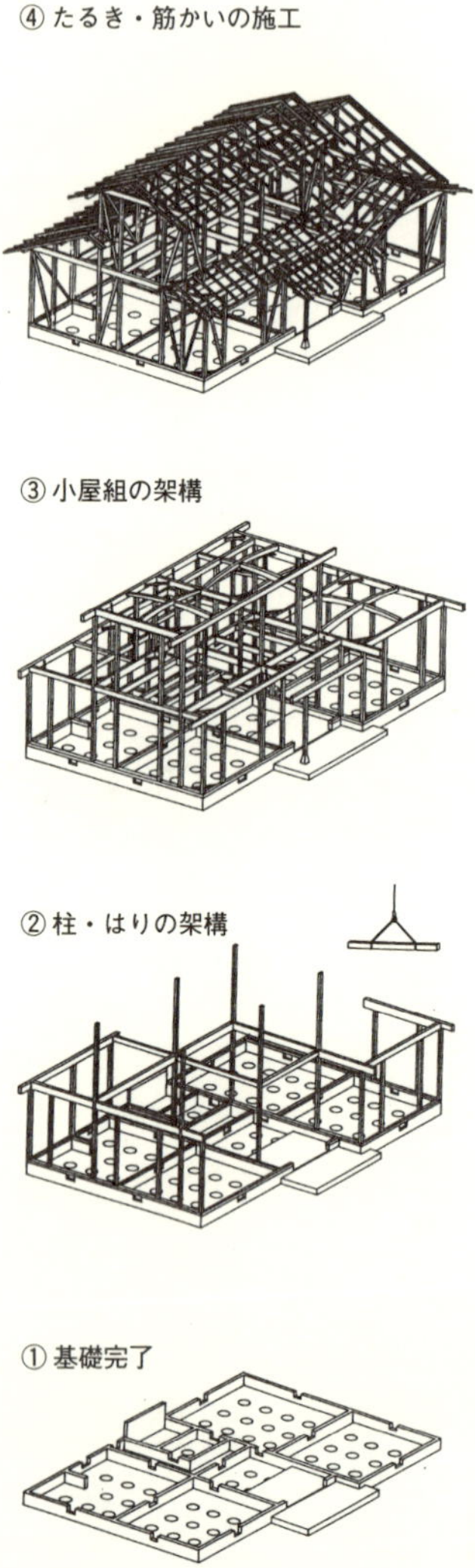

図 1・1　軸組構法の建て方

(井上書院：木質構造建築読本、1988)

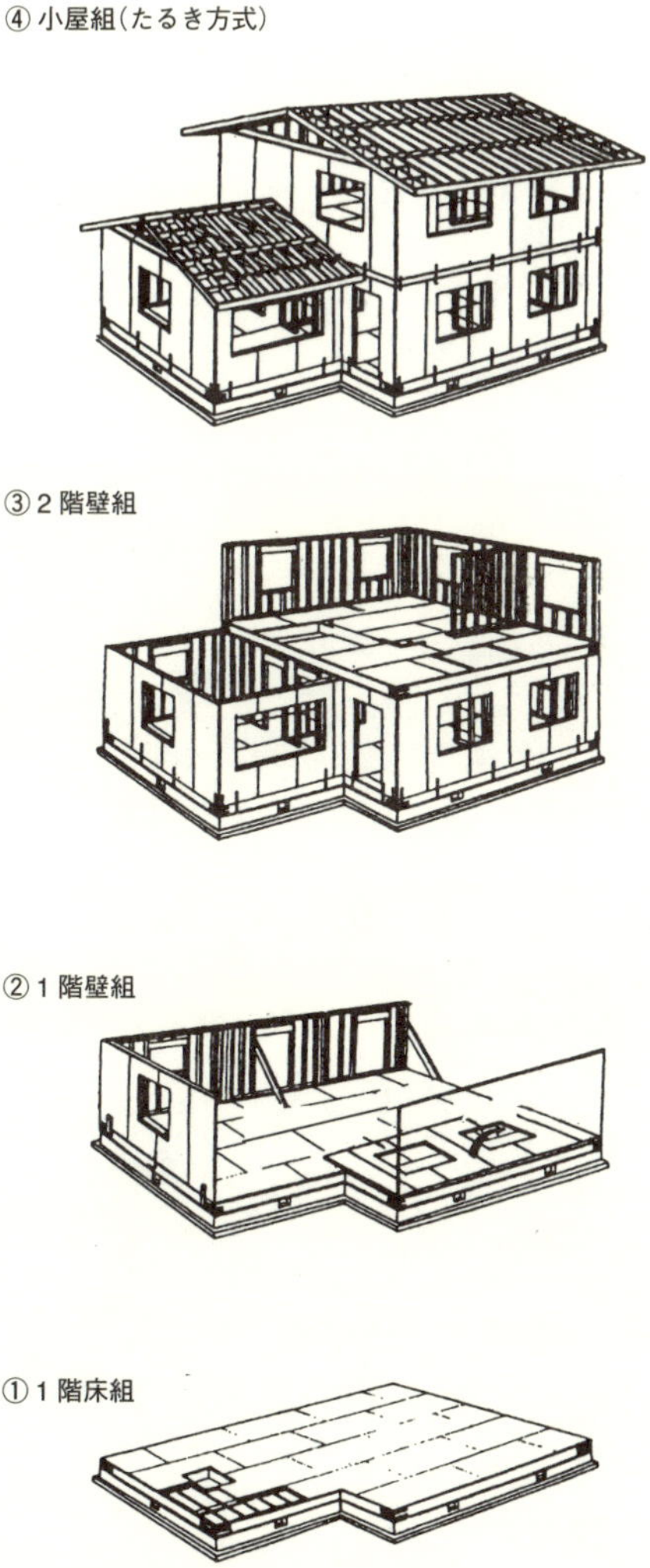

図 1・3　ツーバイフォー工法の建て方
(井上書院：木質構造建築読本、1988)

写真１・１　工場で仮組み中のログハウス

写真１・２　太い柱と太い鴨居を組み合わせる伝統工法

からの輸入ものと、国産材を使う国産ものとがあります。建設棟数はまだまだ少なく、一九九九年は八四六棟でした。

南面と東面に縁側がまわり、障子と襖で部屋を仕切って壁がほとんどない伝統的な木造建築は、今日でも見ることができますが、新しく建てることは法律上ほとんど不可能になりました。このような壁の少ない伝統構法は、本来、太い柱に太い鴨居《かもい》を差した軸組（写真１・２）で地震や台風に耐える構造ですが、これでは耐力的に不十分なため、現在の建築基準では柱と柱の間に筋違《すじか》いを設けたり、合板を張ることなどを義務づけているからです。しかし、伝統構法の軸組の方法や、継手《つぎて》・仕口《しくち》といわれる接合方法の知恵は、今日の在来軸組構法のなかに受け継がれています。

（神谷文夫）

在来軸組構法というのは

在来軸組構法は在来構法ともいわれ、我が国の長い歴史のある木造伝統構法を基礎として改良されてきた構法です。建物を梁、けた、柱などの軸材料で構成するので軸組み構法という名前がつけられています。地震や風の力に対しては、筋かいや貫を入れた耐力壁《たいりょくへき》で抵抗しますが、最近では合板などの面材を張る耐力壁が増えつつあります。

在来軸組構法の構造的な特徴は、図１・４に示すような継手・仕口と云われる接合方法にあります。継手・仕口は、鉄が使えない時代に（鉄は昔は砂鉄から作る大変貴重な材料でした）、強い接合強度を得ると

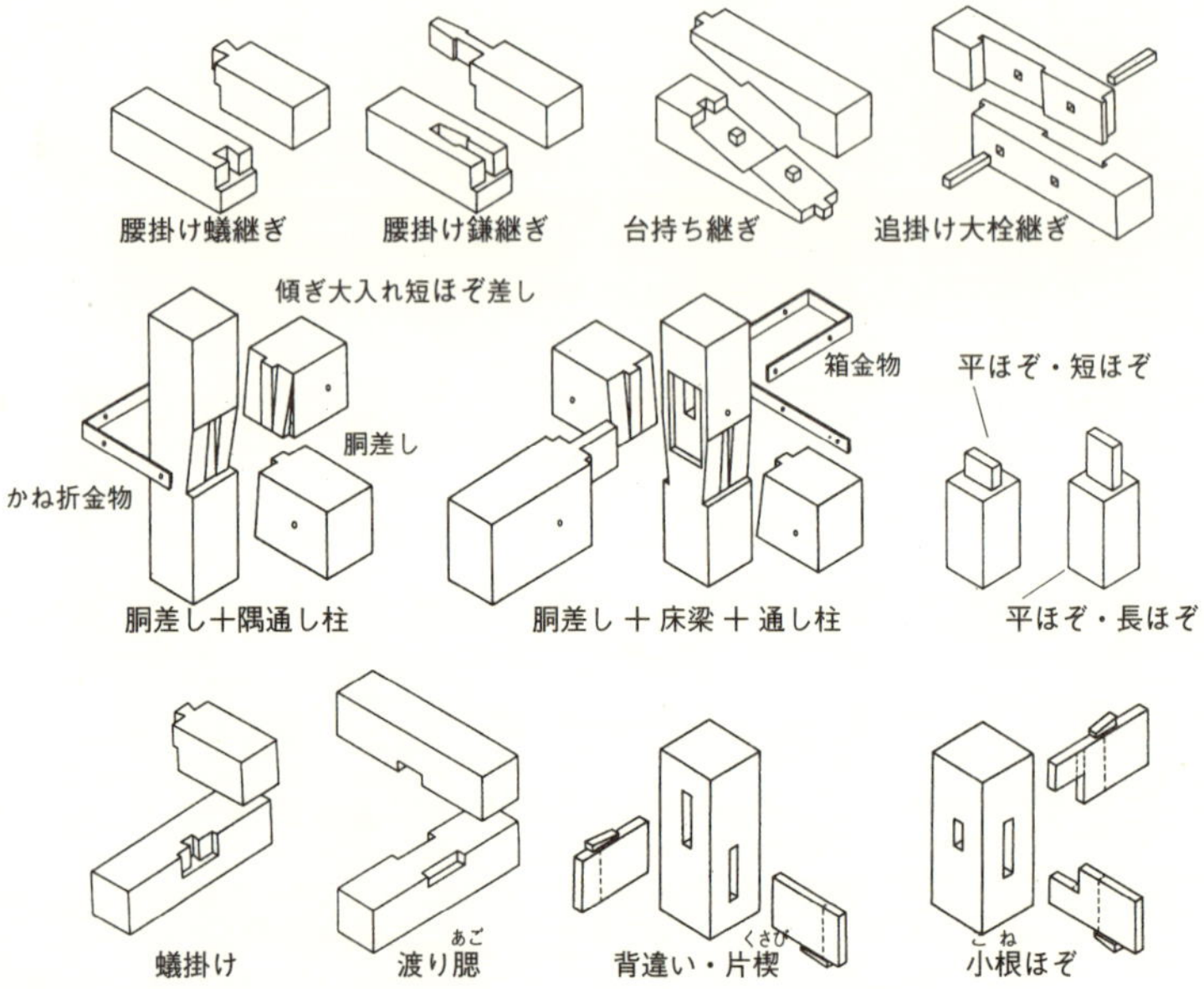

図 1・4　和風の継手・仕口（日本建築学会：構造用教材、1985）

ともに、建設現場での建て上げを迅速にするために考え出された優れた技術です。継手・仕口はあらかじめ下小屋で刻んでおいて、全ての部材ができ上がると現場に運んで一気に棟まで組み上げ、屋根をかけます。組み上げは、部材を落とし込み、くさびや釘を打つ方法です。これは引力を利用する作業で、重機を必要としません。全ての部材が加工ずみですから、骨組みでは基本的に鋸切りやノミを使うことはありません。雨の多い日本の風土を考えて、できるだけ素早く瓦を乗せるために考え出された知恵です。

継手・仕口の技術と基本的な軸組みの方法は伝統構法から受け継いだ知恵ですが、改良された主な点はコンクリートの布基礎を設けること、土台を敷くこと、軸組みや

写真1・3　機械プレカットの継手・仕口の例

小屋組みの角に火打材と呼ばれる水平部材を設けること、筋かいなどが入った耐力壁を設けることなどです。これらはより地震に強くするためのもので、建築学会と行政の指導によって進められたものです。これらの改良によって大きく変わったのが建物の間取りです。伝統構法では外壁は北側と西側ぐらいしかなく、内部も襖や障子で仕切られていました。地震や風の力に対しては太い柱に太い鴨居を差した骨組みだけで抵抗する仕組みでした。それが建築基準ができて耐力壁を設けねばならなくなると、かつてのような仕切りのない広い空間を造ることが困難になったのです。間取りの自由度は減りましたが、地震が来ても安全にするためには仕方のないこととといえましょう。

在来軸組構法の柱は伝統構法の柱と比べて細くなりました。これは、地震や風に対して耐力壁で抵抗する方式に変わったためで、柱を太くする必要がな

写真1・4　壁・床・屋根をパネル化した在来軸組構法

いからです。在来軸組構法では大黒柱《だいこくばしら》も必要ありません。

構造方法の変化により逆に必要になったのは継手・仕口の金物による補強です。耐震性が増した分だけ接合部を強くする必要があります。特に地震の時に柱が抜けないように柱は土台や基礎にしっかり留め付けることが必要です。

在来軸組構法は常に変化しています。最近の一番の変わり様は、大工さんが手で刻んでいた継手・仕口を機械で加工するようになったことです（写真1・3）。機械による加工を機械プレカットと云います。機械プレカットは設計のコンピュータプログラムと連動していて、短時間で正確な加工を行います。このためかつては大工さんの数で決まっていた在来軸組構法の生産性が向上し、年間建設棟数が一、〇〇〇棟を超える大型のビルダーも登場するようになりました。なお機械プレカットや機械プレカットによる工法を、省略して単にプレカット、プレカット工法などと呼ぶことがありますが、手で継手・仕口を刻んでいた時代から在来軸組構法はすでにプレカット工法ですので、間違えないようにして下さい。

このほかにも、石膏ボードを壁や天井に張るようになって耐火性がプレファブやツーバイフォー工法並みに改善されています。最近の変化は筋かいに代わって合板などの面材料を耐力壁や床・屋根に使うようになったこと、さらには、工期を短くしたり断熱性や機密性を上げるために、写真1・4のような床、屋根、壁を工場でパネル化してしまう方式も現れています。

在来軸組構法の他の構法にない特徴は、使う材料や設計に柔軟性があることです。そのため、次のような長所があります。

○地方の気候や風土に応じた造り方ができる。
○国産材と外材のどちらでも使うことができる。
○和風のデザインができる。勿論洋風デザインもできる。
○建てる主体として個人の大工さんから大手ビルダーまで選択肢が広い。

大手ビルダーによる住宅は、専門のデザイナーが売り物ですが、その反面皆に好まれる無難な住宅になりがちです。個性的な自分だけの住宅をお望みなら、在来軸組構法が最適かも知れません。（神谷文夫）

プレファブ住宅の特徴

プレファブ住宅は、住宅部品の大部分を前もって工場で製造し、現場ではそれらを組み立てることにより建設します。プレファブとは、prefabrication（プレファブリケーション）の略で「前もって製造しておく」という意味です。プレファブ住宅は、構造材により、木質系、鉄鋼系、コンクリート系に分けられます。木質系プレファブ住宅は、壁、床・屋根などをパネル化（図1・5）した「パネル構法」が大部分です。パネル構法は、柱がないのが特徴です。パネルの寸法は基本単位の短いものから、ルームサイズの大きいものまで各社各様です。住宅のどこまでを工場で製造するかという割合については、構造駆体のみ工場でつくるものから、内外装などの仕上げまで工場でしてしまうものまで様々です。

平成十二年度に着工された住宅のうちプレファブ住宅は一四・一パーセントで、そのうち木質系プレファブ住宅は三万戸弱、プレファブ住宅の一七・二パーセント、全住宅の二・四パーセントです。プレファブ住宅はいわば工場でつくられる工業製品ですから、品質が安定しています。一九九五年の阪神・淡路大震災では、プレファブ住宅の倒壊はなく、中の人が圧死したということはなかったようです。通産省の平成十一年度のアンケート調査によると、調査対象となった三、五〇〇件のプレファブ住宅の入居者のうち、九四パーセントは今住んでいる家に満足であると答えています。またプレファブ住宅購入の動機としては、「耐久性、安全性など品質性能が優れている」が第一位でした（図1・6）。

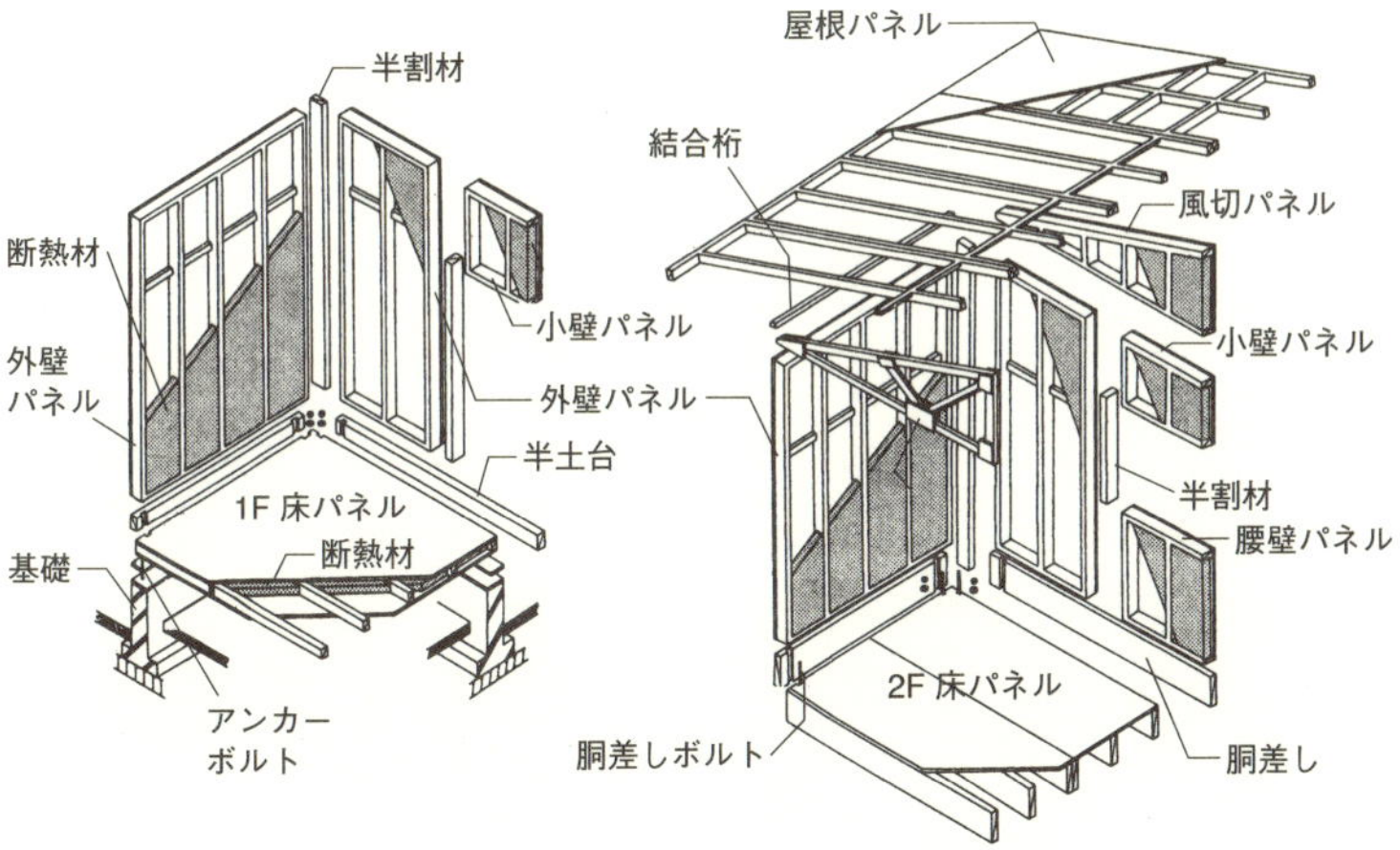

図1・5　中(小)型パネル（日本建築学会：構造用教材から）

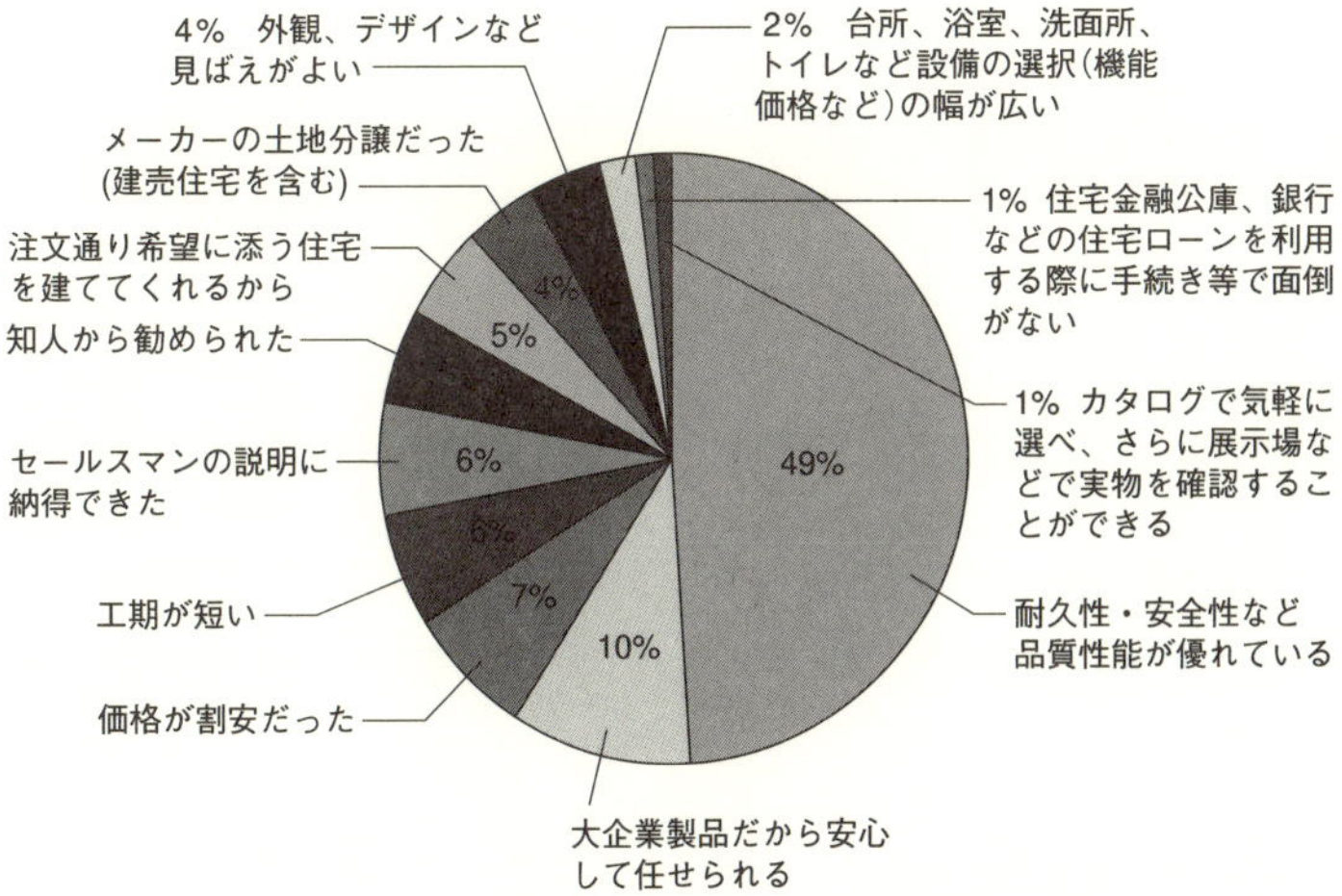

図1・6　プレファブ住宅購入の動機（平成11年度通産省調べ）

ところで南極観測隊はプレファブ住宅に住んでいることをご存知でしょうか。南極では建築工事の専門家ではない隊員達が短期間に基地の建物を建てなくてはなりません。そこでほとんどの部品を工場でつくり、簡単な技術で建設できる南極用のプレファブ住宅が開発されたということです。

プレファブ住宅には、一般に限定プランと自由設計とがあります。限定プランは割安で、メーカーもいろいろと工夫をこらし、多様なプランが準備されています。中には建築家だけではなく、心理学者、宇宙工学者、レジャー・スポーツ・料理の専門家、そして主婦などの力を設計に生かしているところもあります。限定プランでも、ある範囲内で間取りの変更が可能なプレファブ住宅もあります。住宅展示場等で実物を多く見て、どこが変更可能で、どこが変更できないかなどを確認することが大切です。

資源の有効利用が叫ばれていますが、住宅の建設においては現場で出る木材の切れ端などが無駄になっており問題になっています。その点、工場で製造する割合が高ければ、切れ端は集められて有効利用することができ無駄になりません。また新築時よりさらに大きな問題となっている解体時の木材のゴミも、プレファブ住宅であれば効率的に解体分別できる可能性があると考えられています。

（恒次祐子）

ツーバイフォー住宅

ツーバイフォー住宅の工法は、法律上、「木材で組まれた枠組に構造用合板その他これに類するものを打ち付けた床および壁により建築物を建築する工法」と定義されています。すなわち、図１・７に示すよ

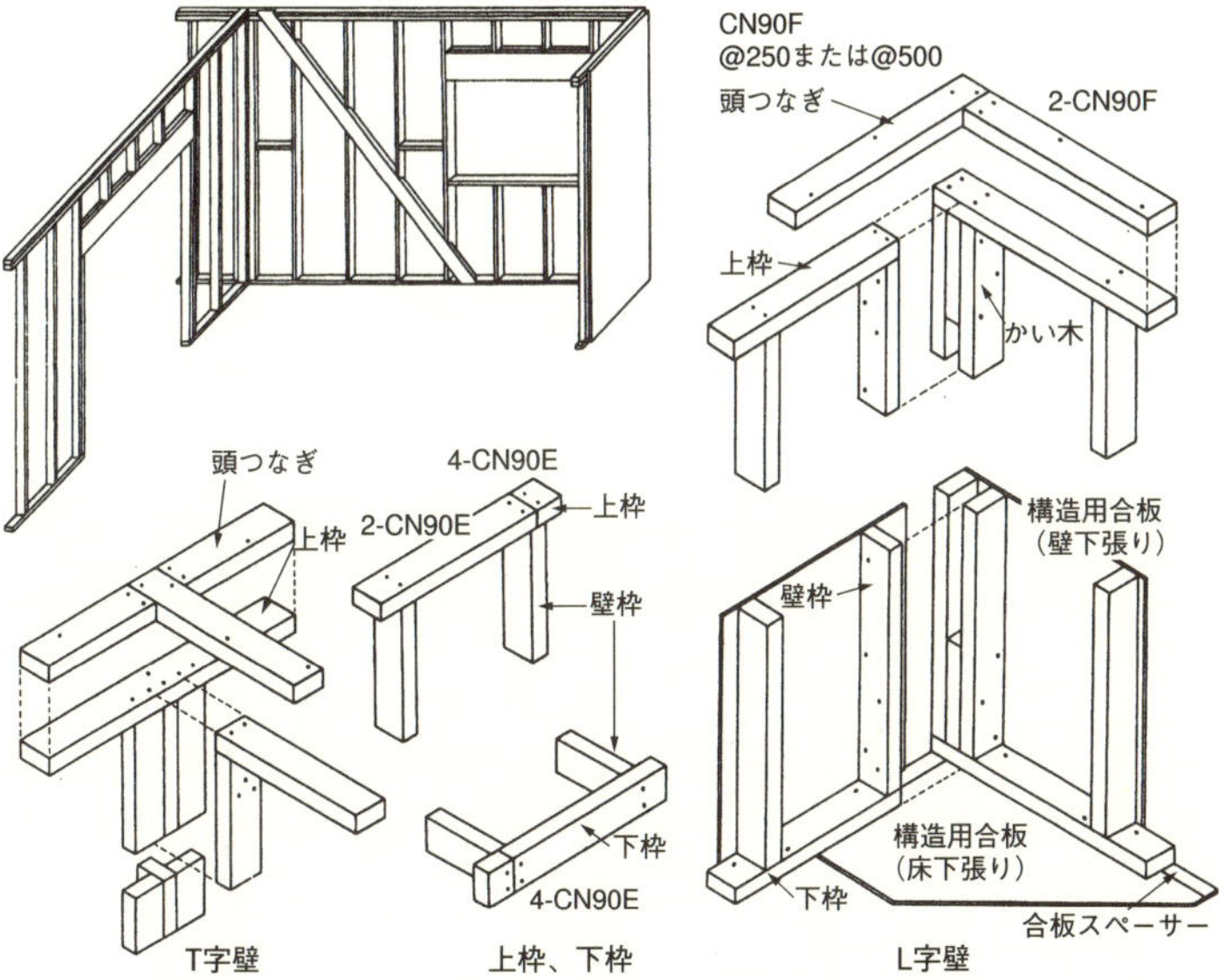

図1・7　枠組壁工法の壁（日本建築学会：構造用教材、1985）

うに、製材等を釘や金物によって接合した枠組に合板などの面材料を釘打ちして、床、壁、屋根を構成し、これらの構成要素を組みあげることによって建築される工法です。枠組を構成する枠材には、この工法の名称が示すとおり、二×四インチ材（実際の断面寸法は三八×八九ミリメートル）を基本とする十一種類の寸法型式の製材が使用されています。最近では、集成材や、フィンガージョイントによって長さ方向に接着した縦つぎ材も使用されるようになってきました。また、面材料についても、従来の熱帯ラワン材を用いた広葉樹合板から、針葉樹合板やOSBと呼ばれる木片を配向させて接着したボードに移行しつつあります。

ツーバイフォー工法は在来軸組構法の継

手・仕口のような複雑な加工をせずに、比較的簡単に組み立てられる利点をもっています。実際のところ、ノコギリとカナヅチとドリルがあれば建てられるといっても過言ではありません。素人でも勉強すれば建てることができます。詳しい造り方については、枠組壁工法基準や住宅金融公庫標準仕様書などに、土台、壁組、床組、小屋組の各部に使用される部材の種類、釘打ち、構成方法などが詳細に定められています。

次に、ツーバイフォー住宅の特徴をあげると、次のようになります。

○枠材として使用される木材の断面寸法は種類が少ない。また、その規格は北米の規格とほぼ等しいので、北米の製材をそのまま使用できる。

○構造部材の継手・仕口が簡単で、釘、金物によって緊結する。

○施工期間が短く、作業場に床組を利用するなどの合理性ももっており、現場での生産性が高い。

○基本的に大壁形式の箱型構造であるので、耐力性能・断熱性能を向上させやすく、断熱化、気密化が図りやすい省エネ住宅である。

○気密性が高いので、正しい設計・施工を行う必要がある。これを間違えると結露して、木材の腐朽や釘・金物の錆化が発生する。特に、床下換気や壁内の通気に配慮する必要がある。

なお、余談になりますが阪神・淡路大震災では、ツーバイフォー住宅で倒壊したものはありませんでした。

さてツーバイフォー住宅のこれからですが、建設が始まってから四分の一世紀以上たち、当初の、日本の気候に合わない、細い釘でつくっているので錆びて長期間はもたない、といった心配も解消されつつあります。また、在来軸組構法のいい所を取り入れたりして、構造や施工方法がどんどん改良され、最近では、プレファブ工法のように工場で壁や床を組み立てるパネル方式も増えつつあります。住宅も他の工業製品と同じようにどんどん進化します。北米から輸入されたツーバイフォー工法ですが、今ではもう日本式の住宅といえるのではないでしょうか？

（長尾博文）

ログハウスの魅力

ログハウスといえば、別荘というイメージがありますが、最近では一般の住宅地でも見受けられるようになりました。これは、かつては燃えやすいだろうということで都市部の建設には制約があったのが、耐火性が認められて都市部でも建てられるようになったことが大きな要因と考えられます。

ログハウスは法律では丸太組構法といいますが、構法的には古来からある校倉造りと同じです。現存する日本最古の校倉造りは奈良にある正倉院で、築後千数百年経過しています。ログハウスのログとは丸太のことで、大きく分けて、ハンドカットログとマシンカットログの二種類があります。

ハンドカットログとは、丸太の表面の皮を手や機械などで剝いた不整形な丸太のことです。ログの断面はさまざまですが、高さを均一にするために丸太の元口（直径が太い方の端部）と末口（直径が細い方の端部）を交互に積み上げてゆきます。不整形の丸太を用いるので隙間につめ物などをします。

一方マシンカットログとは、機械で丸太を製材して均一な断面に加工したもので、断面形状によって丸ログ、太鼓型ログ（楕円）、D型ログ、角ログなどがあります。中にはログの狂いを少なくするために十分に乾燥した二枚のログを接着剤で貼り合わせたラミネートログと呼ばれるものがあります。

一般にはマシンカットが中心で、工場で全ての部材を加工し、現場で組み立てるキット販売が主流です。この場合、施工はメーカーが指定あるいは紹介する工務店が行うのが一般的です。

ログハウスを購入する際、樹種の選択が必要です。一般には狂いの少ない針葉樹が用いられます。スギは、通直で材長方向の細りが少ないのでログ材に適し、加工性が優れた木です。ヒノキは、高価ですが独特の香りと光沢があり、水に強く耐久性も高い木です。カラマツは、強度と耐久性が高く材長方向の細りは少ないですが、小さな節がありヤニが出ます。

スプルースは、強度と耐久性は中庸ですが柔らかくて加工性がよく、白くて美しい木です。ウエスタンレッドシーダーは、耐久性に優れた木ですが、近年市場への流通が少なくなり高価となっています。ダグラスファーは、強度が高く耐久性も中庸で最もポピュラーな材料ですが、ヤニが出ます。

このような材料で建てられるログハウスの第一の特徴は、ログハウスの持つ木そのものの視覚的魅力です。最近の木造住宅は、内装はクロス貼、外装はレンガ調あるいはタイル調の材料で覆われているため、コンクリートや鉄骨の住宅と違う部分がほとんどありません。しかしながらログハウスは、木の素材そのものを表した美しい内外装となります（写真１・５）。

第二の特徴は、セトリングと呼ばれる壁が沈む現象です。木材は山から切り出された瞬間から乾燥によって収縮を始めます。その際に縮む比率が丸太の方向によって異なり、材長方向の縮みを一とした場合、

写真1・5　ログハウスの別荘

丸太断面の半径方向の縮みはおよそ一〇倍になります。すなわちログハウスのように丸太を横に寝かせて積み上げた場合、通常の在来軸組構法の木造住宅より沈下量が大きく、築後一、二年でおよそ一〇センチメートル程度沈みます。この現象は自然素材である限り逃れることはできません。そこで、ログとログの間に隙間が生じたり、建具が動かなくなったり、階段に不具合が生じたりしないように、ログの重ね部や建具の枠などの作り方に工夫をします。しかし、場合によってはそれでもログとログの間に隙間ができることがありますので、そのような場合は隙間に詰めものをしたり、ログを通しボルトで締める構法ではボルトを締め直すことなどが必要です。そうすれば、もともと木材の熱伝導率はコンクリートのおよそ十二分の一、鉄の四〇〇分の一と断熱効果が高いので、プラスチック製の断熱材を用いなくても、一度暖炉等で暖めてしまえばいつまでも暖かさが持続する快適な住宅となります。

最後にログハウスを購入する際の注意ですが、ログの自然素材の性質を理解し、メーカーや施工者との程度の狂いや割れ、変色が生じるか、施工後のメンテナンスがどうなっているのかなどについてよく話し合った上で契約するのがよいと思います。


（三井信宏）

輸入住宅さまざま

最近では、毎年一、〇〇〇万人を超える人々が海外旅行を経験し、その際海外の住宅を目の当たりにして、そのデザインや佇まいにあこがれや魅力を感じる方が多いと思います。又、海外生活を経験された方で帰国してからも海外で生活した住宅の素晴らしさを日本でも再現したいと考える方もいます。この様に海外の住宅を求める方は年々増えており、一九九九年では輸入住宅の建設戸数は一〇、一五八戸におよび、前年度比三五・二パーセント増となっています。

輸入住宅の歴史は、かなり古くからあり、大正時代の中期に生活改善、住宅改良の掛け声に乗って米国から輸入されました。又、関東大震災の直後に地震に強い住宅という認識のもとに米国から資材と設計思想が導入された時期もありました。これらの輸入住宅の中には今も現存し、住宅として使用されているものもあります（写真1・6）。最近では、国策として輸入住宅促進の施策が打ち出され輸入住宅の住宅展示

写真1・6　T邸の外観

場ができたり、さまざまな規制が緩和されるなど輸入住宅を購入しやすい環境が整ってきました。

輸入住宅は、厳密ではありませんが「海外の設計思想による住宅を資材別またはパッケージで輸入し、国内に建築する住宅」と定義されており、輸入国別ではアメリカが五四・九パーセントで最も多く、次いでカナダが二二・七パーセント、スウェーデンが一五・七パーセント、フィンランドが五・八パーセントと続きます。構法別では、ツーバイフォー系とツーバイフォーパネル系が多く、合わせて七〇・七パーセント、ログハウス系が一〇・六パーセントとなります。ここで、輸入住宅の特徴はそのほとんどが木質系住宅であるということです。そして価格も平均五二万円／坪台で必ずしも高価な住宅ではないということです。

それでは、輸入住宅の魅力とはどこにあるのでしょうか。まずはじめに気が付く点は外観です。日本

写真１・７　最近の輸入住宅の外観

の住宅に比べ小さめの窓が整然と並び、窓の廻りはモールディングがほどこされ外観を引き締めています。そしてドーマーや煙突で特徴づけを行い、明るい色調の外壁面と勾配のある屋根面で一目で日本の住宅との違いが分かります（写真１・７）。

北米やヨーロッパでは、その土地土地で培われてきた外観の様式（スタイル）があります。これは現代の日本に欠けている面で、長い歳月の間に完成され、伝統に裏うちされた美しさをもったもので輸入住宅の優れた一面でもあります。

次に平面プランですが、一言でいうとオープンプランが特徴です。部屋を組み合わせて全体をつくるのではなく、まず必要な外形をつくり、その中をなるべく間仕切らずに使いやすくプランニングする、ゆったりとした平面が特徴です。そしてモジュールが日本では九一〇ミリメートルが主流ですが、北米では一、二二〇ミリメートル、ヨーロッパでは

一、二〇〇ミリメートルで、このあたりも空間のゆとりを感じさせる点です。
住宅に使われる部・資材にも特徴があります。室内のドアや巾木、廻縁などの造作材《ぞうさくざい》は、木製のしっかりしたものが多く、木目を生かした仕上げやさまざまな色が選べるペンキ仕上用など種類も豊富で、インテリアを演出する上で個性が生かせる品揃えがあります。これらは、オープン部品として流通しており、好みにより選ぶことが出来ます。

最後に輸入住宅を購入する場合の注意点を述べます。第一に輸入住宅といえども日本の法律に準拠する必要があります。例えば屋根仕上材で可燃性のものは住宅地では使えませんし、構造のルールも日本の規準に合ったものでなければなりません。第二に使い勝手です。玄関ドアは輸入住宅では内開きですし、玄関土間がないプランもあります。浴室の使い方も異なりますので、自分のライフスタイルに合うかどうか十分な検討が必要です。そして、少し専門的になりますが雨仕舞が日本の気候に合ったものになってるか、外壁に使う材料や納まりを注意する必要があります。輸入住宅を購入する場合は、まずは建築の知識と経験のある専門家を選ぶことから始めましょう。

（河合　誠）

木造のマンション

木造のアパートと云えば、中高年の方なら、学生時代に住んだ二階建ての安普請のアパートを思い出されるかもしれませんね。今では木造アパートもモダンな装いになって、トイレとバスが付いているのが一

写真1・8　日本初の木造マンション

般的になっていますが、ここで紹介するのはそれよりもっと豪華なアパート（マンション）です。

規模の大きな木造のアパートは、防火上の理由から建築基準法で建設が制限されてきました。しかし防火技術の進歩により、木造であっても鉄筋コンクリートに近い防火性能を持たせることが可能になり、法律の改正により、今では延床面積が三、〇〇〇平方メートルの三階建ての木造マンションが建設できるようになりました。通常のマンションの床面積は約八〇平方メートルですから、三、〇〇〇平方メートルといえば、各階に十二戸、建物全体で三六戸の住宅が入る大きな規模になります。もちろん、木造マンションの団地をつくることだって可能です。

写真1・8、1・9は、日本初の木造マンション（社宅）です。エレベータも完備して、内部もご覧のように美しくできています。鉄筋コンクリートのマ

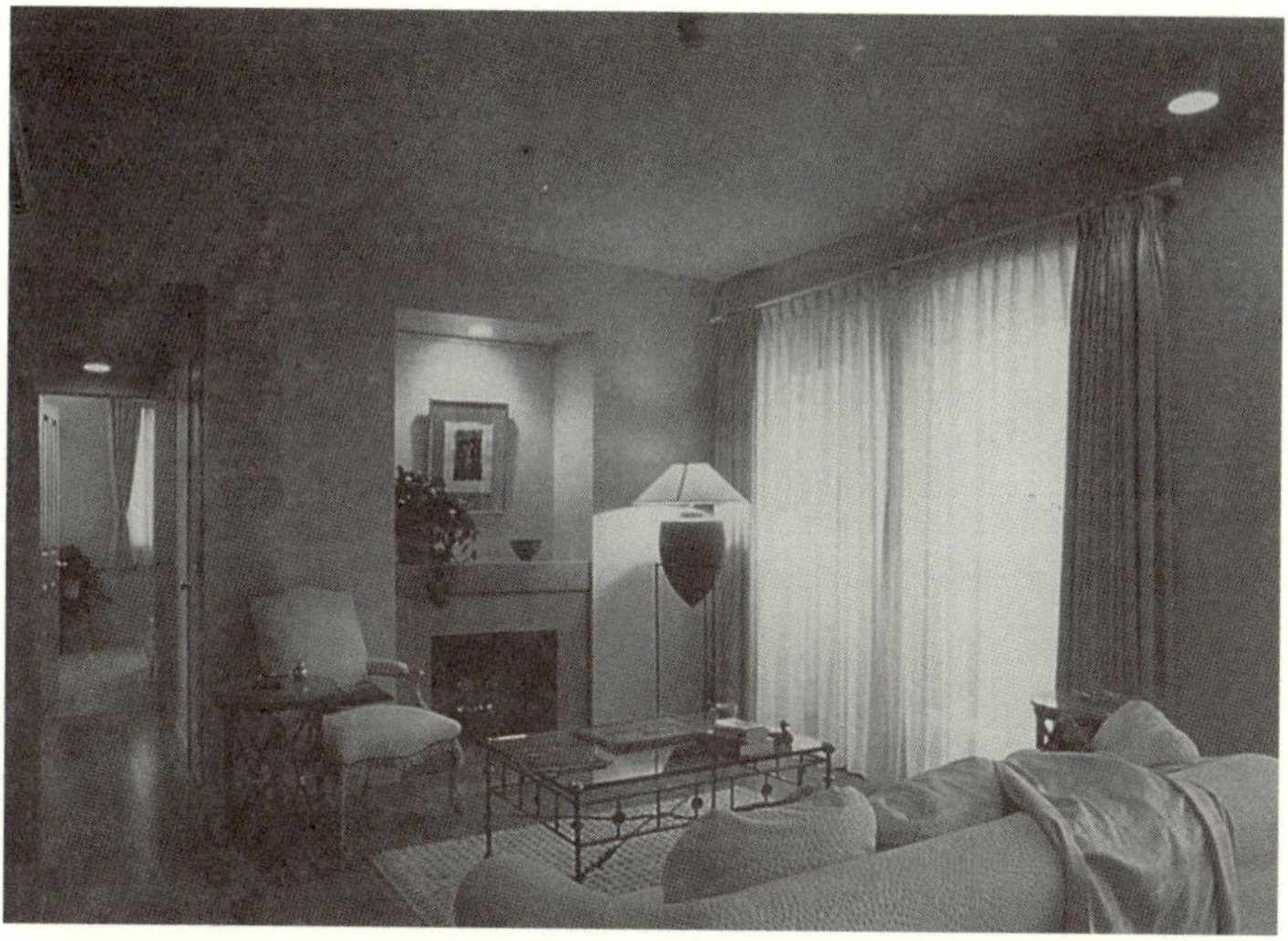

写真1・9　木造マンションの内部

ンションでは、コンクリートの強度が比較的低いので柱や梁を太くする必要があり、その結果、部屋の隅に柱が出っ張ったり、太い梁が下がっていたりしますが、木造のマンションではそのようなことはなく、非常に使い勝手が良いことが特徴です。また、建物のデザインにも自由性があり、何よりも温かみがあるのが最大の長所ではないでしょうか。実は、ほとんどの人が木造の住宅に住んでいるアメリカでは、アパート（マンション）のほとんどが木造です。最近ではアメリカでも、人口の都市集中により郊外型の住宅は通勤時間がかかるという理由で、都心のアパート建設が増えており、四階や五階建ての木造アパートが建設されつつあります。日本でもこれから華やかなアパートとして木造アパートが増えるのではないでしょうか。

（神谷文夫）

洋風・プライバシー・ダイニングキッチンの導入

明治時代に入ってから欧米の文化が導入されるに伴い、官・財界の上層の人々を中心に生活様式にも変化が見られるようになってきます。日常生活での衣食生活は依然として自宅では和服であったり、食事にしてもちゃぶ台を囲んでの生活から抜けきってはいません。一般都市住民に洋風化が始まるのは、明治の終わり頃から大正にかけて接客のために応接間を玄関脇に別の部屋として加えるもので、内外装ともに洋風化し、部屋には机やいすが整えられるといったものでしたが、洋風の生活様式は次第に玄関の作りや部屋の配置などに影響を与えるようになったといわれています。従来型の和風の住宅は、襖や障子で仕切られプライバシーの面からは全くといっていいほど不完全でしたが、明治の終わり頃から第二次世界大戦の頃には住宅の中に中廊下を持つような住宅が特に都市住宅に広まってきたようです。今では、子供部屋など独立した部屋が設けられることが当たり前のことになっていますが、プライバシーの尊重はいいとしても、家族との会話やそれぞれの家族の行動が把握できなくなってきているのはいかがなものでしょうか。

ところで、大戦以降、台所・風呂・トイレなどを家族が生活する場所から切り離し、家族の集まる場所は南面の日当たりのよい場所におくようになってもきました。さらに、建築の世界では、明治の後半以降主婦の労働に関心が持たれるようになり、大正になってからは家政学の世界でも調理に関心が持たれ、台所の諸設備が整えられるようになり、建築家の設計した文化住宅へと発展してきました。大戦後、家事労働が主婦に移り、台所での諸器具の配置や収納場所、出入り口など作業のしやすさに工夫が加えられ、食堂と台所を一体化した、いわゆる、ダイニングキッチンが現れ、これが定着するようになりました。主婦の働く場としてのダイニングキッチンは、建築設計する側にとって重要な要素の一つになってもいます。体形に応じた高さや奥行きの調理場、足下の床暖房など作業性や健康面にも配慮がなされるようになってきたことは喜ばしいことです。

(金谷紀行)

参考文献：平井 聖「日本人の住まい」、市ヶ谷出版社、1988

第2章　安全・安心 木の住まい

地震や台風に弱い？

木造住宅では、地震や台風によって受ける横からの力（水平力、といいます）に対して倒れないように、耐力壁と呼ばれる壁（筋かいの入った壁や合板等を軸組、枠組に留めつけた壁など）とそれらの壁がつながっている床・屋根が抵抗します。耐力壁の仕様は、建築基準法施行令や建設省告示に定められており、いろいろな構成の壁の種類ごとに「倍率」と呼ばれる強さの尺度が与えられています。一般的な二階建てまでの在来軸組構法住宅は、「壁量計算」という方法で設計されています。建物が地震の時に受ける力は床面積に、また、暴風時に受ける力は風を受ける壁や屋根の面積に比例すると考えられていますので、これらの面積に施行令で与えられている数値をかけて、それぞれに最低限必要な壁の量を算出します。住宅の平面図や設計図書をもとに各階に配置しようとしているX、Yの方向ごとの（耐力壁の長さ）×（壁の種類で決められた倍率）の合計を計算し、その数値が最低限必要な壁の量を超えていれば合格となるわけです。なお、壁の倍率や必要とされる壁の量について、一九八一年に改正が行われましたが、この改正以

写真２・１　多度津工学試験所で行われた実大木造住宅の振動台実験

前に建てられた木造では、壁の量がこの基準に照らすと足りないという事態も生じてきますので、チェックが必要でしょう。また、壁の量が十分足りていると同時に、耐力壁が建物の中にバランスよく、また、上階の耐力壁の直下に耐力壁を設けるなど耐力壁の配置に留意することが必要です。南側に大きな窓や開き戸を設けすぎて北側に耐力壁が偏っていたり、上階の耐力壁直下に耐力壁がない建物をよく見かけますが、こうしたことが地震の時に建物がねじれて倒壊を引起す引き金になってしまうのです。

ところで、阪神・淡路大震災や過去の地震被害から、木造住宅が倒壊した主な理由として、①耐力壁の量が少なかった、②耐力壁の配置が偏っていた、③柱と梁、けたなどの水平部材（横架材《おうかざい》とも呼ばれます）との接合、筋かい端部の接合が不十分で地震時に簡単に外れてしまった、④老朽化し、腐朽菌やシロアリの被害を受けていた、⑤誤った施工が行われていたことなどがあげられていますが、これらの被災の理由に対する対策が十分にとられていれば、地震に対する安全性は確保できるといえるでしょう。

さて、大震災後、現行基準で建てた建物の耐震性に関する検証実験が行われました。香川県にある多度津工学試験所には、水平一方向と上下方向の地震の揺れを再現できる一五×一五メートルという大きな振動台があります。この振動台の上に写真2・1に見られるような木造住宅を建て、兵庫県南部地震の際に神戸海洋気象台で観測された地震を再現する実験が一九九五年に行われましたが、現行の建築基準法ぎりぎりの壁量でも倒壊には至りませんでした。また、普通、地震や風に対して抵抗することを期待しているわけではないのですが、せっこうボードやサイディング、モルタルなどの内外装材が、建物の強さにかなり貢献していることも実験結果から分かってきました。

いずれにしても、耐震的・耐風的に設計され、施工が的確に行われていれば、木造住宅は、地震や風に対して安全・安心ということができます。

（杉本健一）

火に弱い？

江戸時代、火事と喧嘩は江戸の花などといわれ、振り袖火災など江戸市中を焼き尽くすような大火が数多く起こったことはよく知られています。また、空襲を受け、都市が焦土と化した不幸な歴史が拍車をかけ、戦後の建築行政では、都市の不燃化が目指され、木造建築が排除されてきました。それこそ紙と木材

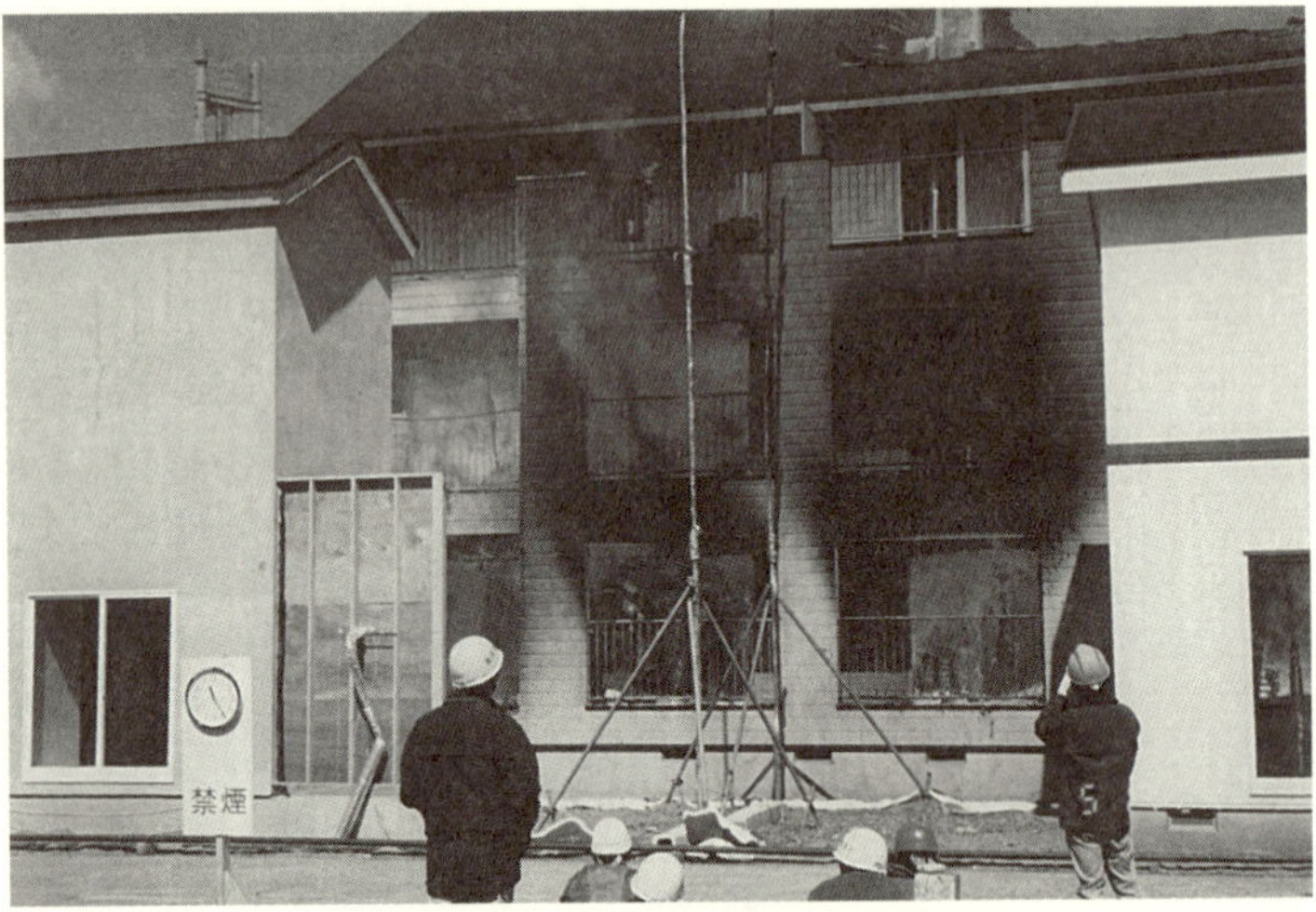

写真２・２　木造３階建共同住宅の火災実験

だけでできた江戸時代の棟割長屋のような裸木つくりならいざ知らず、「木造は」と十把ひとからげにしてよいものか。柱や梁、床、壁、天井に火災に配慮した木材を上手に使う方法はあるはずです。というわけで、一九七〇年代後半から、火災に対する研究が進められ、ツーバイフォー住宅や在来軸組構法住宅等で数々の実大火災実験が行われました（写真２・２）。外壁をモルタルで仕上げたり、内装をせっこうボードやロックウールを充填した上から合板張りにすることによって、木造住宅であっても火災の延焼を抑える効果は格段に上がります。また、火災に際し、木材は毎分約〇・六ミリメートルの速度で表面から炭化していきますが、木材内部の温度は鋼材などに比べて上がりにくく、未炭化部分は強度低下も少ないという性質があります。こうした特性を利用し、四五分耐火で三五ミリメートル、一時間耐火で四五ミリメートルの燃《も》え代《しろ》（火災で失われる炭化部分の厚み）をあらかじめ見込んで梁や柱の断面を設計しておけば、大断面集成材を用いて大規模な木造建築物が建設できます。これらの研究成果は、建築基準法の改正や住宅金融公庫の融資条件を満たす木造住宅の仕様などに生かされています。

一九八七年から始まった一連の建築基準法などの改正では、防火に関する規制、とりわけ、木造建築物の防火規制にかかわる部分の緩和措置が多数盛り込まれ、木造住宅や木質材料にかかわる規制のいくつかも緩和されました。主な内容は次のとおりです。

1　木造建築物には、高さ一三メートル以下、軒の高さ九メートル以下という高さ制限と延べ面積三、〇〇〇平方メートル以下で一、〇〇〇平方メートル以内ごとに防火壁を設けることとする制限がありましたが、先に述べた燃え代設計を施した大断面の構造用集成材を用いた木造建築物については、高さ制限と防火壁の基準が緩和され、木造三階建住宅や体育館の建設ができるようになりました。さらに、一九九八年以降の改正で、耐火性能検証法で耐火構造と同等の性能であることが確かめられた構造であれば、高さや延べ面積の制限を超える木造建築物の可能性が広がりました。

2　木造建築物を含めた準耐火構造、準防火建築物の概念が新たに設けられ、不燃性の内外装材による防火被覆を壁や床に設けたり、柱や梁の燃え代設計を行えば、木造建築物であっても、耐火構造に準ずる建築物として位置づけられ、準防火地域であっても、共同住宅を含め、木造三階建が建てられることとなりました。

3　内装制限については、難燃材料の使用が求められる場合でも、天井を不燃または準不燃材料で仕上げれば、壁の仕上げを木材で行うことが可能となりました。

4 木製の防火戸が認められました。

5 屋根を不燃化しなければならない地域内の木造建築物の外壁は、土塗り壁同等以上とされていましたが、せっこうボードや木毛セメント板を表面に張ったもの、土塗壁に下見板を張ったものなどが例示されたほか、建設大臣の認定を受ければ外壁の構造として扱うことが可能となりました。さらに、室内の内装などに用いられる防火材料の性能評価手法が改正され、より科学的に合理性のある試験方法や試験基準が採用されたことによって、木質系準不燃材料、難燃材料の新たな可能性が出てくるものとして注目されます。

木材は確かに燃える材料ではありますが、木質材料の燃焼の仕方をよく知り、賢く使えば、木造建築物であっても必ずしも火災に弱いということにはなりません。

（原田寿郎）

暑くて寒い？

木造の建物とコンクリートの建物では、どちらが一年を通して快適な温熱環境で過ごせるのでしょうか。空調のよく効くコンクリート造住宅での生活に慣れた現代の多くの人は、木造の家の方が夏暑く冬寒いと考えるかもしれません。しかし、建物の性能を見比べてみると必ずしもそうでないことが分かります。

木造住宅とコンクリート造の住宅の温熱環境が違う主な原因は、建物の気密性と熱容量にあります。「家

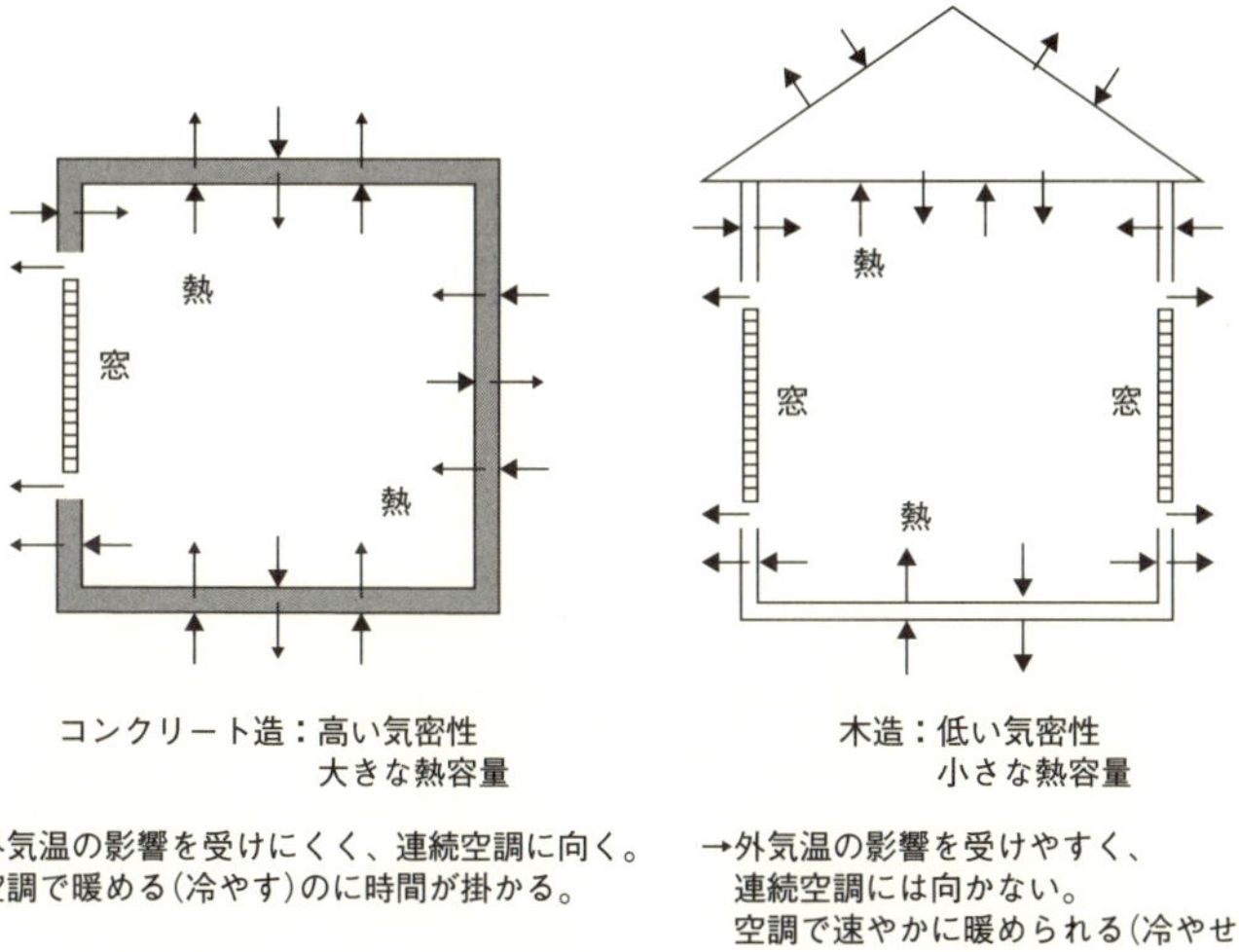
熱
窓
熱
熱
窓
窓
熱
コンクリート造：高い気密性
大きな熱容量
木造：低い気密性
小さな熱容量
→外気温の影響を受けにくく、連続空調に向く。
空調で暖める（冷やす）のに時間が掛かる。
→外気温の影響を受けやすく、
連続空調には向かない。
空調で速やかに暖められる（冷やせる）。

図2・1　木造住宅とコンクリート住宅の温熱環境の比較

は夏を旨とすべし」という言葉があるように、従来からの日本の木造の家は夏の蒸し暑さをしのぐために、窓などの開口部が多く、通気性のよい（気密性の低い）つくりになっています。一方、コンクリート造は構造上窓が少なく、気密性の高いつくりになっていることが特徴です。また、木造は軽い材料でできているために熱容量が小さく、重量の大きなコンクリート造の建物に比べると建物自体の温度を上げたり下げたりするのにそれほど大きなエネルギーを必要としません。

コンクリート造では窓や天井からの放射熱によって暖められた室内の空気は外気と入れ替わりにくく、そのため夏の室温は冷房を止めると高くなります。また、熱容量が大きいため、日中に暖められた天井や壁からの放射熱により夜間も持続的に室内が暖められ、寝苦しさを感じさせることもあります。

しかし、冬の場合、コンクリート造は暖房で暖められた空気が冷めにくく、一度暖めておくと長時間にわたって暖かさを保つことができます。これに対して、木造建物は熱容量が小さいため外気温に影響されやすく、暖められた室内の空気が外気と入れ替わりやすいので冷房を止めても比較的涼しいことが分かります。逆に冬は、外気に影響されて冷え込みやすいという木造ならではの欠点があるといえるでしょう。このように、木造もコンクリート造も温熱環境についてはそれぞれ長所と短所があることが分かります。しかし、空調を連続して使用することの多くなった近年では、木造の通気性の良さに由来する夏の涼しさも、むしろ空調からの冷気を逃す欠点とみなされることが多いのかもしれません。とはいえ、熱容量の小さな木造の建物では、壁や天井などが室温にあまり影響を与えないため、速やかに室内を冷やすことができます。これは冬にも当てはまることで、暖めやすく冷やしやすい木造の建物は、空調を使う上でも決して不利な構造ではありません。必要なときに必要な場所を選んで空調を使うのであれば、大きなエネルギーを使う必要のない木造は有利ですし、環境に優しいともいえます。

近年では高断熱・高気密の木造住宅のように、温熱環境の面で従来の木造とコンクリートづくりの両者のよさを併せ持った家も増え、木造の欠点を補うさまざまな工夫が施されるようになりました。木造住宅も多様化がどんどん進み、住む人のライフスタイルに合わせた住宅を選ぶことも、また、環境に優しく快適な温熱環境を得ることもできるようになってきたといえるでしょう。

（森川　岳）

新建材からホルマリンがたくさん出る？

最近の住宅は、省エネルギーの観点から、高断熱・高気密化が図られています。高断熱はよいとして、あまりに高気密化されてしまうと、換気が悪く（少なく）なります。人は呼吸をして、酸素を吸って二酸化炭素を吐き出しています。人間自身も室内の空気を汚していることになります。また、調理器具や開放式のストーブを燃やせば、もっと大量の二酸化炭素やそのほかの有害なガスが室内に溜まってしまいます。したがって、新鮮な空気を室内に入れて、室内の汚れた空気を外に出すこと、すなわち、換気は人が健康に生きていくためにはとても大事なことです。しかし、現在の高気密住宅では、たとえ窓を開けたとしても窓近くの空気が入れ替わるぐらいで、家全体としては換気されない部分が多く残ってしまいます。そのため、現在では、高断熱・高気密に加えて、計画換気を導入する住宅メーカーが増えています。高気密住宅の室内全体を換気するためには、新鮮な空気が家の中に行き渡り、家の中の汚れた空気すべてが外に出ていくように設計する必要があります。これが計画換気です。これから家を建てる人は、高断熱・高気密に加えて、計画換気も導入することがとても重要になります。

ところで、最近の住宅は、昔の住宅と比べると換気量が少なくなっています。その換気の悪さを原因の一つとする弊害がでてきました。いわゆる、「シックハウス」です。今の住宅には、いろいろな建材が使われていますが、それらの建材からは、もっといろいろな化学物質が出てきます（図2・2）。これらの化

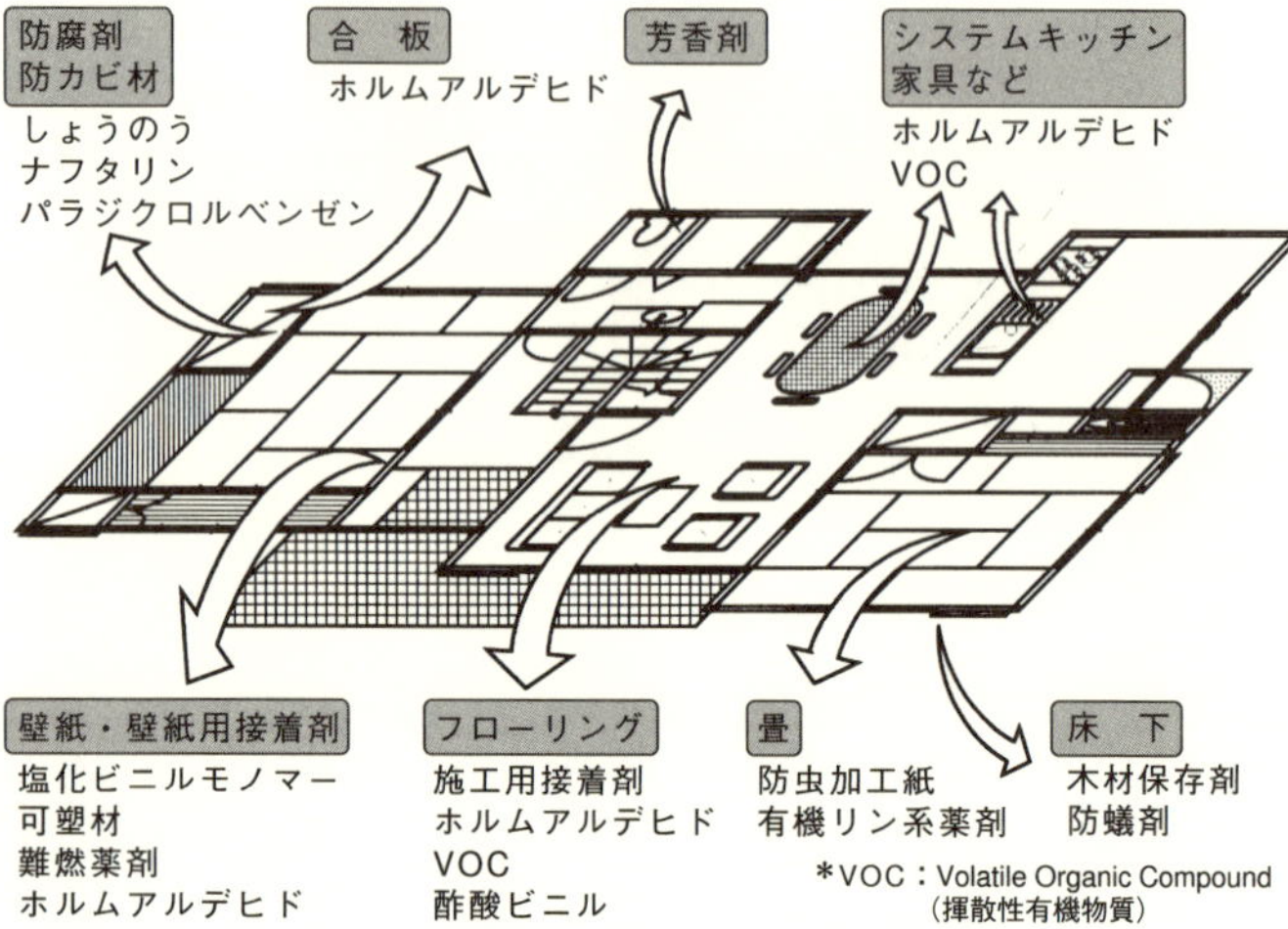

図2・2　住宅の中の主な建材や化学物質

学物質が換気の少ない家の中の空気を汚して、住んでいる人の体調不良などを引き起こすとされているのがシックハウス症候群です。シックハウス症候群を起こさない住宅を造るには、家の換気をあまり少なくしないことと計画換気を導入すること、そして、有害な化学物質の出てこない安全な建材を使うということです。とはいえ、計画換気は技術的にも可能になっていますが、化学物質の出てこない安全な建材とは何かについてはまだ明確に答えられないのが現状です。

さて、シックハウス症の原因として疑われている化学物質のなかのホルムアルデヒド（この水溶液がホルマリンと呼ばれています）については多くの研究が行われ、安全性などもかなり明らかになってきました。ホルムアルデヒドは、合板などの木質建材の接着剤に含まれていることが分かっています。天然に含まれるレベルでは人の健康を損なう恐れはない、というのが厚生労働省の考え方です。これは、食べるときの話です。厚生労働省は、空気中のホルムアルデヒド濃度の指針値（罰則等があるわけではなく、あくまで推奨値ですが）も策定しています。その値は一立方メートル当たり〇・一ミリグラムです。例えば、完全に密閉した空間（換気がまったくされていない空間）に木材を入れると、ホルムアルデヒドの空気中の濃度が厚生労働省の指針値を超えることもあります。この場合は、木材という材料が悪いと考えるのではなく、換気が少ないことが問題と考えるべきです。しかし、合板などから大量のホルムアルデヒドが出てくることは大問題です。そこで、農林水産省では合板の日本農林規格（ＪＡＳ規格）を制定していて、その中でホルムアルデヒド放散量の基準を定めています。一番ホルムアルデヒドの少ない合板は、Ｆｃｏという表示がつけられています。住宅の内装やその下地に合板を使う場合は、このＦｃｏ合板を使えば、一般的な居住環境では厚生労働省の指針値をほぼ満足できるという実験データがあります。Ｆｃｏ合板からは、ホルムアルデヒドと木の天然成分しか出てきませんので、その他の化学物質が出てくる石油系のプラスチック材料に比べて、安全性の一番明確な建材ということができます。

（井上明生）

危険がいっぱい？

床がすべりやすいと、歩いたり運動したりする時、誰でも不快なものです。それだけでなく、疲れやすくなり、場合によっては転倒して捻挫、打撲、骨折などの事故につながることがあります。また、床があまりにもすべらなすぎると、突っかかって歩きにくくなります。日常経験するこのようなことを、科学的

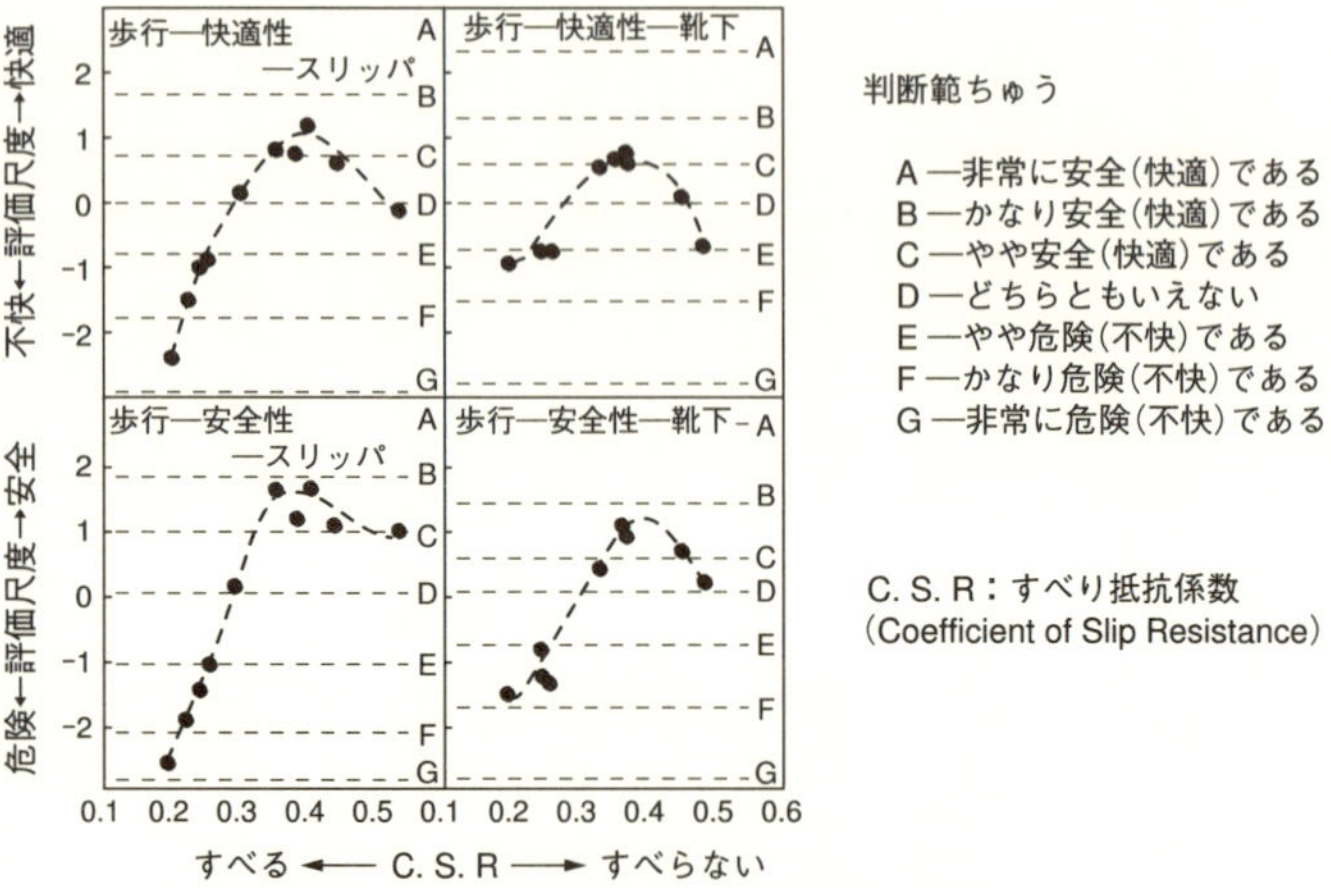

図2・3　すべり評価尺度とすべり抵抗係数の関係
(小野英哲ほか：日本建築学会論文集、第356号：(1985))

に表したのが図2・3です。床のすべりやすさと歩いた時の「快適・不快」や「安全・危険」を数値化してプロットすると、歩き心地がよい、ほどほどの床のすべりやすさのあることがこの図からわかります。

プレーナーで表面を滑らかに加工した板でも、その素面には細かな凹凸があります。また、木には水になじみやすい性質があり、水分をよく吸収します。そのため、木の床の上を歩くと適度の摩擦力が発生してつるつるとすべることなく、足になじんで歩き心地のよいものです。ただ、床の基本的な性能として、簡単にすり減らないことや汚れが付きにくいことなどが求められるため、木の床は通常塗装されています。中には厚い膜ができるくらい塗装されたものもあり、すべりやすくなるので要注意です。すべりやすい床には、メンテナンス用のワックスを使う時に、すべりにくいタイプのワックスを選ぶのも一つの解決策となります。
床のすべりやすさと同様に、床のかたさにも適度なかたさがあることは、日常生活の中で経験することです。かたい床では歩くと足腰に力がかかりすぎて疲れますが、床が柔らかすぎても足元が不安定になり歩きにくくなります。軸材を組んだ上に床板を張った床（根太床）では、床板が適度にたわみ、歩行時の衝撃力を和らげてくれます。このような床では、木の弾力性をうまく活して、歩きやすくすることができるわけです。しかし、鉄筋コンクリート造などの床スラブに床板を接着剤で直接張った床（直張床《じかばりゆか》）では、木の弾力性が活かされることがほとんどないので、一見して木の床でも、非常にかたい床となります。そこで、発泡プラスチックやゴムシートのようなクッション材が裏面に張られ、軽量床衝撃音を抑える効果を持つ直張用の床板が開発され、歩行感実験で、床板のたわみが約三ミリメートルでもっとも歩き心地がよいことが明らかにされています。

ところで、歩き心地のよい木の床にしたとしても、意外に多い住宅内での転倒事故を減らす工夫を忘れてはいけません。具体的には、①玄関、勝手口、ベランダ、デッキなどの出入り口の段差をできるだけ少なくすること、②床の段差をなくすること、③手摺の設置、④足元灯の設置、⑤踊り場や階段下にガラスや陶器などの壊れやすいものを置かないこと、⑥床に電気コードをはわせないこと、⑦浴室はすべりやすいので、すべりにくいタイルなどにすること、⑧すべりやすいワックスを木床に塗らないこと、とくに、階段にワックスは禁物、⑨玄関マット、ラグマット、スリッパはすべりにくいものを選ぶこと、などに留意するとよいでしょう。

（末吉修三）

うるさい？

以前ピアノ騒音殺人事件があったり騒音による健康被害につながるなど、音問題は非常に重要ですが、対策の難しさの原因の一つとして人間の耳の対数的感覚があげられます。例えば壁を透過する音エネルギーを一〇分の一にするには、壁の厚さか、密度を約三倍にする必要があるのですが、それでやっとうるささが半分に感じるだけなのです。

外から空気を伝わって室内に届く音を減らすには先に述べたように壁を厚く重くする必要があります。木造住宅にはちょっと不利なような感じがしますが、実際は音エネルギーの大部分は窓や隙間が開いている部分から入ってくるので他の構法と比べてそれほど大きな差はありません。できるだけ隙間をつくらないようにし、窓を二重窓やペアガラスにすることが効果的です。厚さを倍にするのでも、そのまま二倍にするより二枚に分けた方が音エネルギーの透過は少なくなるからです。同じように隣の部屋などの音がうるさい場合はまずドアや窓からの音の回り込み対策をし、あとは重い壁材料を使うか二重壁の設計をお願いするのがよいでしょう。

室内で聞こえる音の中には他の場所の床・壁などに加えられた振動が床・壁などを伝わってきて室内の壁などで空気音に変わったものもあります。これを固体伝搬音といっていますが、コンクリート造の建物などで遠くの配管中を水が流れる音や換気扇の振動などが伝わってきて聞こえるのがこれです。木材は鉄

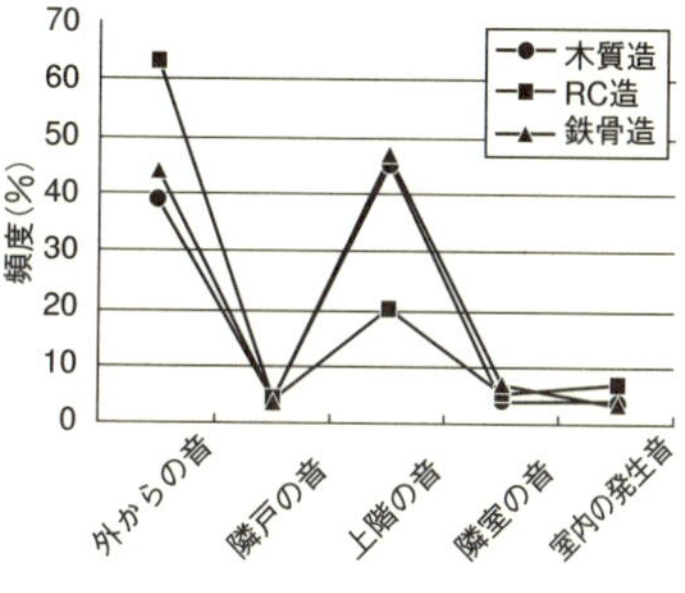

図 2・4　騒音の不満原因
（山田 正編：『木質環境の科学』、1987、海青社より）

やコンクリートと比べて振動の減衰性が大きく、また、振動を減衰させる継ぎ目が多い構造ですので、固体伝搬音についてはあまり心配する必要はないでしょう。

固体伝搬音とちょっと似ているような気がしますが、異なったメカニズムの音が床衝撃音です。これには上の部屋で硬くて軽いものを床に落としたり家具を引きずったりしたときに発生する中高音域を主体とした軽量床衝撃音と、大人が裸足で歩いたり子供が飛び跳ねたりしたときに生ずる低音域の重量床衝撃音があります。軽量床衝撃音は上階の床表面を柔らかいものにしたり緩衝材を挟み込んだ遮音床板として市販されているものを施工することによって比較的容易に軽減することができます。しかし、木造では重量床衝撃音の対策はきわめて難しいのが現状です。重量床衝撃音は床全体がばちで打ったときの太鼓の皮のように振動して発生すると考えられています。同じ衝撃力が加えられたときの振動を小さくするためには、床をたわみ難くあるいは重くする必要があります。木造は軽い割に強い家が造れるところが長所なのですが、その軽さが問題になってしまいます。普通の木造の二階床の重さは、重量床衝撃音の問題が少ないコンクリート造の床の一〇分の一程度しかありません。研究段階ではかなり重量床衝撃音を小さくできる構造が提案されているのですが、コストなどの点で現実的なものになっていません。同じ音でも家族がたてているなら我慢ができても、他人ではということで、木造で共同住宅を建てるときに性能面で一番不利なのがこの点です。もっとも木造共同住宅居住者からのクレームはそれほど多くないという調査結果もあるので、それほど気にすることはないのかもしれません。

その他に木造住宅で特徴的に発生する音にきしみ音があります。歩行時や風が吹いたときに生じる音は接合部がしっかりしていればある程度防ぐことができます。床板と根太を接着する施工法も有効です。また、木材は含まれている水分量が変わると膨潤・収縮するので、例えば、湿度変化に伴ってきしみ音が発生したり、未乾燥材が使われている場合は乾燥割れが起こって音が出たりすることがあります。しかし、充分時間が経って、木材が使用場所に応じた含水率状態になってしまえば、一日単位の湿度変化によって膨潤・収縮するのは表面の数ミリメートル程度ですので、問題は少ないと考えられます。

最後に部屋の中で発生した音のうるささにかかわるのが、残響時間の問題です。コンクリートの壁などはそのままでは音エネルギーの九八・九パーセントを反射してしまうので、残響時間が長く、言葉が聞き取り難くうるさい感じの部屋になります。そこで音をあまり反射しない吸音材料を施工することが必要になります。木造住宅では襖や畳など吸音性がある建具が使われていますし、和室でなくとも床・壁・天井は小柱に面材料が貼られて背後に空気層があり、吸音構造をなしていますから、木造住宅は残響時間が適度に短く、静かな音空間になっているといえます。

（外崎真理雄）

デザインに限度がある？

「デザイン」という言葉から思い浮かぶのは、洋服、靴、アクセサリーのような装飾品など、ファッション関係のことかもしれません。しかし、木造住宅についても、「デザイン」という言葉の例外ではありません。木造住宅のデザインには、必ず「空間のデザイン」と「強さのデザイン」が必要となります。

木造住宅をデザインするとき、どういった間取りにするのか、部屋のインテリアをどうするのか、どのようなライフ・スタイルで過ごすのかといった、住む人の生活を意識した「空間のデザイン」をします。デザインする空間は、一般に「高い、低い、広い、狭い、開放的、閉鎖的」などの空間を把握する言葉で形容され、平面的かつ立体的な広がりがあります。そして、この「空間のデザイン」には、家具や床などを支えたり、地震や台風などの自然現象から木造住宅を守ったりする「強さのデザイン」が必要不可欠となります。現在の木造住宅には、在来軸組構法、ツーバイフォー工法、ログハウスなどいろいろな構法で空間をデザインするとともに、それぞれの構法の特徴を活かした「強さのデザイン」がいろいろあります。例えば、太い柱を使ってみたり、家を構成する柱や壁の配置をバランスよく配置したり、柱や梁の組み方に工夫を凝らしたりしています。また、各地域の気候、風土、慣習、生活様式などを考慮しながら、試行錯誤を長い年月繰り返して培って得られたものもあります。これらは、木造住宅に携わる多くの技術者たちによる飽くなき挑戦と弛まぬ努力によって実現されてきたもので、これからも、時代の推移とともに大きく発展していくに違いありません。つまり、木造住宅の「空間のデザイン」と「強さのデザイン」そのものには、無限の可能性が秘められているというのが事実です。

一方、木造住宅をデザインする上で、さまざまな「制約条件」があるのも事実です。実は、これが木造住宅をデザインするのに大きく影響します。「制約条件」の一つに、住宅に関する法律があります。住宅に関する基本的な法律は、建築基準法で、「この法律は、建築物の敷地、構造、設備および用途に関する最低の基準を定め、国民の生命、健康および財産の保護を図り、もって公共の福祉の増進に資することを目的とする。」ため昭和二五年に定められました。その後時代の流れとともに幾度か改正されていますが、法律に準拠してデザインが行われているのです。

それでは、木造住宅をデザインする際に大切なモノとは、一体何なのでしょう。木造住宅には、住まい手とつくり手が必要です。住まい手は、どちらかというと「空間のデザイン」、つくり手は、「強さのデザイン」に重点を置きます。さらには、この両者に「制約条件」が加わったとき、初めて木造住宅が実際のモノとなります。このとき、三者間のバランスが見事に調和していることが理想です。理想の木造住宅を実現させるのは、なかなか大変かもしれません。まずは、住まい手とつくり手がお互いを理解することが、限界を超すきっかけになることでしょう。

（加藤英雄）

使い勝手が悪い？

日本では、建物の構造体に使う材料として木材が用いられてきたのはいうまでもありません。これは身近に樹木が育つ環境だったからこそ木材を利用してきたと考えるのが自然です。だからこそ木材を使った住居、「木造住宅」は日本人の「住宅」というイメージにぴったりしているといえます。

現在も残る伝統的木造住宅は、建てられた時代の住まい方や社会状況、生活を行う場として建物に求められる機能がすべて盛り込まれた、当時としては最新の技術と間取りの平面計画で建てられたものです。例えば、大きな農家の母屋《おもや》に多い田の字型の平面計画は、平常時の個別の部屋としての機能はもちろん、冠婚葬祭など、多くの人を集める機会には大きな一つ部屋として機能し、その一方でそれ以前の構造・架構方法から懸け離れていないという、その当時の最高技術の結晶であると推測されます。

しかしそのような住宅も、時代が変わり、多くの人を集める機会が減り、構造・架構方法が進歩し、個人の日常生活を大切にしたいという要求が高まるなど、住居に求める性能が本質的に変化してしまい、現代の「住まい方」にはそぐわないものとなって来ているといわざるを得ません。これは日本人の住文化が変わってきたからこそ、その容れ物としての住宅に求める性能が変わってきただけのことであり、建物に責任はないのです。

今日の住宅市場には、木造（木質構造）のほかに、鉄骨造、鉄筋コンクリート造、ブロック造など、さまざまな構造材料の特性を生かした特色ある住宅が提供されています。木造以外はこの一〇〇年間に急速に進歩した工業材料を使った構造であり、その材料でできた住宅も、近代に建てられた今日の住宅に求められる性能に近い仕様の住宅であるといえます。

「木造住宅は使い勝手が悪い」というのは、木造建築が持つ長い日本人との付き合いの歴史を、今日的な切り口で断片的に表現したものであり、今日的な要求性能を実現している現代の木造住宅には当てはまらない言葉であるといえます。このような評価を受ける一方、木造住宅には他の構造材料にはない特性があります。それは現場施工性のよさです。今日的ではありませんが、一般の住まい手が建物の維持管理や増改築を行うということが以前には行われていました。もっともすべての家の持ち主がというのでなく、通常は他の仕事をしていて、頼まれると大工としての技能を発揮してくれる隣人が少なからず居たということです。このときに、特殊専門的、かつ高価な設備投資無くして、加工組立てが可能な木材は、非常に優れた材料でもあったわけです。建物を使っている状況のままで、かつ人力を主体とした動力で加工が簡単な木材は、補修や増改築時に手軽に使え、しかも優れた性能を具備している材料といえます。

いくどかの震災の現場を訪れると人力で加工が容易な木材は、建物などの下敷きとなった人を救出する際にも、被災直後の仮設住宅資材としても、また採暖のための燃料としても、人に身近で利用しやすい材料として活躍していることを目の当たりにします。都市防災上は嫌われる存在であっても、被災直後に手近な材料を利用してみずからの身を如何にして守るかという場面に直面した時、加工が容易で、かつ人力で動かすことができる、熱源にもなる木材は心強い味方かもしれません。

（軽部正彦）

長もちしない？

日本の木造住宅は平均して二〇～二五年で建て替えられてしまうということです。この数字を見て読者の皆さんはどの様に感じられたでしょうか。参考までに欧米の住宅を例にあげると、アメリカで四四年、イギリスではさらに長く七五年といわれています。

なぜ日本と欧米とでこれほどの差があるのでしょうか。住宅を構成する素材が違うからでしょうか。確かにレンガをぶ厚く積み重ねてつくられたヨーロッパの住宅は見るからに頑丈そうに見えます。しかし、そのようなレンガづくりの建物でも床を支える梁などは木材でできています。このことは木材にも数百年の耐久性があることを意味しています。

木材が数百年の耐久性を持つという証拠は日本でも目にすることができます。法隆寺にある金堂や五重塔は現存する世界で最古の木造建築で、建てられてから一三〇〇年以上経過しています。それよりずっと時代は下りますが、現存する最古の木造住居として四〇〇年以上も前に建てられた箱木千年家と呼ばれる民家が神戸市に残っていますし、世界文化遺産に登録された姫路城もおよそ四〇〇年前の建築です。これらの例からも判るように、木造建築は本来非常に長持ちするはずのものなのです。

木造住宅が頻繁に建て替えられる理由が耐久性以外のところにあることは分かりましたが、本当の理由はどこにあるのでしょうか。建て替えた方へのアンケートからは、高齢化対応やライフスタイルの変化に

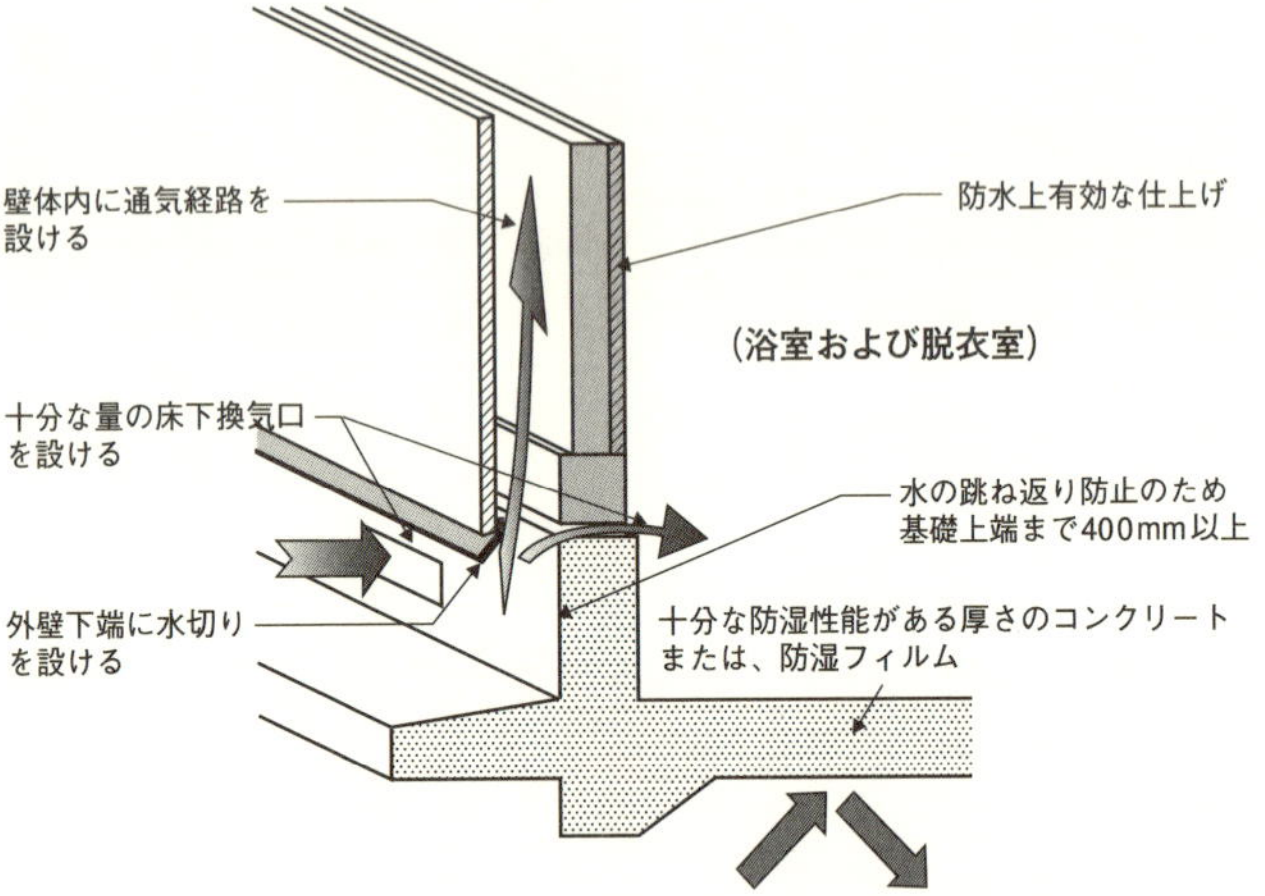

図2・5　品確法に見られる床下・水廻り部分などの耐腐朽対策

より内装・外装・設備に不満が出てきたから、という理由が見えてきます。内外装を修繕したり、改修によって間取りを変更したり、あるいは高齢化対策を施すだけで、木造住宅の寿命は大きく延ばせたのです。

先に欧米の例を出しましたが、修繕や改修によって住宅の状態を新築時の状態まで引き上げたり、さらには現代的な設備を付け加えるなりして、建物の耐用年数を引き上げることを欧米ではすでに行っています。建設投資に占めるリフォームの割合（リフォーム率）はヨーロッパ諸国で三〇～五〇パーセントに達しています。この数字からも如何にして修繕や改修に力を注いでいるかが分かると思います。これに対し日本におけるリフォーム率は一六パーセントとヨーロッパの三分の一から五分の一程度に過ぎません。資源の枯渇や廃棄物の問題がクローズアップされるなか、これからは、まずリフォームによって住宅の寿命を伸ばすことを考える必要があるでしょう。

もちろん、住宅自身に高度な耐久設計が必要なのはいうまでもありません。住宅の構造軀体が腐朽や蟻害でやられてしまっては、いくらリフォームで部分的に住みやすく改善しても、安全な住まいは望めないからです。また、そうなってからリフォームしたのでは、建て替えよりも金銭的にも資源の面からもかえって不利になってしまいます。このようにならないためにもあらかじめ耐久設計を施しておく必要があるのです。

耐久設計というと難しく思われるかもしれませんが、その基本は非常に簡単です。腐朽を引き起こす木材腐朽菌と呼ばれる一群の微生物は木材が湿った状態で活動を開始します。また、日本の大部分に生息するヤマトシロアリと呼ばれるシロアリも湿った木材を住みかとして活動するのです。ですから木材を乾いた状態に保つ工夫をしておくことが一番の耐朽設計になります（図2・5）。

木材が濡れる要因としては、雨水の浸入、生活用・排水の漏出、あるいは結露があげられます。建築コストや見栄え、使い勝手などとバランスをとりながら、このような水の進入経路をできるだけ潰すことが耐久性向上のポイントになります。一方、何かの拍子で木材に侵入してしまった水分を追い出す工夫も必要ですが、それには木材中の水分が蒸発しやすいように木材の周りの空気を換気によって入れ替えることが効果的です。なお、ここまで耐久性を高める工夫について書いてきましたが、イエシロアリ（房総半島以西の海岸線沿いに生息）は乾いた木でも食い荒らしますので、上記の地域についてはイエシロアリに対する予防が別途必要になります。

（桃原郁夫）

増改築が難しい？

日本における住宅の平均建て替え年数は、およそアメリカの二分の一、イギリスの三分の一、の二〇〜二五年弱といわれています。この数字は他の先進国と比べても圧倒的に短い値となっています。ちょっと前までは使い捨てカメラに度肝を抜かれたものですが、そんな物などたいした問題ではありません。なぜなら、カメラなら金額にしてせいぜい数万円から数十万円といったところですが、住宅ともなれば数千万円です。桁が二桁から三桁違います。そんな高価なものまで今日の日本では使い捨てにしているといっても過言ではないでしょう。まさに使い捨て住宅です。

日本は、古来より自然に対しては畏敬の念をこめて大切にする傾向がありますが、いたって人工的なものに対してはそうではありません。一方、イギリスではよく手入れの行き届いた住宅は、中古住宅といえどもそれ相応の価値が与えられています。逆に日本では二〇年経った中古の住宅の不動産価値はゼロです。このギャップは一体どこからくるのでしょうか？　その原因の一つには、常日頃からのメンテナンスへの配慮と、建て替えに至る前に何度も増改築を行って変化する自分たちのライフスタイルに合うように努力してきたかにつきると思います。

ところで、建て替えや増築、改築を行うことになる原因にはどんなものがあるでしょうか？　一つは最新のシステムバスや、システムキッチンなどの設備が登場し、既存の設備機器では満足できなくなり、その際に水廻りを改築する場合が考えられます。設備機器の性能の進歩はきわめて速く、毎年私たちの身の回りに便利な物が出てきています。それに伴って改修のサイクルも住宅本体に比べて短く、平均でおよそ一〇年程度といわれています。

二つ目は、住人の生活スタイルの変化から内装や間取りを改築する場合です。仮に三〇才後半で家を手に入れたとすると、三〇年弱でおよそ定年を迎えることになります。この頃には身体の衰えから若い時には気にならなかった床の段差や手摺の欠如、ドアノブの不便さ、そして急な階段の辛さが気になってくるようです。また、子供も成人に達し、二世帯同居となるとライフスタイルの違いから部屋の間取り自体の不具合いが生じ、家の建て替えや改築を望むようになります。

三つ目は長年の経年劣化による実質的建物の耐力低下、および建築基準法の改正に伴って法律上、既存不適格建物となってしまい、構造補強の必要性から立て替えや改築する場合が考えられます。

建て替えと増改築を考えた場合、コストや環境面への配慮を無視すれば建て替えを望む人が多いと思われます。しかし、増改築をするということはある人にとっては大変重要な意味があります。それは、法律が変わってすでに今までの住宅は作れなくなっている場合があるからです。例えば、今までは自分の敷地いっぱいに住宅を建ててもよかったものが、法律の改正によって今までどおりの広さの住宅を建てることが不可能になってしまったという場合には、すでに享受している面積を確保するには立て替え行為は不可能です。そうなると自分の住宅が増改築しやすいのかどうかが大変重要なポイントとなります。さらには今日の地球環境への配慮も考えると安易な立て替えから増改築に目を向けなくてはならないと思います。

ところで、一体木造住宅は増改築しやすい建物なのでしょうか？　木造住宅には、大きく分けて在来軸組構法、ツーバイフォー工法、そしてプレファブ構法があることは前章で紹介したとおりです。

在来軸組構法は、一般的には基準法内であれば、一番自由に増改築が可能な建物です。その反面、その自由さが災いして、増改築したことによって構造的に不安定な建物にしてしまう危険性があります。増改築によって耐力壁を除去する場合や開口部を新たに設ける場合には必ず構造設計に精通した人に意見を聞くことが大切です。

ツーバイフォー工法は、建築基準法で耐力壁同士の間隔や一部屋当たりの面積が決まっているため、壁を取り除いて二部屋を一部屋にしたいなどの増改築は在来軸組構法より制約を受けます。

プレファブ構法は、工場で壁パネルを製作し、建築現場で組み合わせる工法で、壁パネルが耐力壁として機能しています。したがって、開口部を新たに設ける場合や、位置を変更する場合には、一枚の壁パネルの幅に大きく制約を受けることになります。

おおよその木造住宅は上記の構法の中に含まれると思いますが、いずれの構法にしても、木造住宅の増改築のよさは、現場加工が容易にできる点があげられます。個々の住宅が経年によって寸法変化が生じた場合でも、材料が木であればミリメートル単位で現場調整が可能です。このような材料は他にないと思います。家を建てる前からどんなによく考えて作ったとしても、最新設備機器の出現やライフスタイルの変化に合わせていく場合には避けられない問題ですから、増改築しやすい住宅を選択することも賢明な選択の一つといえるでしょう。

（三井信宏）

プレカット

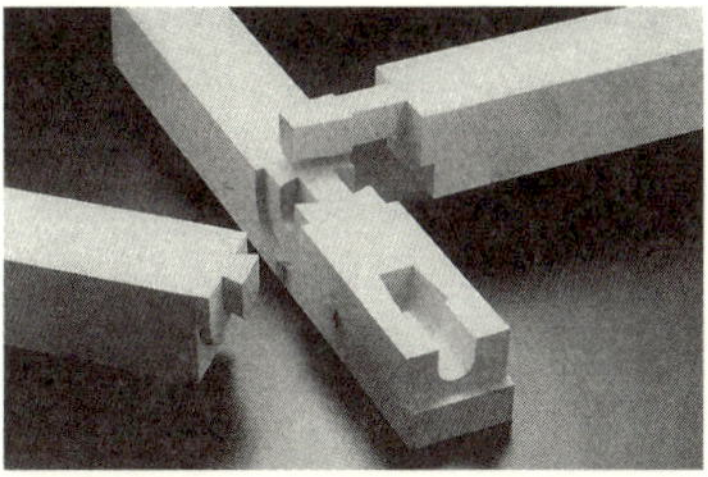

機械による継手・仕口のプレカット加工（写真提供：宮川工機）

木材同士あるいは木材と他の材料とを接合する方法には、ホゾとホゾ穴のように材同士をかみ合わせる「嵌合（かんごう）」、釘やボルトのような金物・金具を使う「金物接合」、接着剤を用いて一体化する「接着接合」があります。

接合の形態としては様々なものがありますが、特に角材のような軸材同士の接合部をわが国では継手・仕口と呼んでいます。「継手」とは接合部を構成する部材相互の長軸方向が互いに平行な場合、「仕口」とは直交又は斜交する場合をいいます。

在来軸組構法の接合には、伝統的な嵌合による継手・仕口が使われていますが、主要構造部材には、嵌合のみではなく補強用の金物が併用されます。また最近では、嵌合＋補強金物ではなく、強力な構造用金物のみを用いたもの、金物と接着を併用したものなど、新しいアイデアの接合も使われています。

さて、「プレカット」とは、大工さんが手作業で継手・仕口を加工するのではなく、工場であらかじめ（プレ）、機械によって切削加工（カット）しておくことをいいます。機械による加工ですからあまり複雑な形態のものは出来ませんが、加工精度が高く、何よりも生産能率が高いことが特徴です。

プレカットの生産システムは、大工さんの人手不足や生産工程の合理化への要求などを背景に、ここ20年ほどの間に飛躍的な進歩を遂げました。現在では在来軸組構法住宅の50%がプレカットによるものといわれています。

システム自体の改良も色々行われ、コンピュータによって家のデザインや間取りを選択・決定し、それが決まると、データが加工機械に送られ、自動的に木材が切削されるシステムも登場しています。また、柱や梁といった構造部材のプレカットだけでなく、もう少し小断面の部材までもプレカットできる「羽柄材プレカット」のシステムも登場してきました。

（林　知行）

豊かな暮らしを演出する木製品（1）木製家具

新しく家を建てると婚礼家具のように思い出深い家具であっても、今まで持っていた家具類が、洋風住宅用であったり純和風住宅用であったり部屋の作りなどによって不釣り合いだと感じることがよくあります。新築時に作りつけの収納家具を注文してしまえばそれはそれでよいのですが、思い切って新しい家具にしたいと思ったとき、どんなところにどのような家具あるのか、いざ買おうとすると結構苦労するものです。

そんなとき、家具の専門店やデパートなどでも洋風、和風を問わずいろんな家具が販売されていますが、家具の有力産地や家具の種類を知っていれば大いに助かります。（金谷紀行）

産地	名称等	製品	使用樹種
岩手	岩谷堂箪笥	三点セット、飾り棚	けやき、くり、きり
秋田	五城目桐箪笥	衣装箪笥、整理箪笥	きり
茨城	結城桐箪笥	箪笥類	きり、くわ
群馬	前橋桐箪笥	桐箪笥	きり
埼玉	春日部桐箪笥	桐箪笥	きり
東京	江戸指物	座卓、机、茶箪笥、鏡台	けやき
	東京桐箪笥	桐箪笥	きり
新潟	加茂桐箪笥	桐箪笥	きり
長野	木曽木材工芸品	飾り棚、衝立	さわら、ねずこ
静岡	駿河指物	文机、飾り棚、鏡台	けやき、くわ、きり
愛知	名古屋桐箪笥	桐箪笥、帯箪笥	きり
富山	井波彫刻	欄間	くす、けやき、きり
京都	京指物	箪笥、飾り棚、茶道具	きり、杉、くわ
大阪	大阪欄間	各種欄間	杉、ひのき、きり
	大阪唐木指物	棚、机、台	紫檀、黒檀
	和泉桐箪笥	和箪笥、衣装箪笥、長持	きり、きはだ
和歌山	紀州箪笥	箪笥、洋箪笥	唐木、きり
熊本	人吉、球磨木工	箪笥、茶棚	
北海道	旭川	収納家具、飾り棚	国産・輸入広葉樹等
	三笠	民芸家具	まかんば
岐阜	高山	リビング・ダイニングセット	国産・輸入広葉樹等
広島	府中	箪笥、婚礼家具	国産・輸入広葉樹等
徳島	徳島	鏡台	国産・輸入広葉樹等
福岡	大川	箪笥、食器棚、棚物家具	輸入・国産広葉樹等
大分	日田	応接・リビングセット	輸入・国産広葉樹等

第3章　いよいよ我が家を建てよう

雑誌にあるような綺麗な家が本当に建てられるの？

最近書店の店頭には住宅雑誌、インテリア、ガーデニングの雑誌が数多く並び色とりどり美麗な写真を載せて目を楽しませてくれます。このような家に本当に住めたらと夢が膨らみますが、夢は夢で終わるのでしょうか。いや、現実に家は存在しているので方法さえ誤らなければ誰にでも実現可能です。ただし、そのためにはみんな工務店任せでは駄目です。

以下に家づくりを計画するときのさまざまなアプローチを記してみましょう。その中からあなたにあった方法を選んで夢に向かって一歩を踏み出してください。

◉住宅を新築するときの仕組みはさまざまあります

1　設計監理と施工の分離発注——設計と監理は建築士（設計事務所）、施工は工務店とそれぞれ業務を分けて発注する。

2　設計施工一括発注——工事側が設計と工事を一括して請け負って、設計は工務店の設計担当者または建築士事務所に頼み、施工は工事管理者が諸工事業者をまとめながら工程管理をする。設計と施工を別にするのは仕組みからするとよい方法で、需要者はまず設計者と十分に建築プランを打ち合わせ、納得して、工事を施工者に発注するので、設計者には施主側で監理をしてもらえるメリットがあります。

設計施工の場合では、工事を請け負う側の企業規模により対応はかなり異なります。小規模工務店の場合、工事力はあっても設計対応能力を十分備えていないことが多いのです。中規模工務店の場合、地域に根を張って、設計担当者や工事管理担当者を社員として抱えて堅実に経営している会社も多く存在し、優秀な設計担当がいればかなりの成果が期待できます。

大手住宅メーカーの場合、モデルハウスと事業所を全国展開し、営業から設計・生産・工事・インテリア・アフターサービスまで一貫して推進する体制を採っている会社が多く、設計部門も設計担当者または契約している設計事務所が設計するシステムを採っているので、設計能力はかなり期待できます。

以上住宅建設を受ける側の体制を記しましたが、その前に注文をする需要者側の条件整理が実は重要です。家づくりは一生の大事業です。夢を実現するためにまず貴方がなすべきことは、

(1) まず家族で徹底的に話し合って意見を集約する。

(2) 次に敷地の条件、資金調達の目論見などを考えながら現実的な計画に落とし込む――普通始めの夢を集計すると、建物の規模も敷地も予算もオーバーしてしまうケースが多く、この状態で設計者や工務店に依頼すると時間も手間も無駄が多くなりまとまりがつかなくなります。

(3) 設計者を決めて徹底的に自分の希望を話し合ってイメージをまとめてもらってプレゼンテーションを受ける——この段階で設計側の能力や自分の感性に合った家をつくってもらえそうか判断できます。

◉ミスマッチを避けるための選択のポイント

1 設計施工分離の場合

(1) 設計者の選定

一般的には設計を頼みたくても誰に頼んだらよいか分からないという方のほうが多いかもしれません。そこで設計者にアプローチする方法としてはいろんなことが考えられます。住宅雑誌などで気に入った家の設計者に問い合わせる。あるいは建築士会や建築士事務所協会の相談コーナーを訪ねるとよいでしょう。例えば西新宿の東京ガス・リビングデザインセンターセゾン相談コーナーのように設計事務所を紹介するシステムを持つ所もあります。

予算が少ないから設計者を頼めないということはありません。腹を割って相談してお互いに共感できれば引き受けてくれるものです。設計料の分だけ建築予算が余計かかるように見えても、建築の全体にわたってプロのアドバイスを受けられることはトータルで考えればむしろプラスになると思われます。その場合には建て主と設計者の相性が合うかどうかが重要なことです。そのためには設計者の実施例を見るのが一番判断しやすいことで、自分の感性と合っているかどうかということです。

設計者にはそれぞれ得意な構法があります。一級建築士だからどの構法でも堪能なわけではありません。得意項目で依頼するのが賢明です。

○貴方は個性的な家を望むのか。
○総合点の高い家を望むのか。
○デザインが共感できるか。
○設計料はいくら位かかるか、監理までやってくれるのか。
○十分に自分の希望を聞いてくれそうか。
○施主の家を造るより自分の作品を造る意識の強い設計者は避けたほうが無難。
○若い生活経験の少ない設計者も生活の機微を理解できるか、満足度の点で一考を要する。

(2)　工務店の選定（設計者を別に頼む場合）

○設計者との取組み経験のある工務店の方が安心。
○設計事務所が設計監理する工事を未経験の工務店はマイペースになりがちで、設計者の意図を理解し難いことがある。
○大工工事が根幹ですが、他の職方も総合的にまとめられる会社がよい。
○設計者とのコミュニケーション上工事管理担当者がいるほうがよい。

2　設計施工一括発注の場合——この場合は設計と施工の総合的なコーディネート力を必要としますので地域の中堅工務店または住宅メーカーが考えられます。

(1)　地域中堅工務店

○経営の安定した技術力のある前向きな会社がよい。

○しっかりした設計担当者がいる会社が望ましい。
○最近は構造強度・耐久性・省エネルギー・バリアフリーなど技術改良に熱心に取り組んでいる会社がある。
○(財)住宅保証機構などの第三者保証機関に登録しているような経営姿勢の会社が安心。

(2) 住宅メーカー

○開発・企画・設計・生産・工事・AM(アフターサービス・メンテナンス)などの総合力がある。
○時代に対応する技術水準は高い会社が多い。
○営業・設計・施工・アフターサービス・保証と業務が分担されシステム化されている。
○営業が契約から引渡しまで担当するが、個々の業務は業務ごとに受け継いでゆく業務体制の会社が多い。
○経費は少し高めだが、その代わり長期的なフォローについて安心感がある。

住宅の受け手側の実力は実績やモデルハウスなどを見ればデザイン力・技術力・トータルコーディネート力などが分かります。貴方がどのような住宅を本当に望んでいるのか、注文者としての考えを十分に推敲しておくことが望ましいことです。住宅金融公庫の調査でも工事中に設計変更した家のほうが引渡し後の満足度が低いといわれています。契約前に設計段階で徹底的に検討を済ませておく必要があります。安易な契約をして、こんなはずではなかったと着工後あちこち変更すると、工期も延び、出来栄えにも影響します。このようなことは建て主にも自己責任があることになります。

(阿部市郎)

広告のどこを読めばいいの？

最近は新聞雑誌の広告のみならず、美麗な写真やイラストで書かれた住宅の折り込み広告がたくさん投げ込まれます。マンションでも戸建て住宅でも分譲住宅の場合は必ず物件の概要説明が記載されています。所在地、地目、基準法上の地域、建蔽率《けんぺいりつ》、容積率、敷地面積、建築面積、延べ面積、構造・規模、建築確認番号、駐車場、事業主、施工者、設計・監理者、設計図書閲覧場所等々、また各種仕様・設備の紹介、計画ポリシーなどかなり詳しく説明されています。物件概要説明は法律で義務付けられています。これらのことは新築の場合にも重要なチェック項目になります。

住宅メーカーのモデルハウスに行くとカラフルなカタログが用意され、カタログに載っている写真は生活観を出すために家具、カーテン、絨緞、什器類など、さらには観葉植物までセットされ夢が膨らみます。しかし、現実に貴方が我が家の計画に入るときに検討すべきは、下記のようなことです。

○どの構造・構法を選ぶか。

木造在来軸組構法、ツーバイフォー工法、木質系プレファブ、鉄鋼系プレファブ、鉄筋コンクリート造、鉄骨造などさまざま。

○標準仕様はどのようなものか。

標準仕様はメーカーの企画力、技術力、デザイン力などにより選定されたものなので、標準仕様に選ばれた仕様部品などを見れば住宅供給側のセンスや見識が分かります。

○構造部分はどうか。
基礎構造、構造材の材種・寸法、構造金物、構造方法（耐震対策）。

○外装部分はどうか。
屋根、外壁の材種、外部建具、ガラス（シングルかペアガラスか）。

○内装部分はどうか。
内装材、内部ドアなどの材質、デザイン、カラー、建具金物のグレードはどうか（金物などの選定で供給者の見識が分かる）。

○標準住宅設備はどうか。
キッチン設備、洗面、バスルーム、トイレ衛生陶器、水栓金具類、電気設備。

○省エネルギー仕様はどうか――断熱材、開口部、気密仕様。
断熱、気密性を高めると屋内の温度差が少なくなり快適になると思われる反面、空気の汚染に対して常時機械換気が必要になる。

○高齢化対応はどうか――ユニバーサルデザイン（段差、階段勾配・内法、手摺、廊下幅、手摺下地）。

○耐久性対策――設計上および材料・仕様などでの対策。

○標準仕様に含まれる価格の範囲はどこまでか――価格に含まれる仕様範囲と別途工事が明確になっているか。

○イメージコラージュ（イラストや写真で類似事例を貼り付けて構成したもの）で夢をかきたてるパンフレットのみのときは別に仕様明細や技術資料を請求してみましょう。

（阿部市郎）

展示場のモデルハウスって立派だけど高いんでしょ？

全国各地どこへ行っても大都市周辺には住宅総合展示場が設置されています。モデルハウスは住宅会社にとって最重要な営業拠点になっています。展示場に建てられているモデルハウスは、概ねどこでも一般的な住宅よりは規模もグレードも高い華麗な住宅が建てられています。

なぜ仕様も規模も標準的なモデルハウスが建てられないのでしょうか？　過去に幾たびか標準仕様・規模のみのモデルを集めた展示場がつくられましたが、ほかの展示場に比べて集客力が悪いのです。また華麗なモデルの間に標準的なモデルがあると顧客は豪華な方へ入ってしまいます。展示場にモデルハウスを一棟出展することは大変な投資になります。そこで出展者側もお客さんが大勢入って営業効率のよいものを出展するようになってしまったのです。

では、立派な展示場は私たちの参考にならないのでしょうか？　いいえ、そんなことはありません。以下のようなポイントに留意しながら各社のモデルハウスを見学してみると、今までと一味変わった側面が見えてきます。新しいモデルハウスには住宅メーカーのその時点での技術開発力、企画力、デザイン力、部品開発力などの総合的な企業力が注ぎ込まれています。

○モデルハウスにはテーマがあります。そのモデルで何を顧客にアピールしようとしているのかを見ましょう。――企画をする際に必ずコンプセトを決めて、モデルハウス設計をしています。生活者の職業・家族構成・趣味・家族の年齢・必要部屋数・ライフスタイルなどを勘案してモデルハウス設計をしています。ご自分の家族と比べながら観ていくとより理解が深まると思います。ここで設計力、デザイン力が見られます。

○新しい技術開発の成果が盛り込まれています。構造安全性、耐久性、省エネルギー性、高齢化対策等々いわゆる住宅性能といわれるような技術力が披露されています。

○たまたま一軒だけ外部のデザイナーにまとめてもらってしゃれたモデルが建てられた場合もあるかもしれませんが、同じ会社のモデルを数か所見て同じレベルであればメーカーの地力と考えてよいでしょう。一か所だけでなく複数の展示場を見て判断ください。

○豪華モデルであっても住宅メーカーは、標準仕様に取り入れている住宅部材や部品あるいは内外の建具などを随所に使用してまとめていますから、コーディネート力を推し量ることができます。

○豪華な部品を使用していても、寄せ集めでなんとなくまとまりが悪い建物とそれほど豪華でなくても、通常使用されている標準部・資材を多用してシックにまとめられているモデルハウスをみるとその会社のデザイン力、企業力を窺い知る思いがします。

○住宅メーカーにはそれぞれ特徴があります。構造・工法、デザイン、インテリア、高気密・高断熱、ヒノキの家など樹種を売り物にする等々いろいろな会社がありますが、あまり一つのセールスポイントにとらわれないで総合的に見て判断してください。

○総合的に見て貴方の感性にフィットするモデルハウスがあったら、臆せず予算を営業マンにぶつけて相談してみてください。デザインセンス、部材センスのよい会社は標準仕様のセンスもよいので予算にかかわらずセンスのよい家をつくります。
○毎日暮らす家、永く暮らす家です。洋服のように気に入らないからまた買い直おそうと簡単には行きません。丈夫で長持ちはもちろんですが、センスのよい家、住み心地のよい家に住みたいものですね。

（阿部市郎）

家の間取りを考える前に調べること

住宅を計画する際にはまず建築基準法の上の規定を満たさなければなりません。そこでまず敷地状況を調べましょう。
○自己所有地か、借地か――所有地の場合は登記簿の地目、面積を確認します。借地の場合は地主の建築承諾書が要ります。建て替えの場合書き替え料が必要になる場合があります。新たに借地する場合はその土地の抵当権の有無も確認しておいた方がよいでしょう。
○測量図はあるか――道路、縦、横、対角線の寸法、面積は合っているか、登記簿の面積との乖離は無いか。
○敷地境界は明確か――道路側・隣地側の境界杭あるいは鋲はあるか、不明確の場合は権利所有者の立会いで確認を。
○敷地は道路に接しているか——公道か、私道か、私道の場合道路位置の指定はされているか、道路幅はいくらか、四メートル以下の場合は中心から二メートルの道路位置線の後退が必要であり、最低二メートル道路に接していないと家は建てられません。
○敷地の高低差はあるか——平らに見えても意外に傾斜がある。道路との高低差が大きい場合は敷地に法（傾斜をつけて後退させる）あるいは擁壁が必要となります。段々になっている分譲地の場合は盛土か地山（元の地盤）かをあらかじめ調べましょう。
○敷地内に障害物、埋設物がないか——樹木、岩石、池、埋設管、浄化槽等。
○地盤の状況はどうか——電車、トラックが通ると振動が目立つ、水はけが悪そうでじめじめしている、付近の家が杭を打っている、近くに水田、湿地がある等々要注意です。昔の地名から類推する方法、例えば谷、田、窪などが下についた地名の場所は古地図と対照してみるのも一案です。
○建築基準法、地方条例などを調べる——用途地域（住居専用、商業、準工業、その他）防火地域、建蔽率、容積率、道路斜線、北側斜線、建築協定、種々の制約になる規定を調べる（表3・1、3・2）。
○道路のガス管、水道管、下水、公設升、電灯、電話線などの確認。
○生活環境——学校、病院、マーケット、警察、役所、バス停留所、駅など日常生活の利便性はどうか。
まだほかにも調べることがあるかもしれませんが、今まで列記したことはいわば敷地の客観的条件の調

表 3・1　建蔽率の上限一覧(%)

適　用 / 用途地域	一般の場合	防火地域内の耐火建築物(A)	特定行政庁の指定する角地等(B)	(A)及び(B)の条件を同時に満たす場合
第 1 種低層住居専用地域 第 2 種低層住居専用地域 第 1 種中高層住居専用地域 第 2 種中高層住居専用地域 工業専用地域	* 30　40 50　60	* 40　50 60　70	* 40　50 60　70	* 50　60 70　80
第 1 種住居地域 第 2 種住居地域 準住居地域 準工業地域 工業地域	60	70	70	80
近隣商業地域 商業地域	80	100	90	100
用途地域指定のない地域	70	80	80	90

＊は都市計画で定める数値　　(建築基準法第 3 章第 4 節第 53 条)

表 3・2　容積率の上限一覧表(%)

適　用 / 用途地域	容積率(A)又は(B)のうち小さい数値	
	都市計画で定められた数値(A)	全面道路による数値(幅員が12 m 未満の場合)(B)
第 1 種低層住居専用地域 第 2 種低層住居専用地域	50　60　80　100　150　200	最大幅員の全面道路の幅員(m)×40
第 1 種中高層住居専用地域 第 2 種中高層住居専用地域	100　150　200　300	
第 1 種住居地域 第 2 種住居地域 準住居地域	200　300　400	
近隣商業地域 準工業地域 工業地域 工業専用地域	200　300　400	最大幅員の全面道路の幅員(m)×60
商業地域	200 300 400 500 600 700 800 900 1000	
用途地域の指定のない地域	400	

(建築基準法第 3 章第 4 節第 52 条)

査です。すでに住宅の間数や規模の希望条件は決めたわけですから、次にいよいよ間取りを考えてみましょう。

（阿部市郎）

間取りぐらいは描いてみたいんだけれど

すでに第1章で木造住宅のいろいろの構法について読まれことと思います。同じ木造であっても構法によって建築基準法の規定が少し異なる場合があります。ここでは在来軸組構法を念頭において、やさしい間取りのつくり方を記してみましょう。

○まず一〇ミリメートル升目の方眼紙を用意してください。

○平面の縮尺を決めます。縮尺一〇〇分の一では一メートルが一〇ミリメートル目、縮尺五〇分の一では二〇ミリメートル目になります。はじめに一〇〇分の一でいろいろ描いてみて、家具などの配置を記入するときは五〇分の一が分かりやすいでしょう。

○モジュール寸法（壁心で柱間や部屋の大きさを決める単位）を決めます。モジュールは従来九一〇ミリメートル（関東間）で、最近高齢化に対応して一メートルも増えてきました。心心（中心線間の距離）九一〇ミリメートルでは廊下、階段の幅、部屋の出入り口幅など狭くなり対応し難くなります。

ここでは一メートルで考えてみましょう。

○まず敷地にいくらの大きさの家が建てられるか調査に従って計算してみます。建蔽率は住宅地では概ね三〇～六〇パーセント位、容積率は一五〇～二〇〇パーセント、方位を考え北側は隣接敷地境界より一メートル以上空け、南側は日当たりを考えて庭を取ります。そして可能な大きさに矩形の外周を配置してみます。

○一階に必要な部屋――玄関（二×三メートル＝三帖強）、リビング（四×四メートル＝八帖強）、キッチン（三×三メートル＝四・五帖強）、ダイニング（三×三メートル＝四・五帖強）、浴室（二×二メートル＝二帖）、洗面脱衣所（二×二メートル＝二帖）、便所（一×一・五～二メートル）、ユーティリティー、収納、階段（一×三・五メートルまたは二×三メートル）、廊下（一メートル×～）、和室（六～八帖）、寝室（一階に配置する場合）など。

○二階に必要な部屋――主寝室（四×四メートル＝八帖強）＋クローゼットルーム、子供室（三×四メートル＝六帖強）、洗面所、便所、収納、廊下、階段など。

○間取りを矩形外周の中に日照、使い勝手、家族の行動パターン、動線（建物の内外で人や物が移動する状態を示す線）を考えながら配置してみます。

一階は家族の共用空間、二階はプライベート空間として配置をすると通常は一階の方に大きい面積が必要になります。

間取りのポイントは玄関の位置と階段のとり方です。

○一メートルモジュールの場合は部屋も廊下もゆとり感がありますが、狭小宅地の場合は部屋数が取れなくなります。その場合の高齢化対応として基本モジュールを九一〇ミリメートル（三尺）にして廊下、階段、出入り口など関係のあるところを一メートルにする方法もあります。ただし、このテクニックはプロでないと難しいので専門家との打ち合わせが必要です。間取りの貼り付けはパズルに似ています。単純な基本形に入らない部分を、例えば玄関を出っ張らせるとか部屋をL字に配置するとかして付加していきます。

○地震に強い間取りを考える――部屋を配置するときに上下階の柱位置の一致と間仕切りの壁の線が一致していることと、窓などの開口部が同じ位置にあるか、または壁が市松模様に配置をされているのが理想的です。首都圏の在来木造住宅の調査では二階の柱の直下に一階の柱が存在する割合は五〇パーセント、二階の壁の直下に一階の壁が存在する割合は、建物外周では東西方向で三三パーセント、南北方向で四〇パーセント、内部では東西方向で二〇パーセント、南北方向で二五パーセントしかなかったという調査結果［杉山英男　地震と木造住宅］も報告されています。

昔の家のように風通しと眺めがよいようにと建物の二面を全部開け放って角に柱一本で屋根を支えるような間取りはきわめて危険です。

平成十二年には建築基準法も改正され木造住宅の外周の端部に耐力壁が配置される割合、建物全体の壁が偏って配置されないようにチェックする規定などが新たに加えられました。せめて上下階の壁が五〇パーセント以上重なるように設計しましょう。

今までに基本的な間取り配置の手順を書きましたが、文章だけではなかなか分かりにくいと思います。以下に具体的な事例で、敷地と道路の関係や間取りのつくり方をいくつか説明しましょう。

◉敷地の条件

四メートル以上の道路に敷地が二メートル以上接していること。この場合の道路とは基準法に定められた四メートル以上の道路です。

1　四メートル以下の道路の場合は敷地を後退させる。

前面道路が四メートル未満のときは道路の中心線から二メートル後退させて敷地を設定します。

2　路地奥の敷地は路地の長さと間口の関係に規制があります。

例えば、東京都建築安全条例では路地状分の長さが一〇メートル以下の場合間口が二メートル以上あれば建築できますが、一〇メートルを超え二〇メートル以下では間口三メートル以上が必要です。

3　角地はすみ切りが必要です。

六メートル以下の道路が交差し、かつその角度が一二〇度以下の角地では、底辺二メートル以上のすみ切りが必要になります。

◉敷地と建築に関する規制（図3・1）

1　用途地域

良好な環境を保つために、建物の用途を地域により規制しています。その用途地域ごとに建蔽率と容積率および高さの制限があります。

2　建築可能範囲の制限

道路幅による高さの制限と敷地の北側の斜線制限があります。

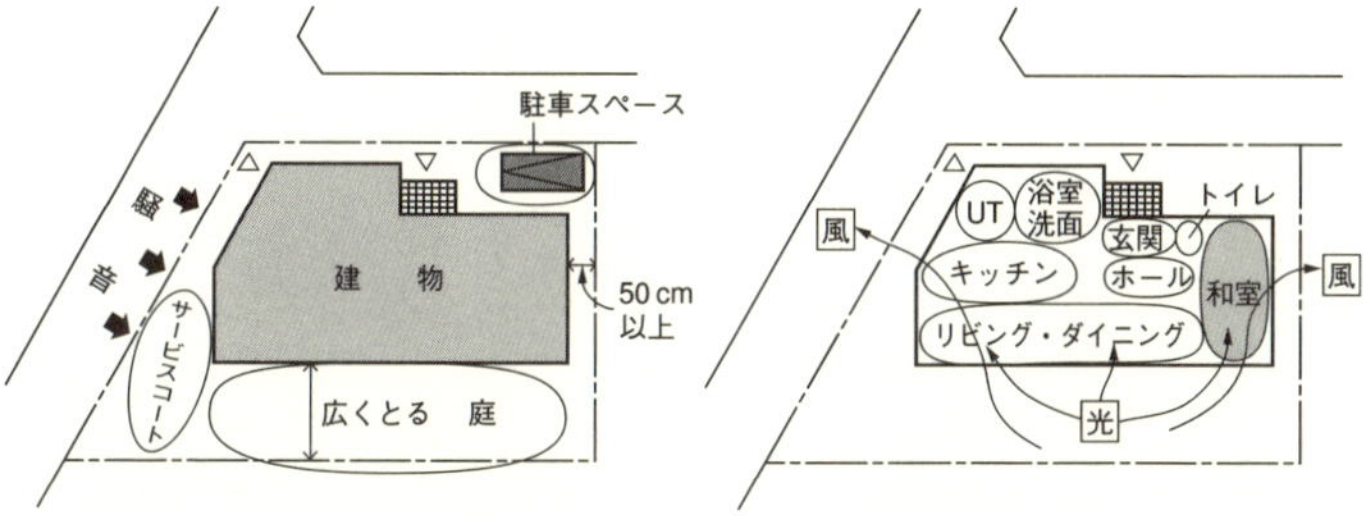

初めは敷地内の利用区分の整理から。道路との関係、外からの騒音や視線等周辺の環境や屋外スペースの配置も考慮して、各部に適度な空地も設けたい

建物の配置が決まったら、室内のゾーニング。各室のつながりとスムーズな動線を考えながら部屋の配置を計画する

図3・1　建物配置の考え方

3　高さの制限

高度地区規制により建物の高さにも制限があります。

4　準防火地域・防火地域

都市部では防火上のさまざまな制約を受ける場合があります。

5　隣地境界からの距離の規定

民法では建物は境界線から五〇センチメートル以上距離をおいて建てなければならないとしています。また建築基準法では、第一種住居専用地域内の建物の外壁の後退距離を一メートルもしくは一・五メートルとしています。こうした制限が無くても、北側が道路で無ければ敷地境界より二階建ての場合で一・五メートル程度の後退が必要ですし、設備機器の置き場や設備や排水管のスペースで一メートル程度の空きは必要です。

◉敷地と道路の関係で住宅の配置を考えよう（図3・2）

1　北側に道路のある敷地

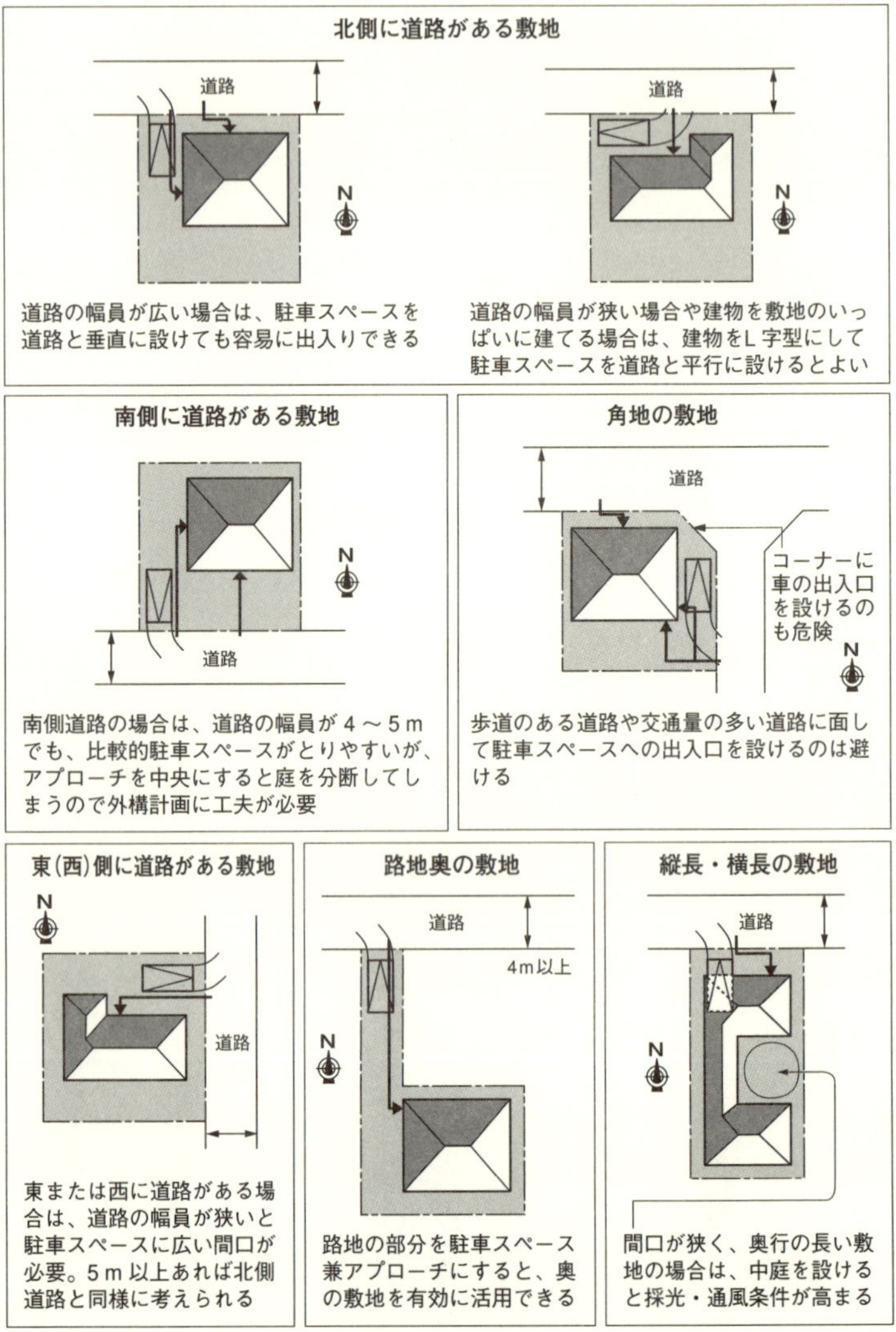
北側に道路がある敷地
道路
N
道路
N
道路の幅員が広い場合は、駐車スペースを道路と垂直に設けても容易に出入りできる
道路の幅員が狭い場合や建物を敷地のいっぱいに建てる場合は、建物をL字型にして駐車スペースを道路と平行に設けるとよい
南側に道路がある敷地
N
道路
南側道路の場合は、道路の幅員が4～5mでも、比較的駐車スペースがとりやすいが、アプローチを中央にすると庭を分断してしまうので外構計画に工夫が必要
角地の敷地
道路
コーナーに車の出入口を設けるのも危険
N
歩道のある道路や交通量の多い道路に面して駐車スペースへの出入口を設けるのは避ける
東(西)側に道路がある敷地
N
道路
東または西に道路がある場合は、道路の幅員が狭いと駐車スペースに広い間口が必要。5m以上あれば北側道路と同様に考えられる
路地奥の敷地
道路
4m以上
N
路地の部分を駐車スペース兼アプローチにすると、奥の敷地を有効に活用できる
縦長・横長の敷地
道路
N
間口が狭く、奥行の長い敷地の場合は、中庭を設けると採光・通風条件が高まる

図3・2　住宅の配置

玄関は北側あるいは両側面になります。この場合日当たりのよい南側に居室部分を並べて配置できるので効率のよい間取りができます。ただし、玄関と道路の距離が少ないので門と玄関の位置をずらすとか玄関を側面にとってアプローチを長くする工夫が必要です。北側には通常水廻りがきて窓も小さく地味になりますので玄関らしいデザインに工夫がいります。

2　南側に道路がある敷地

玄関までのアプローチとカーポートと庭の総合的なデザインを考えましょう。建物のセンターに玄関を持ってくると庭を分断してしまいますので庭との関係を考慮して計画する工夫が必要です。華やかなデザインがしやすい敷地なので、モデルハウスではほとんどが南面デザインです。

3　東（西）側に道路のある敷地

建物の配置は北側に道路がある場合と似て、南面に居室が十分に取れるメリットがあります。ただし南北の間口が狭く隣家が接近しているようなときは採光が取りにくくなりますので、東西に庭を取るとかL型の平面にして庭を取るなど考えましょう。

4　角地の敷地

玄関、カーポートの位置は面する道路の交通量などを考慮して決めます。どちらかというと交通量の少ない方の道路側を玄関にした方が落ち着いた感じになると思います。一方を玄関、他方にキッチンの出入り口といった使い分けも可能なのが角地です。街並み景観のポイントになるのが角地で、分譲住宅でも角地に最も力を入れて設計されているものが多いのです。どこから見ても美しいデザインを考えたいものです。

5　路地奥の敷地

住宅部分は落ち着いた環境になりますが、路地状部分の活用が問題です。この部分にはあまり障害になるような庭石とか工作物は置けませんから駐車スペース兼玄関へのアプローチとして考えましょう。

6　高低差のある敷地

階段を上がって玄関に行くようなアプローチのケースなど考えられますが、道路面と敷地の段差を利用して車庫を掘り込んでその上に建物を建てるとか、庭として利用するなど工夫をすれば変化に富んだデザインになります。

◉ゾーニング計画を考える（図3・3、3・4）

住宅には家族が団欒をする、食事をする、といった共用空間。キッチン・浴室・便所といった水廻り、書斎・寝室・子供部屋といったプライベート空間と、それらをつなぐ玄関から廊下・階段といった動線部分とありますが、これらをグループ化して有機的に配置計画することをゾーニング計画といいます。

基本的には、玄関ホールから廊下や階段によって、すべての部屋へ動線がいり交わらずに行ける配置と、玄関からいったんリビングに入り、そこから各個室へ入る形とがあります。前者は一般的に最も多い形で部屋の独立性はありますが、長くなりがちな廊下を如何にして短くするか、後者は北米の住宅に多いオープンプランニングといった計画手法ですが、動線は短くなりますが階段がリビングの中にくるなど個室の

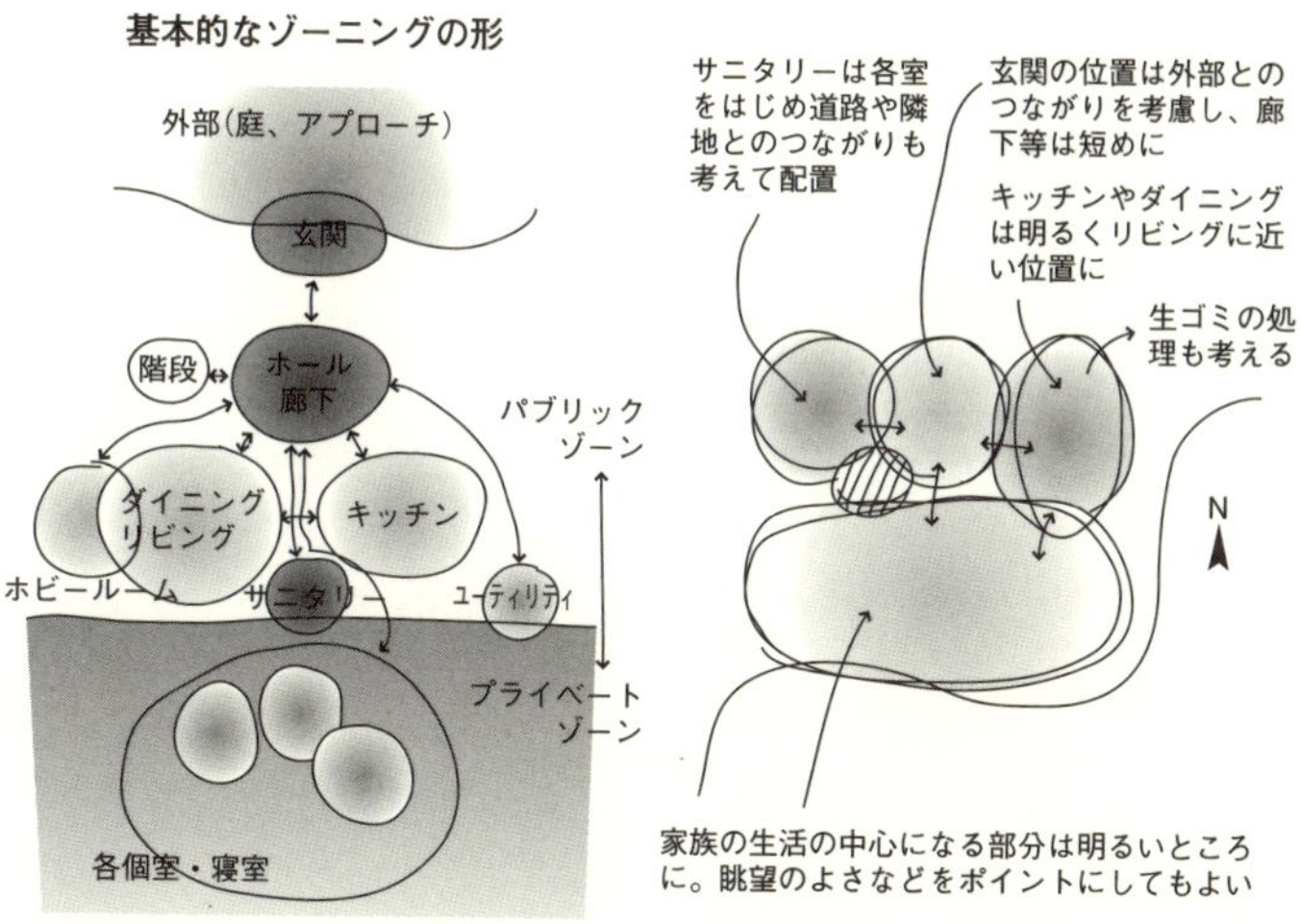

図3・3　ゾーニングの考え方

独立性は低くなります。いずれにしてもパブリックゾーンとプライベートゾーンと水廻りを如何にして無駄なくしかもダイナミックに結ぶかがポイントです。

◉平面計画を考える（平面計画参考図）

1　平屋の場合

中庭などを取り入れると個室と共用部分のつながりに落ち着きが出ます。リビングと寝室・水廻りを有機的につないで配置を考えると高齢化対応も理想的です

2　二階建ての場合

一階にパブリックスペース、二階にプライベートゾーンというゾーニングが一般的です。リビング・ダイニング・キッチンといったゾーンはどちらからも回れるように二か所に入り口があると便利です。狭小宅地や密集地で一階の日照条件が悪い場合は、二階リビングとして一階に

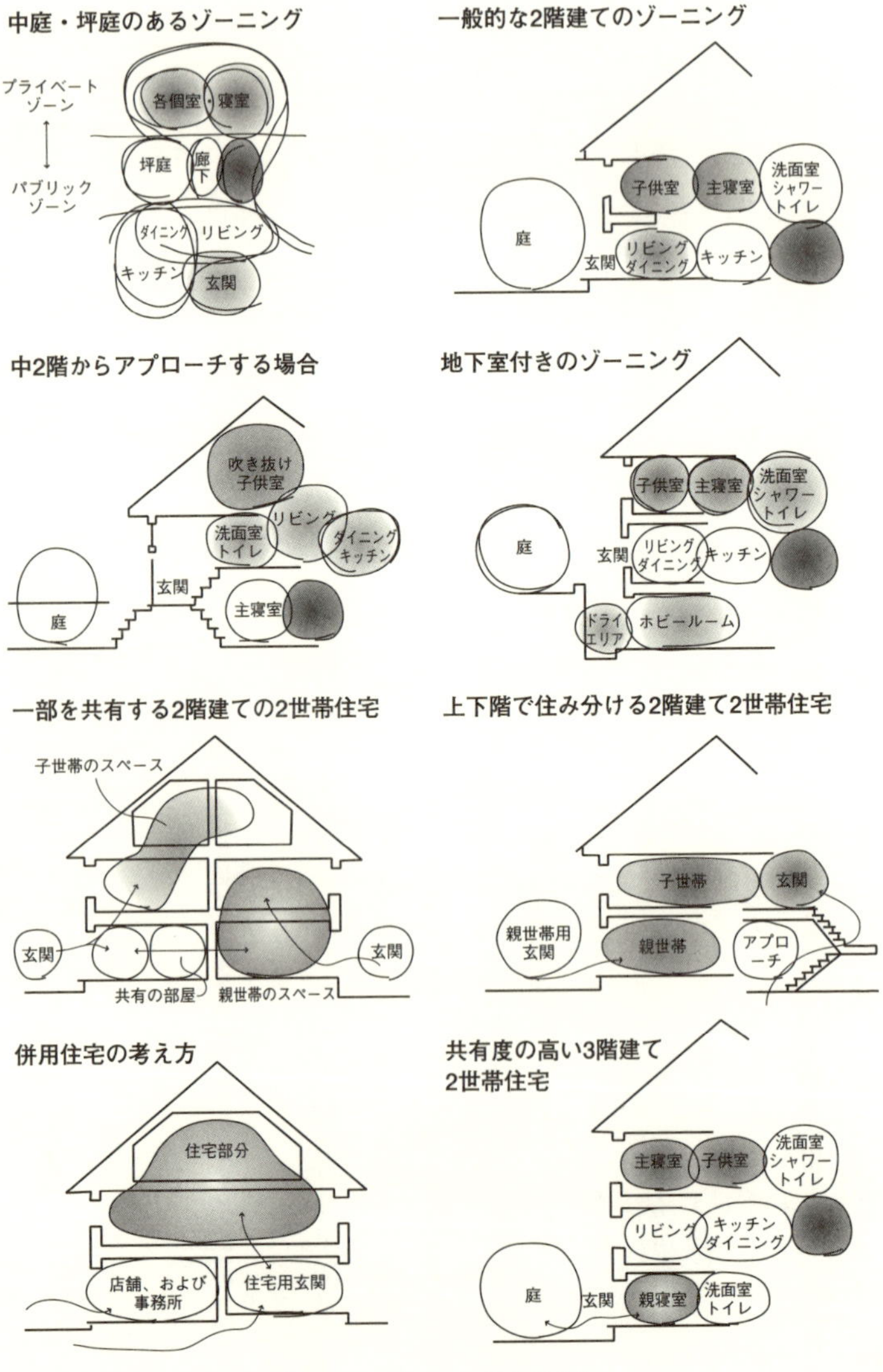

図3・4　ゾーニングの考え方

寝室を持ってくる逆転の発想もよいと思います。

3　三階建ての場合

三層のフロアーをどのように利用するかがポイントです。例えば二階にパブリックスペースをとり一階と三階にプライベートスペースをとると動線も短くなり家族の行き来が楽になります。また小屋裏利用の三階にすると道路や北側の斜線制限もクリアーしやすくなり、勾配天井やドーマーから採光を取るなど変化のある落ち着いた空間ができて趣味室などに最適です。

4　二世帯住宅の場合

最近は親世帯の家を壊してそこに親子二世帯の家を新築するケースが増えています。昔の大家族同居と異なりそれぞれの世帯の独立性と協調団欒を如何にして調和させることができるかがポイントです。この場合一・二階を水平に分けて二世帯とする方法と、縦に分けて連棟にする方法がありますが、いずれの場合も玄関、階段等を別にして明確に分離することをお勧めします。それが二世帯住宅成功のポイントであると思います。

限られた敷地と予算の中で希望条件を満たして計画することはなかなか難しいことで、とくに複雑な幾重もの法規制をクリアーして理想のプランをまとめるのは素人ではなかなか困難なことです。家族の希望を集約してレイアウトをしてみて、後のまとめは専門家に相談してまとめてもらうのがベターです。

なお、平面プランの作り方の例を三つばかり示しておきましたので参考にしてください。

◉平面計画参考例

南面玄関の場合　このプランは、正方形の基本型に玄関と階段部分を付けたようなプランですが、道路に対して非常に融通の利くプランです。道路は南と西、そして東西方向に反転させれば東道路からもアプローチできます。さらに、玄関と階段を南北方向に反転させれば北入りも可能な万能型プランです。部屋数を増す或いは広げたいときには、中央部分を広げればよいわけで規模に対しても柔軟に対応できます。また、三階や地下室を設けたいときにも階段部分が独立しているので他の居住部分に影響なく簡単に計画できます。構造的にも安定した壁の配置など理想的なものといえるでしょう（平面計画参考図1）。

北面玄関の場合（1）　北面玄関の平面図は、北側道路のみならず西側道路からのアプローチ或いは平面を東西反転させて東側道路よりのアプローチも可能です。上下階の間仕切りや窓の一致に注目してください。矩形の基本型のなかに各部屋が綺麗に収まっています。また、廊下を中心に各部屋に動線が交わらないように計画されています（平面計画参考図2）。

北面玄関の場合（2）　北面玄関の場合ですが、L字型としてカーポートのスペースを十分にとっています。この場合も北側道路のみならず、東（西）道路からのアプローチも出来ます。リビングルームに吹き抜けを設けたり、ダイナミックな空間構成になっています。また、キッチン横にはユーティリティ（多用室）を設けて洗濯機、バン、床下収納庫を設置しています。階段を中心にループ状に動線が交わらないように計画されています。（平面計画参考図3）。

（阿部市郎）

（なお、ゾーニング及び平面参考図は三井ホーム、how to book 及び Best Plan から）

2 階床面積　68.57 m²

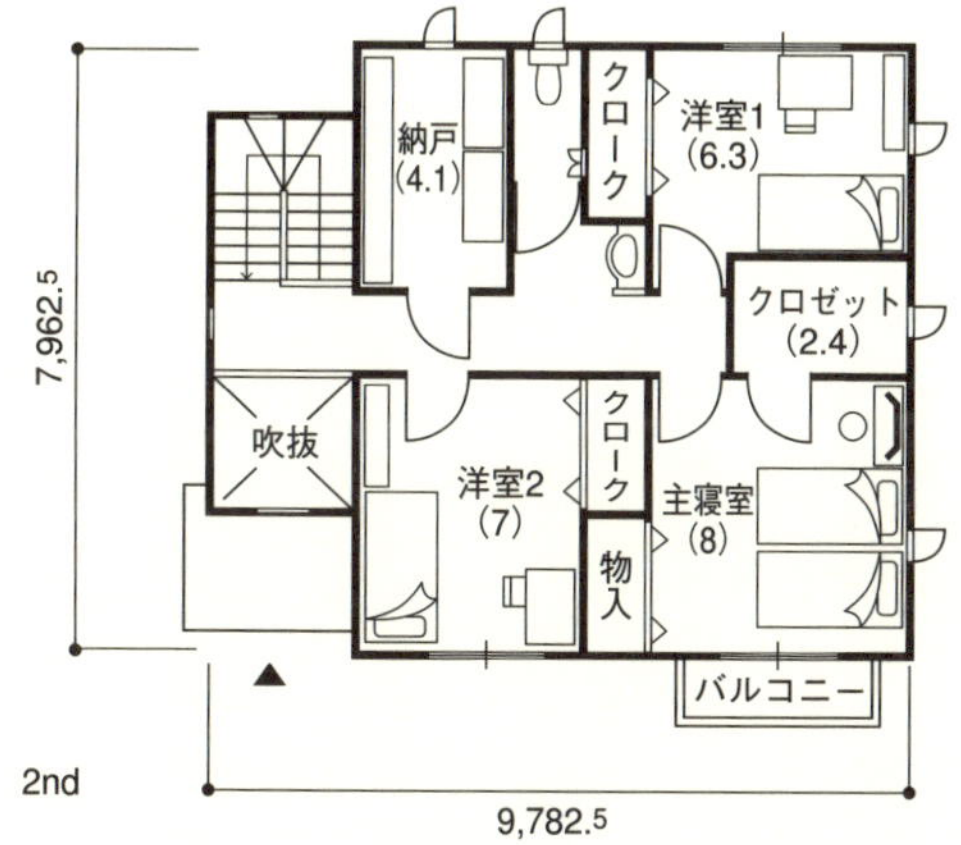

1 階床面積　72.30 m²

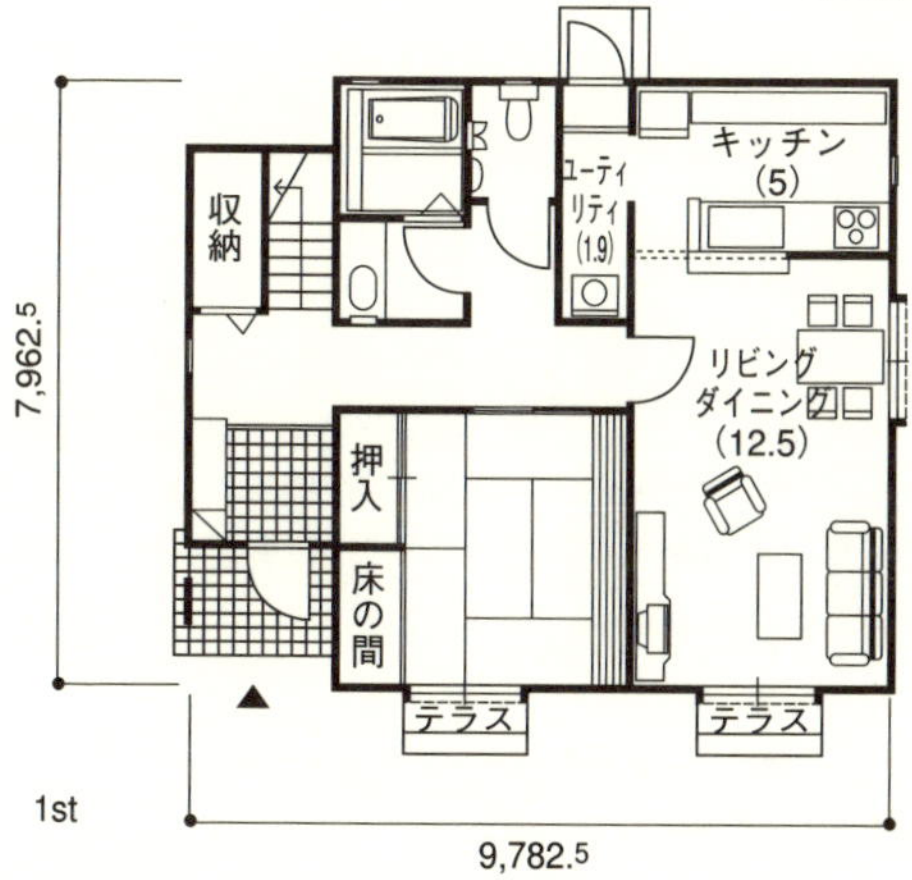

平面計画参考図 1　● 法定床面積（延床面積）　140.87 m²（42.61 坪）

2 階床面積　66.45 m²

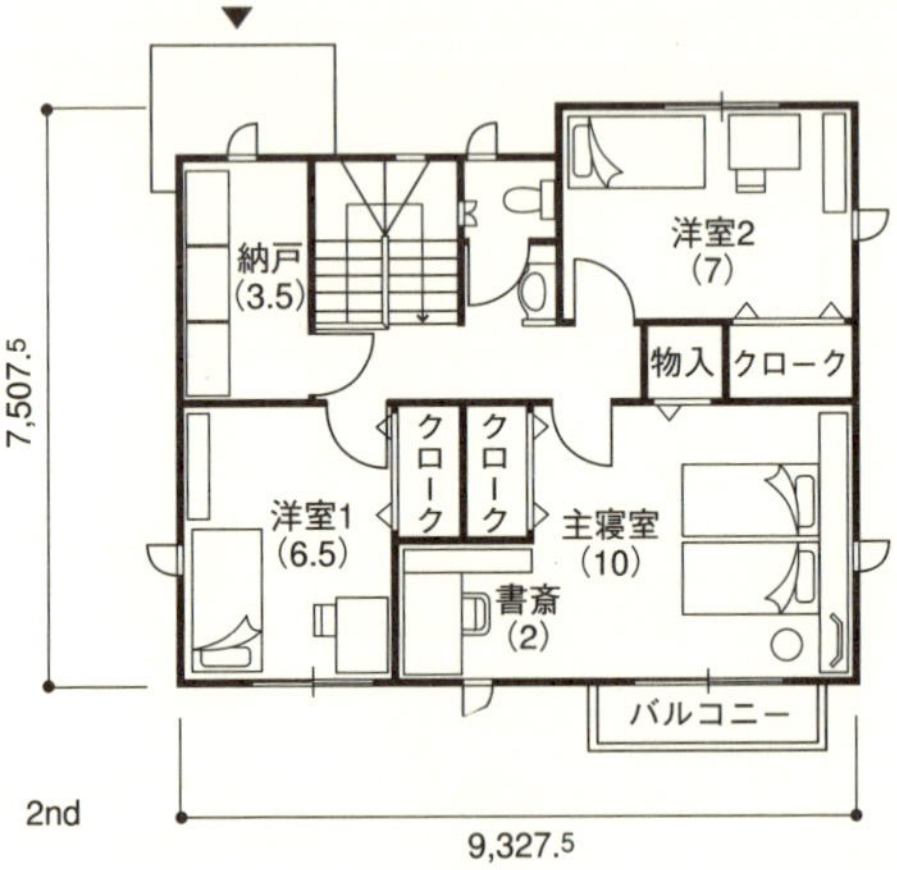

2nd

1 階床面積　66.45 m²

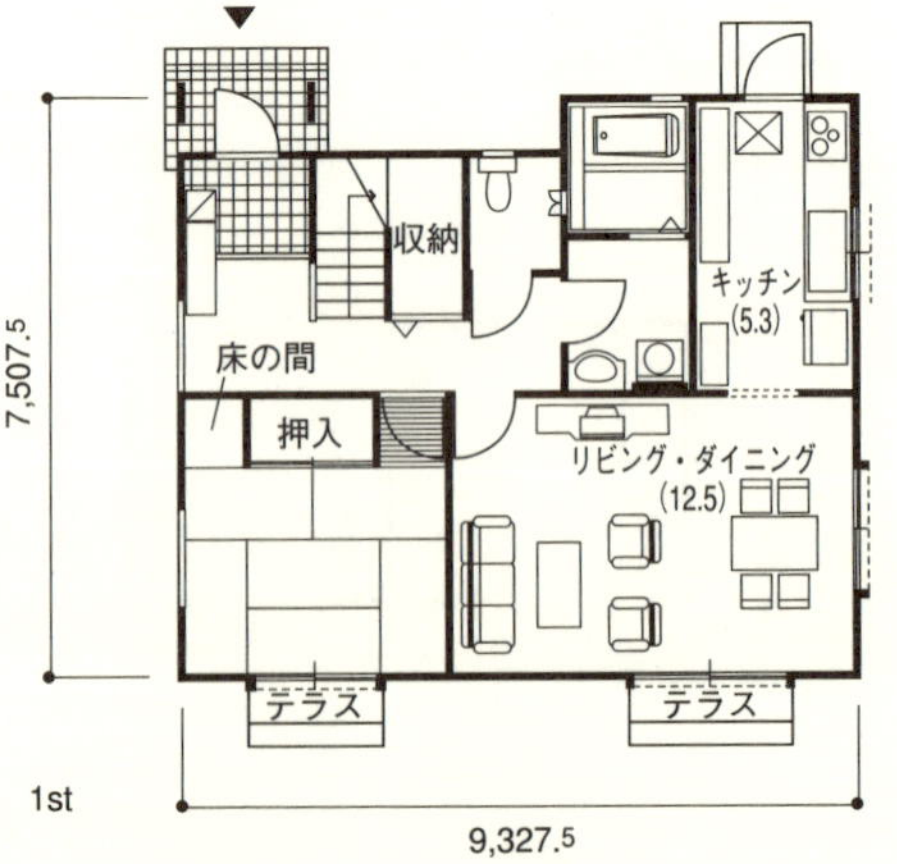

1st

平面計画参考図 2　● 法定床面積（延床面積）　132.90 m²（40.20 坪）

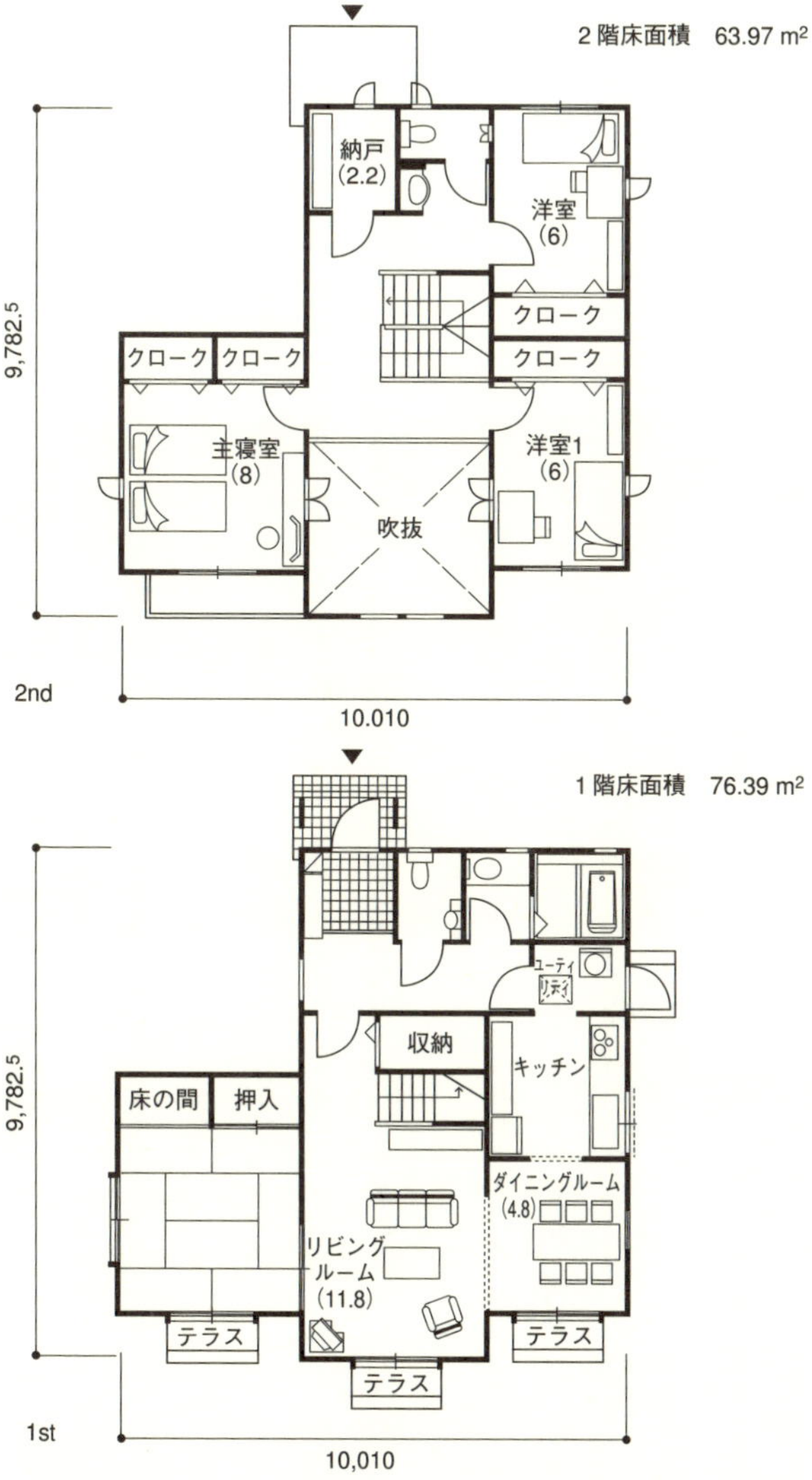

平面計画参考図 3　● 法定床面積（延床面積）　140.36 m²（42.45 坪）

家相は守らなければならないの？

筆者は五〇年間の住宅設計の中で家相を意識して設計をしたことは一度もありません。昔のように汲み取り便所の時代は、臭気や衛生的な問題とその土地の固有の風向きなどにより鬼門の線を避けるのは一理あるかもしれません。台所も冷蔵庫の無い時代は生鮮食料品が腐りやすくならないように日当たりのよい位置は避けるなどの配慮はうなずけます。現在でも浄化槽の設置場所は敷地の中で風向きなどを考慮して決定しなければいけないと思いますが、基本的には先に述べたように敷地の方位、日当たり、風向き、周囲との立地、道路との関係、そして先に述べたゾーン計画などを考慮して合理的に決められてゆくものと思います。

ただし、ご自分が毎日生活し生命安全を守る城が我が家ですから、家相に合わせた家でないと心配で暮らしてゆけないと、日常の利便性や合理性を犠牲にしても家相にこだわる方は家相の専門家に相談されて間取りを考えられたらよいと思います。鬼門を避けるというのは最も普及している家相の条件であると思いますが、家相の説くところは結構複雑で単に鬼門だけ避ければよいというものではありません。

家相をあまり信じていない筆者に家相を説く資格はなさそうです。家相で平面計画が泥沼にはまらないようほどほどにしておきたいと思います。

（阿部市郎）

欲張ったら予算オーバー　どうしましょう

住宅の予算は欲張らなくても最初はオーバーしがちです。意思決定までには何度か調整が必要になるのが普通です。

住宅のコストダウンの基本を以下にいくつか述べたいと思います。

1　矩形を中心としてできるだけシンプルな形状で計画する。建売などでよく必要以上に凹凸のある形状の家があるがコストアップの原因になる。

2　正方形または矩形の総二階が一番経済的である。これを基本形にして玄関や一部屋を下屋にしてつける、あるいはL字形にして変化を出すような場合がある。

3　部材や部品は特注品を避け標準品を使用する。

4　住宅メーカーの場合は企画商品の中から選ぶ。

5　あまり細かく間仕切りをしないでスペースだけ先につくっておく。

6　例えば現場で手間のかかるタイルのような材料をやめて、乾式のサイジング張りにする。

7　つくり付け家具のような手間とお金のかかるものをやめる。

8　構造部分のような後から簡単にできない部分は削らずに、後からでもできるような部分を削減の対象部分にする。

9　平面計画で上下階の柱の一致とか窓の位置をそろえる、また上下階の間仕切りをできるだけそろえるなど、構造計画を整理されたものにすると耐震的で、かつ、大きな断面の梁やそのほかの横架材を使わずにすむので構造材の使用量が少なくなり、したがって材料費が安くなる。

10　構造を整理されたものとするとデザインも美しくなる。窓の位置をそろえる、縦横の線をそろえるなどは建築デザインの基本である。

以上気が付いたことを箇条書きにしましたが、造形の美には「シンプル・イズ・ベスト」ということがあることに注目してください。これらをうまく活用するのも設計者の腕ということになるかもしれませんが、しかし建て主の協力が欠かせません。

（阿部市郎）

図面はできてきたけど、ちんぷんかんぷん？

住宅の設計図を描くためにはいくつかの段階があります。設計者ははじめに建て主の希望を一通り聞いてから、まず一〇〇分の一のラフスケッチで平面を書いて見ます。時には立面もいっしょに書いて提案します。このとき敷地への配置、道路からのアプローチなどもざっと書き入れて第一回のプレゼンテーションをし、これをたたき台にして徹底的に意見交換をします。通常、図面をただおいてくるようなプレゼンテーションは無いはずで、表記のような事態があれば先が思いやられます。

どうかこの段階から、図面に対する疑問はどんどんディスカッションしてください。スケッチでの打ち合わせでほぼ意見がまとまれば、設計契約をして本格的に五〇分の一で平面図を描き家具等の配置も入れてみます。

建築の設計図書には以下のような図面が含まれます。

○付近見取り図・配置図
○仕様書
○各階平面図
○立面図
○矩計図《かなばかりず》又は断面図
○各伏図《ふせず》（基礎伏図・各階床伏図・小屋伏図）
○各室展開図
○各部詳細図
○設備図（電気・給排水・配線配管位置図）
○各種計算書

通常、これだけの図面をそろえると計算書を除いて一五〜二〇枚位の図面数が必要になります。設備図も通常は位置図程度で、本格的に給排水・衛生・電気・冷暖房等の設備図を描いて貰うためには設備設計事務所に依頼することになります。このうち建築確認申請に必要なのは付近見取り図、配置図、平面図、立面図、断面図と計算書の一部分のみです。在来の住宅建設に際して長年の間上記の建築確認申請図書のみで大多数の家が建てられてきました。しかし最近のようにいろいろな諸性能が要求される時代にはこれだけでは不十分なのです。

設計時に納得のいくまで打ち合わせをして、設計図書の説明を受けて工事に着手して下さい。設計図の描き方には一定のルールがありますからでき上がった図面を前にして設計者から説明を聞かれれば自ずから理解されることです。

（阿部市郎）

契約しろっていうけれど、お金を払っても大丈夫かしら？

住宅建築の契約をして契約金を支払う時期は幾とおりかのケースが考られます。

1　設計は設計事務所、工事は工務店と別々に発注される場合

この場合はまず設計者と設計契約をされておよその予算を伝えて設計図を完成後、工務店から見積りを取り設計者のチェックを経て、総体の予算了承後工事契約をします。

2　設計施工一括発注の場合

本来は1の場合と同じように設計図が完了してから詳細な見積りをして契約となるべきでしょうが、未契約の状態で設計作業を完成させることは、施工者側としては時間的にもまた設計に要する経費的にもリスクが大きくなります。

規模が大きい場合は設計施工であってもまず設計契約をして、設計作業を完了し、さらには詳細見積り

をして工事契約をするケースがあります。通常は設計プレゼンテーションをして平面・立面の打ち合わせが終わった時点で、概算見積りをして諸手続費、税金なども含めた総体の費用を算出して、合意されれば仮契約をして本設計にかかり図面完了後詳細見積りをして本契約するケースが多いと思います。

この場合の概算見積りは、最近はパソコンによる見積りシステムが確立されているので、後の詳細見積りとあまり変わらない精度の詳細見積りができることが前提です。うんと安い概算見積りを出して仮契約をして、内容があまり変わらないのに詳細見積りをしたら大幅に金額がアップしたというようなケースがあれば請負業者の経営管理体制の点で要注意といえましょう。

いずれにしても、経営のしっかりした業者は業務の進め方、見積りの仕方、金銭の受授、営業マン、設計担当者など仕事の進め方も明確なものです。真剣に仕事をしていれば、顧客の要求を安易に何でも受け入れたりできません。できることできないことをはっきりと説明して了解を求めるような厳しい仕事をしている所を冷静に見てください。一式見積りばかりで詳細見積りも提出せず何でも安請け合いして契約をいそぎ入金を要求するような業者は要注意です。

（阿部市郎）

建築現場へ行ったら、思いどおりできていない！

通常工事契約を締結するときに、着工から完成引渡しまでの工期を設定します。これも契約条件です。工事着工前に工程表を作成して各工事の工程と工事全体の工程計画を調整し、顧客に説明して了解を求めて着工するのがルールです。この工程に基づいて遅滞無く工事を進行させるのが工事請負者の任務です。また工事請負者は契約された設計図書の内容を正確に現場において実現をする責務があります。工事が遅れるあるいは設計図書通り現場ができていない場合下記のような理由が考えられます。

◉工事が遅れている場合

1　悪天候が続いている。雨の日が続いて職人が前の現場が完了せず、現場へこられない。

2　工事繁忙期で世間全般が職人不足である。

3　工事担当者の手配が悪く、職方のローテーションがスムースに回らないで、手待ちになり工程がだらだら延びている。

4　工事ミスで手直し工事が出て工期が延びている。管理能力不足です。

5　工事の手配が悪く予定した材料、部品が現場に納入されない。

6　経営不安で支払いが悪いため、材料や職方が順調に現場にこない。

さて1の場合は天候が回復すれば何とか遅れを取り戻す努力ができますが、番号が増すほど問題で、とくに6の場合は最悪です。工事が遅々として進まない、あるいはちぐはぐである。しかし何とか理由を付けてお金の請求をしてくる。というような状況が見えたら工程に対して払い過ぎないように要注意です。

◉工事が設計図書どおりできていない

1　工事請負者は契約に基づいて設計図書通り工事をして顧客に引き渡す責務があります。契約通りできていないことを発見したら、直ちに申し入れをして手直しを要求してください。

2　設計監理者がいる場合は、施主の側で契約通り工事が実施されるかをチェックする役目ですから、工事側との間に立って手直しの方法などを検討し適正な工事が実施されるように推進することになります。

3　工事に使用する部材、部品などについて、間々あるケースですが、工事側から設計で指定されたものでなく同等品の使用を認めてほしいとの要請がある場合があります。監理者がいるときはチェックができるから安心なのですが、この場合も品質、機能、価格などについて真に同等か？　見極めることが肝要です。

（阿部市郎）

やっとでき上がったけれど、後が心配。アフターサービスは大丈夫？

昔は家を建てるのも町内の大工さんといったケースが多く、引渡した後不具合な箇所が発生しても逃げも隠れもできません。信用にかかわるので棚板一枚でもちょっと閑を見つけて取り付けにきてくれました。今はなかなかそうはいきません。引渡し後のアフターサービス、メンテナンス（ＡＭ）等の処理体制が明確になっている会社が望ましいものです。

住まい始めてから不具合な箇所が発生したときに、迅速に対応してくれるかどうかは顧客にとって最も心配なことであると思います。今や企業にとってもＡＭ体制の整備は社会的信頼の基本に位置づけられています。契約前にＡＭ体制について十分に確かめてください。

平成十二年四月一日より「住宅の品質確保の促進等に関する法律」が施行されました。この法律では、住宅の品質確保の促進と、消費者が安心して住宅を取得できる市場条件、住宅にかかる紛争の処理体制の整備を図るために、次のような制度が設けられています。

1 住宅性能表示制度の創設——設計表示された住宅の九つの性能を客観的に第三者機関で評価して、さらには評価された住宅が評価通り建設されているかどうかを検査して、合格した住宅には建設評価書を発行する仕組みです。これは任意の制度で評価機関で評価を受けるためには評価料がかかります。

2 住宅にかかる紛争処理体制の整備——性能の評価を受けた住宅にかかる裁判外の紛争処理体制を整備し、紛争処理を円滑化、迅速化するために、各県に指定住宅紛争処理機関、中央に住宅紛争処理支援センターを設置して評価料の一部をこれに充当して運営を図ります。以上1と2は任意の制度で建築主と工事請負者どちらでも申請できます。

3 瑕疵《かし》担保《たんぽ》責任の特例——新築住宅の請負・売買において、基本構造部分（柱、梁等住宅の構造耐力上主要な部分および耐久性に影響のある雨漏りなど）の瑕疵担保責任を一〇年間義務付けるもので、従来は契約の際の特約で二年程度の短期保証しかなされていなかったものを、平成十二年四月一日以降に契約された新築住宅（戸建、マンションとも）はすべて一〇年間の長期瑕疵保証を義務付けられました。

以上のように画期的な制度が施行されたわけですが、長期瑕疵保証については自社保証の義務付けですから、保証期間中に工事請負者側が倒産などで保証義務を遂行できなくなった時の保証はありません。そここでこのような事態が起きたときにこれをカバーする第三者保証制度があります。

（財）住宅保証機構の住宅保証制度のように工事店があらかじめ保証機構に登録して工事金額の一定率の金額を納め、かつ工事検査に合格して保証要件に適格であると認められれば、万一のときは瑕疵の修補に要する費用の八〇パーセントを補填してもらえます。これは引渡し後の保証ですが、その他に工事の完成保証制度も用意されています。最近は民間の保証機関でも同様の制度が運用されており、いずれも保険により裏づけがされているものです。

さて問題は保証機関は付保する住宅がすべて長期保証に値する品質を担保されているかどうか、設計図書の審査と工事中の現場検査をしますから、工事契約前にこれらのことを確認しておく必要があります。引渡しを受けた後では遅いのです。

住宅メーカーの場合は通常自社の保証書に構造体のように長期保証をする部分と塗装のように短期保証に当たる部分を詳細に明記しています。また定期点検制度なども運用して、一〇年目に各部を点検して必要なメンテナンス（有料）をその時点で修補することで、さらには二〇年目までの保証をする制度を実施している会社もあります。

また「住まいの栞」といった顧客が暮らしの中で必要な手入れ方法や故障など生じたときの各連絡先、緊急時のAM窓口などを記した冊子を引渡し時にお渡しすることが行われています。

住宅の事業はリサイクル営業を非常に重視しています。顧客満足度の高い住宅を供給できなければ紹介受注もありません。常に新規のお客を追いかけているような不毛な営業では企業は永続できません。住宅メーカーは長年の試行錯誤の中で顧客信頼度の高いシステムをつくり上げてきました。地場の中堅工務店は地元密着できめの細かい事業展開ができている会社が元気です。

それぞれ一長一短がありますが、窓口になる社員の応対からも社員の質、教育、誠意、企業の経営方針など本当に我が家の新築を任せても大丈夫かどうかを窺い知ることができると思います。どうか慎重に決断してください。

（阿部市郎）

電気、給排水、衛生設備のことなどチェックも大事

建物の付帯設備のことどもを思いつくままに記してみましょう。

○電気工事関連——スイッチ、コンセントの位置、数量の確認は家具の配置、家電製品の配置などを図面上に書き込んでみて決めましょう。電話、テレビの端子位置は大丈夫ですか、廊下などにもコンセントを付けて置くと掃除の時など便利です。庭や車庫のある場合は屋外コンセントもあると便利です。最近の住宅では電子レンジなど大容量の器具が増えていますから電気容量も四〇アンペア位では到底足りない家が多いので契約容量も十分見てください。

○エヤコン関連——個別にエヤコン機器を設置する場合は屋内の取り付け位置の確認、取り付け下地の確認、窓脇に壁掛けで取り付けるときは化粧のカーテンレールが当たってしまい、せっかくのレールを短く切り落とさざるを得ないことがよくあります。また屋外機の設置場所に窮するときがあります。

とくに二階の場合あらかじめ検討を要します。

○給排水・衛生関連——家庭の主婦の最大の関心事の一つはシステムキッチンのようですが、デコレイティブなものでは私どもが見ても、どうしてこのように価格が高いのか理解に苦しむような製品があります。一番コスト・パフォーマンスが高いのはメーカーのシステムキッチン・グレードの標準仕様品で、量をつくっていますからそれなりにリーズナブルな価格設定がされているようです。キッチンは毎日の作業量の最も多い場所です。ガス台と流しとの関係、調理台の広さ、配膳台の位置など調理の動線を考えて検討してください。

トイレの洋式便器もさまざまなグレードがあります。洗浄力の点で洗い落とし式は使わないで、サイホン式かサイホンジェット式をお勧めします。付属の水槽も最近は節水型が増えています。そして何よりもウオッシュレット（シャワートイレ）は必備品です。毎日のことですから日常生活の快適性を優先されることをお勧めします。

（阿部市郎）

金物工法用金物

伝統的な継手・仕口に代表される「嵌合」は、見た目が美しく、取外しや補修が簡単なのですが、木材を切り欠いたり、大きな穴をあけたりするので高い接合効率を得ることはなかなか困難です。また、ホゾとホゾ穴のように単にはめ込んであるだけでは、地震力などが働いた場合に、力の方向によっては簡単に抜け落ちてしまう恐れもあります。このため、大きな断面の材を使うことが前提となっている伝統構法は例外として、「嵌合」を主体とした在来軸組構法住宅の接合部では色々な種類の金物で補強してやらなければなりません。しかし、そのことが接合部や補強金物の種類の多さといった生産上、施工上の問題点を生じさせています。そこで、これらを改良し、生産の合理化をさらに図るために、改良型の在来軸組構法が登場してきました。そのなかでも特に最近注目されているのが、一般に「金物工法」と呼ばれるものです。この工法では材を大きく切り欠くような加工は行いません。そのかわり、強力な接合金物を用いて、接合部を構成します。もちろん、作業性を高めるために部材や金物は単純化されていますし、取付け方法も非常に簡単です。とはいえ、金物工法では接合部の強度は全面的に金物に依存しますので、金物の位置がずれたり、ボルトの穴が変形していたりすると、所定の耐力が得られません。というよりも、そんな状態では骨組みがうまく組み上げられません。また、組み上げられたとしても、材が乾燥してガタが出たりすると、のちのち大きなクレームとなります。このため、金物工法に使われる木材は寸法が正確で精密な加工がしやすく、また組立てた後で狂いが出ないものでなければなりません。したがって、金物工法では乾燥製材や構造用集成材などの使用が大前提となっています。（林　知行）

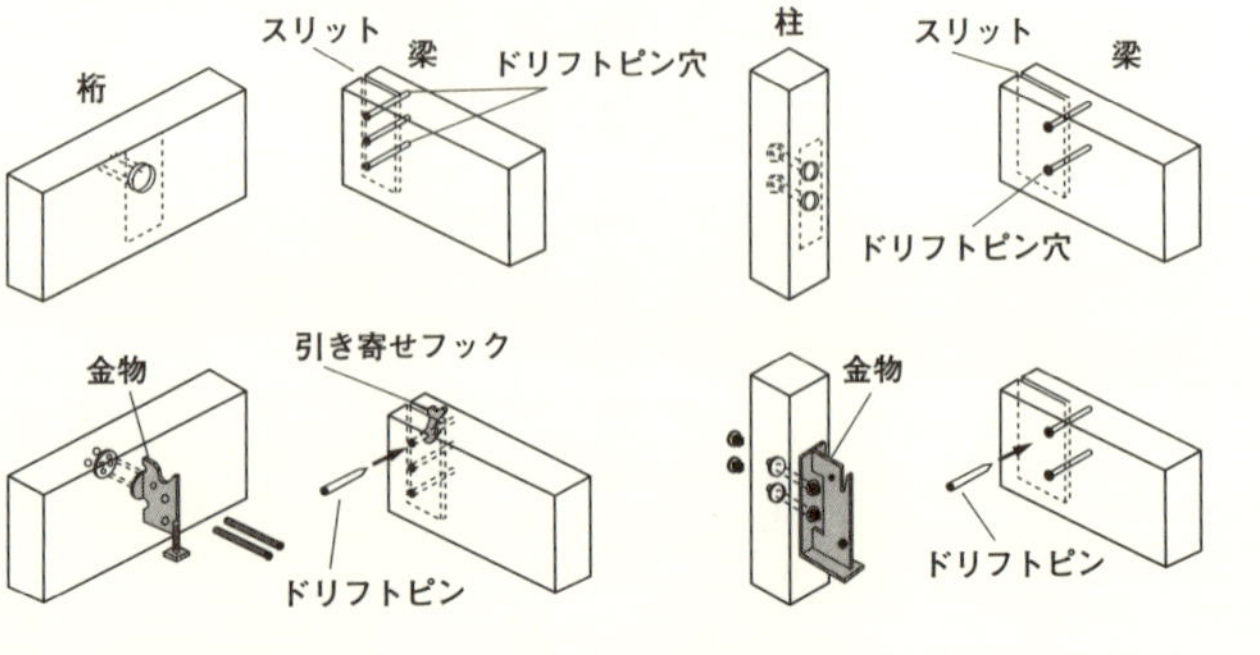

第4章　それほんと？

合板や集成材は濡れると剥がれるってほんと？

木材を接着して作られる木材製品、例えば、合板や集成材などは、接着部分が剥がれてバラバラになってしまうのではないか、と心配する方が多いのではないでしょうか。木材接着製品の開発の歴史は長いものでもおよそ一〇〇年です。法隆寺の例を出すまでもなく、木材自体の一〇〇〇年以上の耐久性を身近に見てきた私たち日本人にとって、これらと比べればたった一〇〇年の接着製品を信頼するのは難しいことかも知れません。

しかしながら、木材接着製品は木材を有効に活用したり、素材以上の高い性能を得るために開発されてきたもので、木材を上手に利用していく上で欠かせないものです。そこで、私達はこれらの材料の接着耐久性を確かなものとするために、接着についての理論的、実験的な研究を行ってきました。その成果は、日本農林規格（ＪＡＳ）や日本工業規格（ＪＩＳ）に反映されているので、これらの規格に則った木材接着製品は、信頼に足る材料であるといえるでしょう。

写真４・１　50年前に製造された集成材

これらの規格の中で、重要な原則は、第一に、材料が置かれる環境に応じて接着剤の種類を定めていること、第二に、接着する際にきちんと接着されたことを確認する品質管理方法を定めていることです。

現在、木材の接着に使用されている接着剤には、酢酸ビニルエマルジョン樹脂、ユリア樹脂、フェノール樹脂、水性高分子イソシアネート系樹脂、レゾルシノール樹脂等があります。これらの接着剤にはそれぞれに取扱い性や耐久性、値段などに一長一短があるので、使用される環境に応じて適切な接着剤を選択する必要があります。使用環境は、主に構造用と造作用に分けることできます。構造用に用いる場合は、強度や水、熱に対して高い性能が要求されるので、決められた接着剤しか使えなくなっています。

第二の点の品質管理では、接着剤の性能に応じた

写真4・2　50年前に製造された集成材の表面の性状

促進劣化試験が定められています。例えば、構造用合板に使用されるフェノール樹脂接着剤は、七二時間連続して煮沸する試験に、また、構造用集成材に使用されるレゾルシノール樹脂接着剤は、減圧加圧を二回繰り返して水を注入したのち乾燥させる処理を行うなどの厳しい試験が課せられています。

これらの試験は人工的な条件下での確認なので、実際に風雨に曝すなどの実験や実績との比較も行っています。実績では、例えば、我が国の湿潤な環境下で使用されて約五〇年を経過した集成材が現存しています。この集成材は、三〇年ほどを実際の建物の骨組として使用し、建物が解体された後の二〇年ほどが倉庫や軒下で保管されてきました（写真4・1）。現在は森林総合研究所と多摩森林科学園に健全であることを証明するものが展示されています（写真4・2）。この集成材で注目すべきは、耐久性が不十分なので今日では構造用には使えなくなったユリア樹脂接着剤で接着されている点です。耐久性の低いユリア樹脂接着剤で接着された集成材が五〇年経過して問題ない事実と、レゾルシノール接着剤がユリア接着剤より厳しい耐久性試験に耐えることができる事実とを考え合わせると、住宅や大規模な木造建築で使用されている構造用集成材には十分な接着耐久性があるといえるのではないでしょうか。この他にも、ヨーロッパやアメリカには、耐久性に不安があるために今日では構造用に使用していない接着剤で製造された集成材の建物が、数多く残っています。なお、接着剤が剥がれたために建物が倒壊したような事故の例はこれまでにありません。

（宮武　敦）

木材防腐剤・防蟻剤は猛毒なの？

木材は、優れた建築材料ですが、有機生物材料の宿命としてカビ、きのこ、シロアリなどによって腐らされる、食べられるといった性質があります。そこで、木材をこれらから守るために開発されたのが木材保存剤（防腐・防蟻剤）です。

住宅の中で保存剤が使用されているのは、水周りの木材のほか土台、大引き、ウッドデッキなどです。特に土台は、床下の湿った環境に置かれるため、腐りにくい木を使用する必要があります。腐りにくい木としてはクリやヒバがありますが、量が少ないので、とても全ての住宅をまかない切れるものではありません。そこで耐朽性の高くない木材に圧力をかけて保存剤を注入し、耐朽性を高めて土台やデッキに使っている訳です。

表４・１　優良木材認証制度の保存処理製品の対象薬剤一覧

薬　剤　名	
ナフテン酸銅（乳剤）	ナフテン酸亜鉛（油剤）
ナフテン酸亜鉛（乳剤）	プロペンタス・アゾール化合物系
アルキルアンモニウム化合物系	ホウ酸・アルキルアンモニウム化合物系
銅・アルキルアンモニウム化合物系	リグニン・銅・ほう素化合物系
バーサチック酸亜鉛・ピレスリイド系	クレオソート油
クロム・銅・ヒ素化合物系(CCA 1.2.3号)	ニコチニル・アゾール化合物系
銅・ほう素・アゾール化合物系	リグニン・銅・アゾール化合物系
銅・アゾール化合物系	

土台、デッキ、公園遊具に使われている加圧注入用木材保存剤の代表は、数十年の防腐効力のあるクロム・銅・ヒ素化合物系のＣＣＡと呼ばれる保存剤です。クロムやヒ素と聞けば、恐ろしい感じがしますが、木材に注入されたクロムやヒ素は水に溶けない塩を形成するので、薬剤が流れ出て、環境を汚染することや、人体への危険性はまずないと考えられています。実際に、ＣＣＡは土台、デッキ、公園の遊具などに多く使用されていますが、焼却しない限り、これまでに中毒例が報告されたことは一度もありません。それでも、例えばアメリカでは衛生面への配慮から、身の廻りにＣＣＡ処理材を使用しない方向にあるようです。

ＣＣＡと並んでよく使われているのが、石炭の乾留から得られるクレオソートです。黒色で独得の臭いがあり、揮散性物質や皮膚変異性のタールが含まれますが、効力が極めて高いので現在でも枕木などに使われています。

ＣＣＡは、現在、日本ではほとんど使われていません。処理工場での廃水処理に費用がかかることや、ＣＣＡ処理木材を廃棄する際にヒ素化合物やクロムの回収が難しいことが大きな理由です。クレオソートも臭いなどが嫌われて使用量が減っています。環境面への配慮から、これらに代わって急速に使用され始めたのが、比較的低毒性の第四級アンモニウム塩（ＤＤＡＣ）やアゾールなどの有機化合物や銅化合物を主体とした新薬剤です（表4・1）。

建物をシロアリから守るため、床下の土壌に処理剤を散布する方法があります。かっては、高い効力を持つクロルデンなどの有機塩素系が用いられていましたが、土壌への汚染に配慮して有機リン系に変わり、さらに、有機リン系の揮散による毒性への不安から、カーバメイト系、ピレスロイド系の有機化合物などに代わりつつあります。また、シロアリを一カ所に誘引し、一網打尽にするベイトシステムと呼ばれる方法の開発が行われています。この方法は、薬剤の使用量が従来の土壌処理法と比較して非常に少ないことから一部で実用化されています。

最後に注意点ですが、CCA以外でも保存処理木材を焼却すると、条件によってはダイオキシンが生成される恐れがあります。焼却する場合は、管理された燃焼炉で行う必要があります。

（西村　健）

重い瓦は地震のとき危険だって？

一九九五年一月一七日に発生した兵庫県南部地震、いわゆる阪神・淡路大震災は大きな被害をもたらし、六、〇〇〇人を超す人々が犠牲になりました。特に、木造建築物を中心とした木造住宅の被害は大きく、瓦葺きの木造住宅の被害が顕著であったため、木造住宅の倒壊の本当の原因の一つとして、重い瓦葺きの住宅の耐震性に問題があることが指摘されました。これらの住宅の倒壊の本当の原因は、何よりも筋かいなどが十分に入っておらず、耐力が絶対的に不足していたことです。それはともかくとして、重い瓦

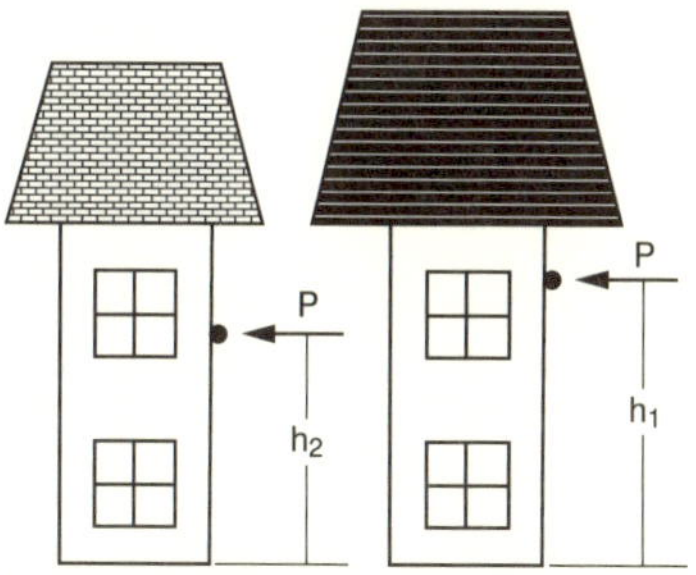

P＝慣性力、h_1、h_2＝重心の高さ

図4・1　屋根材の重さが異なる住宅に作用する地震力

をもつ住宅は地震のとき本当に危険なのでしょうか？

地震によって地面が揺れると建物には慣性力が作用します。あなたが電車やバスに立ったままで乗っていると、発進や停止のときに倒れそうになるでしょう。飛行機が離陸するために加速する際、あなたの背中が座席の背もたれに強い力で押しつけられた経験があるでしょう。このようなときにあなたに作用している力が慣性力です。すなわち、慣性力(P)とは物体に加速度が働くときに作用し、その大きさは次の式で示すように、加速度（α）あるいは質量（M）に比例して大きくなります。

$$P = \alpha M$$

阪神・淡路大震災の報道等の中で、地震の揺れの強さが加速度で表現されていたのを聞いたことがありませんか？　神戸海洋気象台の記録によると、水平方向の最大加速度は重力加速度の約〇・八倍という大きなものでした。一方、質量とは平たくいえば重量（正確には、物体の重量を重力加速度で除した値）です。従って、同じ加速度の地震が発生した場合、重い瓦を使った建物の方が、大きな慣性力、すなわち地震力を受けることは正しい訳です。

重い瓦を使う時の問題がもう一つあります。それは建物の重心の高さです。瓦を重くした場合、住宅全体の重心の位置は上がります。例えば、図4・1のように、総二階建ての住宅を想定した場合、重い屋根材を使用すると、軽い屋根材を使用した場合と比べて住宅の重心は約七〇センチメートル上がると考えられます。話は少し複雑になりますが、地震の際、この重心の高さが地震力によって生じる転倒モーメントに影響を与えるのです。転倒モーメントとは、物体を転倒させようとする力の大きさで、力（P）と重心の高さ（h）に比例して大きくなります。すなわち、地震の際、同じ大きさの地震力であっても、重心が高くなれば、住宅は転倒しやすくなります。以上をまとめると、木造住宅に重い瓦を使用すると、建物の総重量の点からも、重心が高くなる点からも大きな地震力を受けることになります。

しかし、ここで一番肝心なことが抜けています。それは何かと言うと、今日の建物は昔のように経験でつくるものではなく、設計するものだということです。具体的にいえば、屋根の重さに見合った十分な耐力壁を設ければ問題ないということなのです。実際に、耐震基準では、瓦の重さに応じて設ける耐力壁の量が厳格に規定されています。耐震基準を守って住宅を建てれば、軽い瓦を使おうと重い瓦を使おうと、同じ耐震強度になるということなのです。

また、屋根の重さは地震力を大きくすることがあっても、台風などのような強い風に対する耐力（耐風性能）を考えると、あまりに軽くすることは必ずしも得策ではありません。風に対しては建物が重い方が安心なのです。そして何よりも重い瓦（日本瓦）の良い点はその寿命です。日本瓦は彩色セメント系の軽い瓦と違って何十年と長持ちします。日本瓦は、もともと木の建物を火事から守るために作られました。一番大事なことは、瓦が悪いのではなく、建物（木の部分）の設計をきちんとしないことが悪いということなのです。

（長尾博文）

金物を使う工法は建物の寿命を縮める？

木造住宅は、角材や板材を垂直や水平に接合することによって造られます。現在の住宅では、接合部に必ずといっていいほど釘やボルト、留め具といった金物を用います。その理由は、耐震性を高めるためには接合部を強固にする必要があるからです。ここで、金物を使えばいつかは錆びてしまうのではないか、昔の住宅と比べて長持ちしないのではないか、という疑問がわくと思います。

古くからある神社仏閣などは、金物を使っていないものがほとんどです。鉄が大量生産されるようになったのは産業革命からで、それ以前は、鉄は砂鉄を原料として手で作られる貴重な材料でした。したがって、錆びることを嫌ったというよりも、とても建築に使えるような生産量ではなかったと考える方が適当でしょう。

しかし、地震に強くするために金物を用いる今日の工法では、金物が錆びないような家造りを考えていく必要があります。金属が錆びるということは、水と接することによって化学反応を起こし、酸化することです。すなわち、金属が錆びるのは水が存在するからなのです。水の進入経路としては、外部からのものと内部からのものの二つが考えられます。

外部からの水として、第一に雨水があげられます。これに対しては、屋根や壁をしっかり施工することによって、雨水が建物内に進入しないようにします。

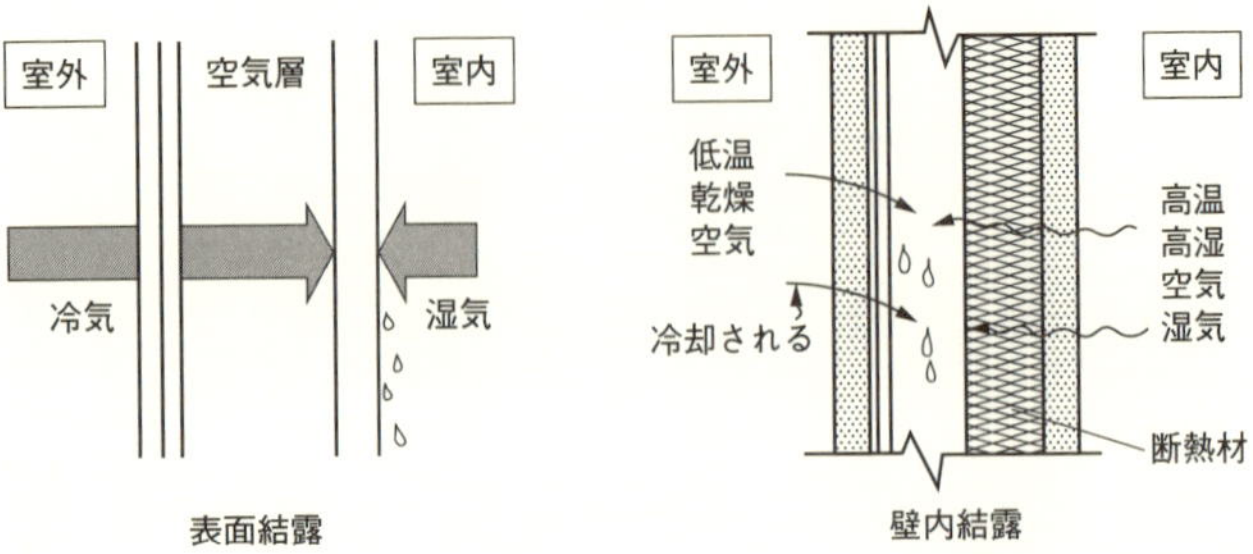

図4・2　結露の発生原理（木質構造建築読本、井上書院、1988）

内部からの水として、結露水があります。結露とは、例えば、冬のバスで、乗客が増えるに従って窓ガラスが曇り、やがて表が見えなくなってしまったり、水滴が垂れてきたりする、あの現象です。空気は温度が高いほど多くの水分を含むことができます。それが温度の低いものの表面に触れて冷えると、水を吐き出してその表面などに水滴を作る、これが結露の原理です（図4・2）。言い換えれば、結露が生じるには、温かく湿った空気が存在し、それを冷やすものが存在するという二つの条件が必要です。今日の住宅では冷暖房をするために、昔の住宅よりも結露の生じやすい条件が整っています。結露に対する対策としては、まずきちんとした断熱・施工を行うことが肝心です。

ところで、木材は断熱性に優れており、それ自体が断熱材です。従って、この中に金物を入れてしまえば、金物の温度は外より低下することはなく、結露が生じにくい条件をつくることが出来ます。現在、金物を用いた工法に対しては、防火上の観点からも金物はなるべく木材の表面から露出させず、木材の中に埋め込むか、木材等でカバーすることとされています。もちろん、金物側にも錆びにくくするなどの処理を施します。現在、ステンレス製の金物や、錆びを防止する塗装剤などの開発が進んでいます。

以上のことから、金物を使っているからといって、木造住宅が長持ちしないと心配する必要はありません。ただし、瓦や樋が壊れていたり、外壁がひび割れを起して雨水が建物内に侵入するという状況がないよう、メンテナンスに気を配ることはいうまでもありません。

（原田真樹）

細い柱や梁を使うのは安普請なの？

一〇〇〇年以上の歴史を持つ木造建築の中で、現存する最古の建物は法隆寺で、飛鳥時代のものです。当時の建物は、簡素な大工道具だけで、無骨ながら堂々とした大空間を形成しています。このような建物に用いられた材料は、径が太く真っ直ぐで長い良質の木材であり、それらをふんだんに用いた内部空間は非常に神聖な印象を受けます。天皇が代わるたびに遷都した時代がありましたが、都の主要な建物は分解して運び、新しい都で建て直したといわれています。しかし、そのようなやり方も木材資源の減少、建築技術の進歩、大工道具の発達によって、徐々に部材の断面が小さくなるとともに、繊細な加工が施されるようになっていきました。それでも現在の住宅に用いられる柱や梁の断面よりもかなり太いものでした。

社寺建築は別として、現代に残る古い木造住宅に、伝統的な民家建築があります。これは地方の豪商・豪農がその権力と財産の象徴として太めの部材をふんだんに使ったものです。その反対の安普請の木造住宅の代表は、第二次世界大戦後に建てられた住宅です。大戦中に良質な木材を伐ってしまったために残った質の悪い木材を利用せざるを得ず、戦災復興の住宅需要を充足するためにも構造材の断面を節約せざるを得なかったのです。

現在の住宅を見てみると、伝統的木造建築の流れをくむ在来軸組構法では、戦後の三寸（九〇ミリメートル）角から、三寸五分（一〇五ミリメートル）角が標準になり、今日では、より高い耐久性や安全性を目指して四寸（一二〇ミリメートル）角の柱が一般的となりつつあります。しかし、伝統的な構法を尊重しつつも、それとは違った思想で構造物を構成している現代の木造住宅では、必ずしも『構造部材が太くなくては安全ではない』といい切れなくなってきています。

柱を貫通する『貫《ぬき》』や『差し鴨居』が柱とせめぎあうことで地震に抵抗する伝統的な木造住宅の耐震メカニズムは、柱や梁が太いほど耐震性が高くなるといえますが、現代の軸組構法では、三角形の形が崩れない原理を利用した『筋かい』や、合板などの『面材』を壁に貼り付けることによって耐震性を獲得しているために、必ずしも太い柱や梁を必要としないのです。また、ツーバイフォー工法では、一見、柱がないようにも見えますが、壁は二×四インチ（実際は三八×八九ミリメートル）の縦枠と上下枠材で枠を組み、それに合板などの面材を釘で貼り付けることででき上がっています（別添架構図参照）。よく見ると、狭いこの縦枠は狭い間隔で数多く組み込まれており、またこれらを繋ぐ合板などの面材による協力体制によって、通常の柱と遜色のない、あるいはそれより強い強度を持っているのです。

（軽部正彦）

良くも悪くも大工さん次第？

よい木造住宅を建てるにあたっては、欠かせないいくつかのポイントがあります。よい設計、よい材料、よい施工、そしてよい工事管理です。その昔、優れた大工、つまり棟梁と呼ばれるような人は、設計、材料の調達、施工から工事管理まで、すべて自らが行っていました。棟梁となるまでには、長い修業期間と経験を必要とし、その間に豊富な知識と技能を身に付けなければなりませんでした。棟梁の腕次第で、建物の良し悪しが決まったのです。

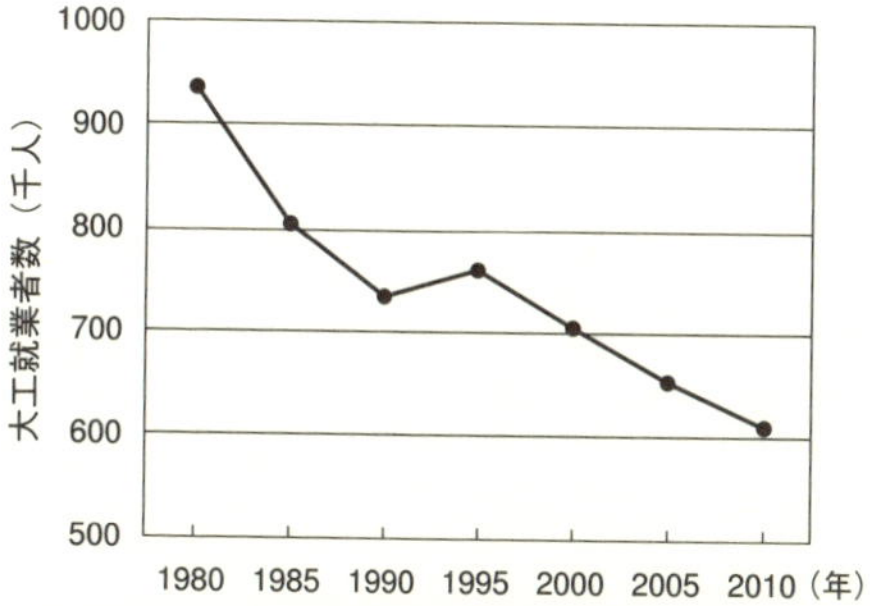
1995 年までは国勢調査 20％抽出詳細集計の結果
2000 年以降は日本労働研究機構計算情報部による推計

図 4・3　大工就業者数の推移
（日本労働研究機構のデータから、2000）

ところが、今では事情が変わり分業が進み、一般に設計は建築士の資格をもつ工務店や設計事務所が行い、施工は専門の大工が行うようになりました。建築基準や住宅金融公庫の工事共通仕様書（住宅の細部にわたるつくり方の例を示したもの）は、これまでに何度か見直され、新しい技術や研究成果を盛り込んで、地震や火災などに対して強い木造住宅を造るべく改正されています。設計には、これらの知識が欠かせません。したがって設計はこれらの知識を持つ建築士が行う必要があります。

しかし、いくら設計がよくても、設計通りに施工しなかったり、設計通りでもつくり方が雑では、到底よい住宅は望めません。そこで大工の腕が必要とされる訳です。ところが、残念なことに、大工就業者数が年々減少しており、熟練した大工が確保しにくくなっているという現実があります（図4・3）。電動工具メーカーや木工機械メーカー、住宅メーカーでは、技能不足、大工不足を補う新しい工具や工法の技術開発を盛んに行っています。在来軸組構法では、従来、「継手・仕口」と呼ばれる木材どうしの精巧な接合部を大工が手で加工し、その作業には相当の熟練が必要でした。機械によるプレカット工法は、継手・仕口の加工を工場でコンピュータ制御の機械を使って行うシステムです。機械によるプレカットの普及率は、今では三〇〜四〇パーセントであるといわれています。また、継手・仕口に接合金物を併用することによって、強くて変形の少ない接合部を簡単に造ることができるようになりました。大工の手にかかる部分をさらに少なくしようと、住宅の造り方を合理化して、工場で生産されたパネルを壁や床にはめ込むという工法も開発されています。

しかしながら、このように機械化が進んでも、大工の技能は必要です。プレカット工法では、継手・仕口の加工は機械が精度よく行ってくれますが、継手・仕口の組み上げ、住宅の仕上げの作業など、職人の腕を必要とする作業は数多く存在します。どの部分がどれだけ重要かを知らないとメリハリの効いた施工はできません。また、設計図面と機械だけでよい住宅ができる筈はありません。コンピュータを駆使し、どんなに高度な機械を使っても、最後は人間の手にかからなければ住宅はできないのです。木材の性質や使い方を熟知した腕のある大工が、よい木造住宅を建てるためには不可欠であるといえるでしょう。

（杉本健一）

高い木を使うほど長持ちする？

現在、日本には世界各地で育った様々な木材が輸入され、使われています。鉄筋コンクリートのマンションが増えてきたとはいえ、日本の新築住宅は、一戸建てでは木造住宅が約八割を占めています。住宅以外でも、デッキや公園遊具など、我々の目にとまるだけでも木材の用途は様々です。さて、木材を使うからには〝長持ち〟してほしいものですが、どうしたら長持ちするのでしょうか？

まずは木材の選択。木材には〝狂う、腐る（食われる）、割れる〟という性質があります。良好な環境に置いておけば、木は千年以上長持ちしますが、そのような環境を整えることは容易ではありません。乾燥した木材を使えば〝狂い〟や〝割れ〟は防ぐことができますが、問題は住宅を建ててからで、木材を腐朽菌・カビなどの微生物、シロアリなどの木材害虫から守ることが必要となります。家具や内装に使用する場合は〝日焼け〟程度の劣化は生じても、使用上の問題はありません。しかし、土台のように湿気の多い部分や、デッキや遊具など野外で使用する場合は、これらの劣化要因に常にさらされた状態になるので、耐久性の高い樹種（表4・2）を選んで用いるか、そうでなければ薬剤等を注入した防腐・防虫処理材を使うのが大前提となります。

表４・２　主要樹種の耐久性比較表

耐腐朽性	耐蟻性	樹種
大	大	ヒバ、コウヤマキ、ベイヒバ
大	中	ヒノキ、ケヤキ、ベイヒ
大	小	クリ、ベイスギ
中	中	スギ、カラマツ
中	小	ベイマツ
小	小	アカマツ、クロマツ、ベイツガ、スプルース

腐朽菌やカビは乾燥した木材には生えませんが、湿った木材にはそれを栄養源として生育していきます。日本に広く生息する二種のシロアリ、イエシロアリとヤマトシロアリは「地下シロアリ」という範疇に属し、その名が示すように地下や地際の湿った材に巣を作ります。したがって、カビやシロアリによる劣化を防ぐためには、木材の温度と湿度をカビやシロアリの好む温度と湿度にならないようにすることです。住宅で最も気を付けなくてはならないところが、地面から直に湿気が上がってくる床下や風呂場などの水廻り部分です。省エネルギーのために、断熱材を使って冷・暖房の効率化を図った高断熱・高気密住宅が普及していますが、居住者にとって冬場でも暖かいということは、腐朽菌やカビ、そしてシロアリにとっても生育しやすい温度になっているということなのです。暖かく密閉性の良い空間、ここに施工方法を間違えて結露を生じやすくすると、周囲の部材へ水分を供給させる最悪の結果となってしまいます。表面から見ても何にも変化がないのに、中はシロアリに食われてスカスカ、なんてこともあります（写真４・３）。不具合が見つかったら早めに補修して下さい。

ところで、耐久性の高い木材は一般的に高価です。農林水産統計速報によると、平成一二年一一月現在、スギの製材品（一〇・五×一〇・五センチメ

写真4・3　シロアリに食べられた立木

ートル×三・〇メートル）が四六、三〇〇円／立方メートルであるのに対して、ヒノキのそれは七四、四〇〇円／立方メートルと約二倍です。また天然林のヒノキの製材価格は人工林のヒノキの約七倍にも上ります。それでは耐久性の高い木を使えば、多少カビやシロアリが好む環境になっても大丈夫なのでしょうか？　答ははっきりいって「ノー」です。耐久性の高い樹種や薬剤等で耐久性を付与した木材を使用することは長持ちさせるための〝前提〟であって、それで十分というわけではないのです。カビやシロアリが生息できる温度と湿度であれば、耐久性の高い木を使っても腐ったり食べられたりするのは時間の問題です。逆にいえば土台を除いて、設計、施工をきちんとすれば、一般の木材でも心配はいりません。高価な木にお金をかけるよりも設計・施工をきちんとすることと、そしてメンテナンスこそが〝長持ち〟につながることを忘れないで下さい。

（大村和香子）

接着を利用した接合

建設の現場で部材や部品を接着することを「現場接着」といいます。現場接着そのものは特に珍しい工法ではなく、様々なところに応用されてきたのですが、こと構造材同士の接合に関しては、ほとんど用いられませんでした。生産管理の行き届いた工場で接着するのならば問題がなくとも、現場で接着するとなると、強度の信頼性に係わる問題が生じる可能性があると考えられていたからです。しかし、ここ10年くらいの間に、新しい現場接着工法がいくつか出現してきました。まず一つはあらかじめ穴をあけておいた柱や梁に異形鉄筋を挿入し、エポキシ樹脂で穴と鉄筋の間を充填し、接合しようというものです。木材の接合部としては非常に高い強度が得られますし、金物が見えないので非常に美しい仕上がりになります。また、接合金物に要する費用が非常に低いのも特徴です。ただ、施工は金物工法のように簡単ではありませんし、信頼性を高めるために使用できる木材は構造用LVLや集成材に限られます。

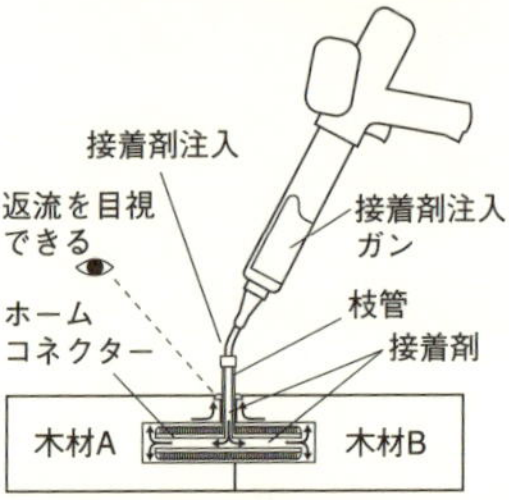

異形鉄筋挿入接着併用型接合部（上）
中空金物挿入接着併用型接合部（下）

ここに紹介するのは接合する材にあらかじめ穴をあけ、そこに中空の特殊な金物を挿入し、金物の内部を通してウレタン樹脂系接着剤を圧入する方法です。なお、接着剤の充填が終わった後に充填用のパイプは除去されます。

この形式は、角度をもった仕口でも容易に応用できること、断面の小さな材や異種材料との接合にも応用できることなどが特徴です。

前者は大断面の接合に適しているので、木造3階建て共同住宅や武道場といった比較的大きな構造物に、後者は大規模構造のみならず、木造のトラスやボックスビームの接合部などにも用いられています。

なお、このほかにも、大きなフィンガージョイントを現場で接着する「ラージフィンガージョイント」という接着工法も実用化されています。

（林　知行）

第5章　木の家に上手に住む

台風への備え

自然災害のうち、木造住宅の風による被害は多く、その大部分は台風によるものです。台風の被害は、強い風と強い雨、さらには風で吹き飛ばされてきたものによる建物の破壊や雨漏りです。

強風による被害は、①飛来物（瓦、折れた木、看板など）による開口部や外壁などの破壊と建物内部の被害（家の中に風の通り道ができ、屋根全体が飛ばされる）、②屋根葺き材の被害、③建物の倒壊などです。この中で、②や③は設計や施工を入念に行えば被害は防止できますが、①は必ずしも防止できるとは限りません。

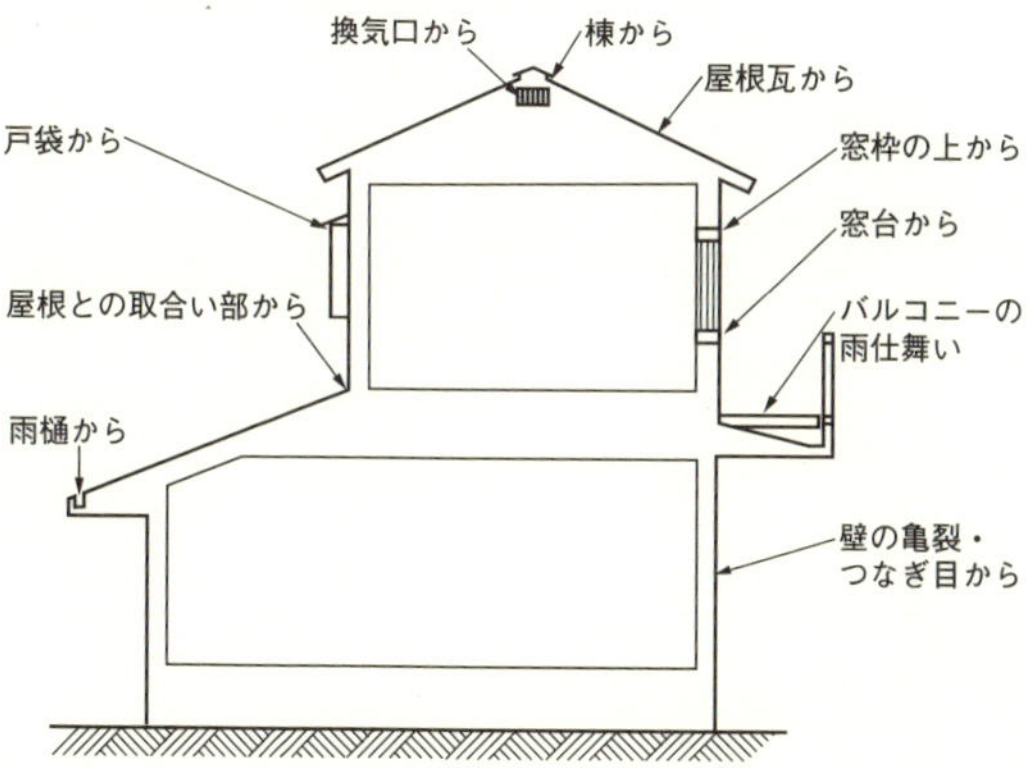

図5・1　雨漏りしやすい箇所

強い雨による被害は、通常の雨と異って横殴りなので、建物への雨水の浸入に備えた雨仕舞い（水切り、立ち上がり、水返し、水抜きなど）だけでは対応が困難です。例えば、図5・1の瓦屋根葺きでは屋根瓦の隙間から雨水が浸み、屋根下地の防水が不完全だと天井に雨漏りを生じます。また、開口部では、窓廻り、戸袋廻り、換気扇廻り、そのほかには、雨樋、換気口、屋根と壁の際、バルコニー、外壁（モルタルの亀裂、外装サイディングの目地など）などから雨漏りを生じます。このような雨漏りを防ぐために水切りも強風雨には十分には役立ちません。台風への備えは、雨漏りへの備えといっても過言ではありません。また、台風による被害は、上述した被害にとどまらず山林などの土砂崩れをも発生する危険性がありますので、造成地などでは注意が必要です。

左記の用件に配慮して、住宅を建設し維持管理するのが賢明です。

1　見晴らしがよく、風がよく通るところの建物は、台風時に強風に無防備になりますので、防風対策が必要です。例えば、農家の屋敷林や防風林、沖縄地方の石垣や屋根の補強などがそれに当たります。

2　住宅の構造は、風が当たっても建物が変形したり、屋根瓦が飛ばないような工夫が必要です。雨戸のない建物では開口部への飛来物による被害が気になります。できれば開口部には雨戸を設け、建具や開口部のがたつきも補修を施しておきたいところです。

3　建物の雨仕舞いが施され、それらが正常に機能するよう、屋根や雨樋の傷みや詰まりなどを点検、修理しましょう。屋根葺き材の下地材への接合が不備だと強風によって飛ばされ、建物や人間を傷付けることになります。開口部の庇は、台風時には雨が横方向から吹き込みますので、雨を防ぐ効果はありません。

4　台風の前には屋根、雨樋《あまどい》、排水管の傷み・詰まり等を点検、補修し、台風の後には屋根や家屋の周囲を点検しましょう。台風時に瓦は棟の辺りから飛び始め屋根全体に広がります。亜鉛鉄板葺き屋根では瓦棒と瓦棒の間に被害が集中します。屋根に取り付けられた設備機器（温水器、テレビアンテナ、空調機器など）等はしっかりと固定されていないと飛ばされます。

5　モルタル仕上げの外壁ではモルタルの亀裂から雨水が浸入するので、亀裂が小さい場合は防水性塗料を塗り、亀裂が大きい場合は割れ目にコーキング剤を注入しその上に塗料を塗って補修します。

（佐藤雅俊）

地震への備え

地震による被害は、建物を支えている地盤が揺れることにより建物が被害を被るわけですが、被害の程度は、建物の構造や地盤の違いによって異なります。とくに、地盤による影響は大きく、水田、沼地、砂質などの軟弱地や斜面に盛土をした造成地などでは、地震時の振幅などが大きくなるとともに、不同沈下も生じやすい傾向にあります。地震時の被害の原因は、地盤によるほかに次のような原因によっても発生します。

1　基礎が一体の鉄筋コンクリートつくりの布基礎ではなく、独立基礎や無筋のコンクリートブロック

基礎である

2　基礎と建物の緊結が不良（アンカーボルトの施工不良など）

3　耐力壁（水平力に耐える壁）の量が不足か、配置が不均衡

4　屋根の重量が重い建物

5　建物を構成している構造材料・部材の生物劣化による老朽化

6　組積造（石造、コンクリートブロック造など）の上に建物を建設

7　棟瓦など瓦の留付け不良

8　外装タイル・モルタルの剝落

9　隣接する建物倒壊の影響

このような被害を未然に防止するためには、新築住宅では、①地盤の選定、②地震時の水平力に対して抵抗する構造耐力要素である耐力壁の検討（量と配置など）、③小屋組・床組の検討（水平構面の構成など）、④鉛直力に対する検討（構造部材の断面算定など）、⑤基礎の検討（種類、配筋など）などを考慮することが効果的です。

既設の建物では、その建物の耐震性能を知るために耐震診断を実施しましょう。平成七年に発生した阪神・淡路大震災を契機に作成された「わが家の耐震診断」は、①地盤・基礎、②建物の形、③壁の配置、④筋かいの有無、⑤耐力壁の割合、⑥老朽度などにより耐震診断結果を点数で表記するものです。その結果によって、所有者の意向により専門家と相談を行い補強工事などを実施する手順になっています。診断

の結果、耐力が不足する場合には耐震補強などを行い地震に備えましょう。
阪神・淡路大震災時における木造住宅の被害の特徴をみると、
○設計時の構造計画の不良（耐震要素が不足、配置が悪いなど）
○施工監理不十分なための施工欠陥（手抜き工事）
○維持管理の不全による構造部材などに腐朽や蟻などの生物劣化、などがあげられています。
また、既存不適格の建物（昭和六三年以前の基準で建設された建物で現状のものより強度的に劣る構造）が大きな被害を被りました。一方、現行の建築基準法による建物は中程度の地震（震度五程度）には倒壊しないように想定されています。阪神・淡路大震災は基準からみると想定外の大きな地震でしたが、基準を遵守した建物は大きな被害を受けていません。とくに住宅金融公庫融資住宅の仕様に準拠した木造住宅で大きな被害を受けたものはほとんどありません。
以上のように、地震への備えは、基本的には住宅の建設地の選択から始まり、設計・施工へと移り、建物の竣工後には、居住者が耐震性に関する事項を遵守することが重要です。とくに建築工事とは別に設置される設備機器（温水器、テレビアンテナ、空調機器等）や家具などの取り付けの際には耐震性に配慮し、家具に関しては、置き方や固定方法など地震時に転倒しないように、また落下物などがないように安全策を講じておく必要があります。

（佐藤雅俊）

火災への備え

木造住宅の火災の経過は、まず、火元の室全体に燃焼が拡大し、約一〇分経過後急に部屋全体に火炎が拡がるフラッシュオーバー現象を生じます。この現象前の火災は建物の構造に影響されませんが、これ以降の火災は建物の防火構造（内外装材料、防火戸など）採用の有無、さらに開口部の防火性に影響されます。その後、出火した部屋から隣の部屋あるいは火炎が窓ガラスを割って階上に拡大し建物全体が火煙に覆われ、間近にある建物に延焼します。さらには数棟の建物がこのような過程を繰り返していくうちに、火災が市街地に拡大し大火になります（写真５・１）。

建築基準法において建物の構造材料、内外装材料や開口部などの防火上有効な措置を示した防火基準と火災の拡大を防止するために市街地を建物の耐火性能に応じて建設できる地域の区分（防火地域、準防火地域など）が定められており、火災の発生と延焼拡大を防止する措置がとられています。火災防止の基本は、建物を不燃化することで、不燃材料（コンクリート、レンガ、鉄鋼など）、準不燃材料（木毛セメント板、せっこうボードなど）、難燃材料（難燃合板、難燃プラスチック、難燃繊維板など）、準難燃材料（ガラス繊維強化ポリエステル板など）等を用いて建物を建設することです。

木造住宅の火災への対応は、基本的には建築基準法の規定に従って住宅を建設することになりますが、その他の住まい方に関連する防火対策項目について次に説明します。

図５・１　３階建て木造住宅の火災実験

1　火気使用設備・器具の防火対策——火気を使用する設備・器具など（石油ストーブ・ボイラー、ＬＰガスボンベ、都市ガス配管など）は耐震自動消火装置付きのものを使用します。

2　ガスコンロの位置——コンロと壁との間が狭いと、不燃材料の壁でも内部に熱が蓄積され、低温発火現象を生じることがあります。

3　器具の固定——耐震自動消火装置のない装置は固定しないと、地震時に移動して周辺の可燃物に着火する恐れがあります。

4　家具などの固定——地震時にタンスや棚は転倒、脱落するばかりでなく、上のものがストーブ上に落下して出火することもあるので、家具などは壁に固定し、棚には落下防止の措置を講じます。

5　危険物の管理——ベンジンやシンナーなど危険物などは火気の近くや棚の上には置かないようにします。

6　電気器具や配線など――電気器具や配線に関しては規制を守り、漏電遮断器などの設置と定期検査により、電気器具の誤使用による出火や漏電による火災をさけるようにします。

7　防火器具・防災器具・避難器具の設置――早期避難可能な簡易型自動火災報知器、老人・身障者避難用の設備、消化器（A火災＝一般用、B火災＝油火災用、C火災＝電気火災用）などを可能な限り設置し、浴槽に水を張って防火用水として備えることも効果的です。

8　家具・什器などの防火性――不燃材料などを用いて製造されたものをそろえ、カーテンや絨毯なども防炎加工製品を使用します。

9　避難の際には開口部は閉じる――火災発生時に迅速に避難し、その際に開口部を閉めると、火災の拡大を抑制することができます。

以上のように火災の発生防止には日常の注意が肝要です。火災を防止するためには、火の取扱いに十分に注意を払うとともに、早期発見・通報が望まれます。

（佐藤雅俊）

日常災害への備え

平成一〇年度厚生省の人口動態統計（不慮の事故の種類）によると、住宅内部で発生する事故は交通事故と同じくらい多く、①不慮の窒息（三二パーセント）、②浴室内での溺死や溺水（二九パーセント）、③転倒・転落（一九パーセント）、④煙・火および火炎への暴露（一一パーセント）、⑤有害物質による中毒

（三パーセント）、⑥熱湯（一・五パーセント）の順になっています。①を除くとすべてが建物に関連する災害で、とくに浴室内での溺死や住宅内での転倒・転落が多く、日常災害で死亡する人の年齢は六五歳以上のお年寄りと〇〜四歳児に集中しています。

いつも住宅内の危険な場所などを探し出し改善するか、居住者が危険を認識して生活していれば、事故を未然に防ぐことができます。注意すべき項目を次に列挙しますので、チェックして、大至急改善するか、あるいは認識するようにして下さい。

1　天井に重い照明器具やものを吊していないか。
2　（釣）棚に重い物が入っていないか、取り付けは十分か。
3　家具は固定されているか。
4　壁の出隅や角は、鋭角ではないか。
5　床がすべりやすくないか。また、絨毯などすべらないか。
6　階段に手摺があるか、すべり止めがあるか。
7　階段が急ではないか、蹴上げ（二三センチメートル以下）の高さは適当か、踏面（一五センチメートル以上）は狭くないか。
8　ドアが適当の早さで閉まるか、鍵は故障していないか。
9　二階の窓に手摺があるか、あってもしっかり固定されているか。
10　窓ガラスが外れやすくないか。

11　浴室のタイルがすべりやすくないか、手摺や握り棒はあるか。
12　浴槽の高さが高すぎないか。
13　給湯器の温度調節が不安定ではないか。
14　室内に鋭角の突起物がないか。
15　屋根に損傷（屋根瓦が割れている、亜鉛鉄板葺き屋根がまくれている）がないか。
16　ブロック壁など（門柱、笠石を含む）に亀裂やぐらつきがないか、鉄筋が入っているか。
17　バルコニーに手摺があるか、手摺子の間隔が広くないか。
18　ガスレンジの廻り（下地材も含め）が不燃材でつくられているか。
19　電気・ガス器具などの取扱い不備はないか。

日常災害には、上記のほかに、ぶつかる、挟まれる、すりむく、やけど、感電などあげればきりがありません。日常災害を防ぐコツは危険な箇所を改善するか、取り除くことです。

（佐藤雅俊）

防犯のための備え

建物の造り方や設備による完全な防犯住宅を実現することも不可能ではないのですが、むしろ実際に侵入される確率が低くなるような方策を採る方が賢明です。特に、住宅の戸締まり、施錠には次のような注意が求められます。

1　鍵は簡単にスペアキーをつくれるので、不用意に放置しない。
2　扉に二つ以上の鍵を取り付ける。最近は、ピッキングによる侵入の被害が多く、プロの泥棒はどんな鍵でも開けられますが、鍵が多いと、この家は泥棒には備えがあると認識させられる。
3　扉や戸の隙間から錠前のラッチが見えると留守であることを悟られるので、ラッチが見えないような工夫をする。
4　入口の脇壁がガラスばりの場合、ガラスを割って鍵を外されるので、合わせガラスや網入りガラスにし、鍵の位置に配慮する。窓に格子を入れる場合、外付けでは外されるので注意する。
5　雨戸は、外しやすい上、昼間は留守を悟られ逆効果になりかねないので、施錠と組み合わせた対策が必要です。シャッターは住宅の窓用の比較的小規模なものもあります。アルミサッシ窓のクレセントの場合にもう一つ施錠を増やすことが有効です。ただし、災害時の避難に対する配慮も必要です。
6　人の出入りを自動的に感知する防犯照明やブザー、さらには防犯ビデオなどを設置することも効果的です。なお、防犯センサーが警備保障会社に連絡している場合、誤報防止の配慮が必要です。
7　勝手口の位置は目立たない場所が多く、泥棒に侵入されやすいので、玄関と同様にしっかりした施錠が求められます。また、トイレや浴室の窓の施錠およびガラスに関しても注意が必要です。
実際には上記の対策を組み合わせるのが有効です。そして、住まい手の防犯に対する心構えを自ずと侵入者に感じさせること、建物の外観からみて侵入し難いような雰囲気を漂わせておくことが防犯上効果的でしょう。

（佐藤雅俊）

汚れ、傷みを避けるには

建物は日常の使用によって汚れたり、傷んだりしてきます。また、使っていなくても自然に汚れていきます。このような汚れは視覚的にも、建物の寿命にもあまりよいものではありません。建物に影響を与える汚れとそれが発生しやすい箇所を次に示します。

1　人間の接触による汚れ——日常身体の触れる場所、階段の手摺、照明灯のスイッチ廻り、ドアのノブなどがそれに当たります。

2　水による汚れ——雨水や使用水によるシミなどで、台所の流しの廻り、洗面所の壁や床、天井、外壁や塀（泥はね）などで、濡れたところにホコリが付着して汚れになります。

3　熱による汚れ——照明のブラケットやエアコンの吹き出し口など暖められた空気が壁や天井にぶつかるところでは、空気中のホコリが一緒にぶつけられて汚れます。この汚れは短期間ではなく長期間に起こり、部分的に黒ずむために一見して判別がつきます。

4　掃除による汚れ——床の壁際や幅木は掃除が行き届かないためその部分が汚れます。

5　材料の形状などによる汚れ——外壁の表面が凹凸になっている仕上げでは凹凸部にゴミがたまり汚れが目立ちやすくなります。

6　使用箇所などによる汚れ——台所のガスレンジや換気扇の廻りは、油による汚れを生じます。

汚れのメカニズムは、空気中に漂うホコリがゆっくりと降下して堆積したものです。ホコリが均一に堆積した場合には目立たないのですが、部分的な場合や壁や天井で表面の温度差がある場合、下地材のあるところが白く残るなどの現象を生じ、目立ってしまいます。汚れを付けない、付きにくくするにはこまめに掃除をすることです。汚れが目立ち始めてからでは除去するのに大変手間がかかります。

一方、汚れにくい材料をできるだけ使うことも大事なことです。表面が平滑で白い材料は掃除がしやすいのですが汚れが目立ちます。反対に、絨毯などは汚れが目立ちませんが、汚れやホコリを蓄えダニの温床になるので注意が必要です。水や油が飛散する台所などでは汚れが付きにくく掃除しやすい材料を選び、汚れてもすぐに交換できるような配慮が必要です。

汚れ・傷みの一種のカビは、黒、青、赤、白など色々あり、北側の壁や天井のコーナー部、押入の中、ビニル壁紙の表面などに発生します。カビを防止するには、風通しをよくし、日光を当てて湿気を除くのが効果的です。カビが発生しそうな箇所には防カビ剤で処理するか、防カビ剤入りの材料を使用することも一法です。

傷みやすい内外装のコーナー部分や開口部周りは予め補強しておくこと、小さい傷が大きな損傷へ発展しないように修理を早めに行うのがよいでしょう。とくに、モルタル塗り外壁のひび割れは放置すると建物の強度や耐久性に重大な影響を与えるので、早急な修理が必要です。タイルのはがれやひび割れも同様です。なお、モルタルやタイルなどのはがれやひび割れは、構造軀体の変形などに起因することが多いので、その原因を修理前に除去しておかねばなりません。また、内装の壁紙や床用のプラスチック系タイル類やシート類は接着剤が劣化して剝がれたり、内外装の塗装が劣化して剝がれてきます。その他、家具や装飾品等の設置、移動によって床や壁が傷むことがありますので注意が必要です。（佐藤雅俊）

住み心地をよくするには

住み心地には、①使いやすい、②騒音が少ない、③明るい（日射が入る）、④風が通る、⑤間取りがよい、⑥温熱環境（温度・湿度）がよいことなどがあげられます。

使いやすい住宅とは、最小のエネルギーで最大の効果が期待できるように工夫された住宅、家の中で住人の動き（動線）に無駄がないような間取りや設備の設置がなされている住宅のことです。

外部からの騒音は、開口部から侵入するため雨戸やサッシの遮音性能が重要となります。内部からの吸音は天井や壁に吸音材を施工することで対応できます。近頃、都市の狭い敷地に建設される住宅では、騒音対策は居住者の健康的な生活を左右する重要な項目です。

明るさには採光と照明の二種類があります。採光には日照が関連し、日照は住宅内の明るさの確保のほかに、照明用エネルギーの節約、日射熱利用による暖房負荷の低減、紫外線による殺菌効果などの効用が期待できます。建築基準法には窓の面積が床の面積に対して七分の一以上にするように規定されています。

風が通るためには換気と通風が関係します。換気は部屋の中の空気の入れ替えで、温度・湿度、ホコリ、雑菌、悪臭などを室外に運び出し新鮮な空気を室内に供給します。従来の木造住宅では、隙間から一時間に部屋体積の三〜四倍の空気が入れ替わっていましたが、最近の住宅では、アルミサッシと断熱工法の普及によって気密性が増し、〇・五〜〇・八倍の空気しか入れ替わりません。このため強制的に換気を行うことが必要になりました。

間取りは、住宅を選択する際に最も頭を悩ます項目で、家族のライフスタイルや家族内の人間関係などにも影響を及ぼします。従来の住宅では、個室は少なく大部屋を障子やふすまで仕切って利用し、自由度があってもプライバシーが保てない間取りでした。逆に、現在の住宅では、安らぎや満足感を重要視し、プライバシーを保ち、間取りの中に遊びやゆとりを取り入れる工夫がなされています。居住者の趣味や個性を重視し、多様な生活形態に対応するため、間取りが多様化、複雑化し、標準的な仕様を確定できない状況です。

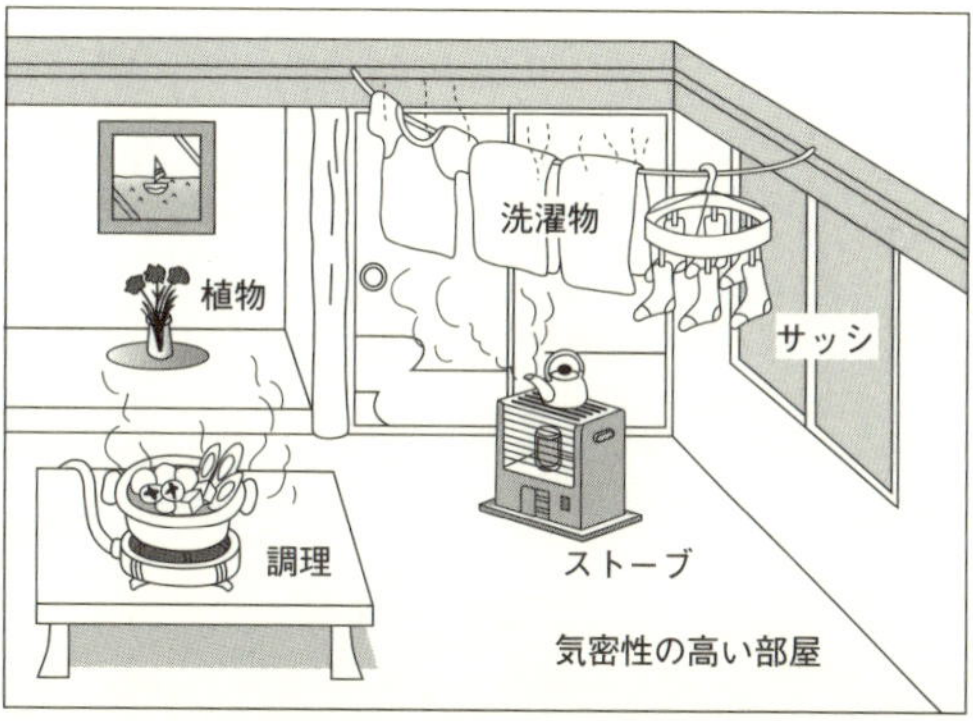

図5・2　住まい方に起因する水蒸気の発生状況

温熱環境と住宅の快適性との関連は複雑です。従来の住宅は、兼行法師が夏の蒸し暑さをしのぎやすくするように住宅を建てるべきだと徒然草に記しているように夏への対応が中心でした。しかし、我が国の気候は冬は乾燥して寒さが厳しいので、両気候に対応し、かつ省エネルギーになるような対策を必要とします。居住者が快適と感じる体感温度は温度計の温度とはちょっと違い、時代とともに変化しています。

写真５・２　維持管理が悪く腐朽した土台

とはいえ、温度を保つためには建物に断熱材を施工し、熱の損失を少なくします。とくに、中・高齢者には冬季に建物内が寒すぎるのは良くなく、建物内のどの場所でも温度があまり変わらないことが望ましいのです。断熱化によって冬暖かく、夏は涼しく過ごすことも可能なように温度管理が重要となります。

湿気の存在を実感するのは、梅雨時や夏季に肌がべとつく時や冬季に窓ガラスなどに結露した時などです。冬季には、室内が乾燥してほこりが立ちやすく、気管を痛め風邪を引きやすくなり、器物に静電気を発生させるので、適度の換気や加湿器の設置などが必要になります。梅雨季には、壁の表面や床がじめじめし、畳や絨毯にカビやダニが発生しやすくなるので、天気の良い日に窓を開けて風を入れたり、除湿器を設置して室内を乾燥させ、また、夏季に畳を日光に当て、カビやダニを退治することも必要です。

（佐藤雅俊）

家を長もちさせるには

家を長保ちさせるためには、居住者の住宅に対するおもいやりが大切で、そのため手入れや点検が欠かせません。住宅にも私たちの「人間ドック」や自動車の「定期整備点検」に相当する点検が必要なのです。点検の結果、治療が必要な場合には早期に行います。放置すれば補修に莫大な費用がかかってしまいます。できるだけ居住者自ら手入れし、できない場合には専門家に早く依頼することです。基本は、日常の毎日の手入れであり、これによって建物の寿命は変わります。表5・1に住宅金融公庫推奨の住宅維持管理履歴簿に記載されている住宅の傷みやすい箇所、点検項目、点検時期、更新時期などの目安を示します。また、台風の前後、地震の後などに建物を点検することも大事なことです。

建物の点検は、表5・1を参考にして、手入れの長期計画（一、三、五、一〇、一五、二〇年など）を立てるとともに、実施した点検や補修工事の記録や図面などを残し、数年後の補修工事や中古住宅売買の際の建物評価に利用します。なお、自然災害などによる建物の破損の場合には、専門家に点検や修理を依頼した方がよいでしょう。

点検は毎年実施した方がよいのですが、部位によっては数年に一回程度で充分です。検査の方法は、目視観察によって適否をチェックし、床下、天井、小屋裏もできるだけ内部に入って観察します。床下には収納庫を取り外してもぐり込み、天井や小屋裏には押入の改め口から昇ります。屋根に昇るのは危険で、

表5・1　マイホーム維持管理ガイドライン

<table>
<tr><th colspan="3">点検部位</th><th>主な点検項目</th><th>点検時期の目安</th></tr>
<tr><td rowspan="9">屋外部分</td><td colspan="2">布基礎</td><td>割れ、蟻道、不同沈下、換気不良</td><td>5〜6年毎</td></tr>
<tr><td rowspan="2">外　壁</td><td>モルタル壁</td><td>汚れ、色あせ、色落ち、割れ</td><td>2〜3年毎</td></tr>
<tr><td>サイディング壁</td><td>汚れ、色あせ、色落ち、シーリングの劣化</td><td>3〜4年毎</td></tr>
<tr><td rowspan="2">屋　根</td><td>瓦葺き</td><td>ずれ、割れ</td><td>5〜6年毎</td></tr>
<tr><td>彩色石綿瓦葺き</td><td>色あせ、色落ち、ずれ、割れ、さび</td><td>4〜6年毎</td></tr>
<tr><td colspan="2">雨　樋</td><td>詰まり、はずれ、ひび</td><td>2〜3年毎</td></tr>
<tr><td colspan="2">軒裏(軒天井)</td><td>腐朽、雨漏り、はがれ、たわみ</td><td>2〜3年毎</td></tr>
<tr><td>バルコニー</td><td>木　部</td><td>腐朽、破損、蟻害、床の沈み</td><td>1〜2年毎(2〜3年毎塗替え)</td></tr>
<tr><td style="display:none"></td><td colspan="2" style="display:none"></td><td style="display:none"></td><td style="display:none"></td></tr>
<tr><td rowspan="4">屋内部分</td><td colspan="2">土台、床組</td><td>腐朽、さび、蟻害、床の沈み、きしみ</td><td>4〜5年毎</td></tr>
<tr><td colspan="2">柱、梁</td><td>腐朽、破損、蟻害、床の沈み</td><td>10〜15年毎</td></tr>
<tr><td colspan="2">壁(室内側)</td><td>割れ、雨漏り、目地破損、腐朽、蟻害、さび</td><td>10〜15年毎</td></tr>
<tr><td colspan="2">階　段</td><td>沈み、腐朽、さび、蟻害、割れ</td><td>10〜15年毎</td></tr>
<tr><td rowspan="4">建具</td><td rowspan="3">外　部</td><td>玄関建具、窓</td><td>隙間、隙間不良、腐食、付属金物異状</td><td>2〜3年毎(建付調整は随時)</td></tr>
<tr><td>雨戸、網戸</td><td>さび、建付不良、さび</td><td>2〜3年毎(建付調整は随時)</td></tr>
<tr><td>窓枠、戸袋等の木部</td><td>さび、雨漏り、コーキング不良</td><td>2〜3年毎</td></tr>
<tr><td>内　部</td><td>木製建具</td><td>隙間、隙間不良、取付金具の異状</td><td>2〜3年毎(建付調整は随時)</td></tr>
<tr><td rowspan="10">設備</td><td rowspan="4">給排水</td><td>給水管</td><td>水漏れ、赤水</td><td>1年毎(水漏れは直ちに補修)</td></tr>
<tr><td>排水管、トラップ</td><td>水漏れ、詰まり、悪臭</td><td>1年毎(水漏れは直ちに補修)</td></tr>
<tr><td>台所シンク、洗面設備</td><td>水漏れ、割れ、腐食</td><td>1年毎(水漏れは直ちに補修)</td></tr>
<tr><td>便所</td><td>便器・水洗タンクの水漏れ</td><td>1年毎(水漏れは直ちに補修)</td></tr>
<tr><td rowspan="2">浴　室</td><td>タイル仕上げ</td><td>タイル等の割れ、汚れ</td><td>1年毎</td></tr>
<tr><td>ユニットバス</td><td>ジョイント部の割れ、隙間、汚れ</td><td>1年毎</td></tr>
<tr><td rowspan="2">ガ　ス</td><td>ガス管</td><td>ガス漏れ、ゴム管の老化</td><td>1年毎(1〜3年でゴム管交換)</td></tr>
<tr><td>給湯器</td><td>水漏れ、ガス漏れ、器具の異常</td><td>1年毎(1〜3年でゴム管交換)</td></tr>
<tr><td rowspan="2">その他</td><td>換気設備</td><td>作動不良</td><td>1年毎</td></tr>
<tr><td>電気設備</td><td>作動不良、破損</td><td>1年毎</td></tr>
</table>

住宅金融公庫編：住宅維持管理履歴簿、2000

屋根瓦などに損傷を与えるので、梯子や望遠鏡などを用いて観察します。観察のポイントは、腐朽菌による腐朽とシロアリによる蟻害など生物劣化です。

シロアリや腐朽菌は生きていくために①空気（酸素）、②栄養（木材など）、③温度、④水分を必要とします。空気はどこにも存在し、木材が栄養になり、大半の菌や虫は日本全国が生育可能な温度範囲です。したがって、水分の供給を絶つことが木造住宅を長もちさせるキーポイントで、建物の内外を乾燥状態に保つことが不可欠です。このことを念頭に、点検や手入れを行えば住宅は長もちします。また、修理や改修の際に、劣化の原因を究明、除去するとともに、それが新たな劣化の原因にならないように注意します。以上の項目を十分配慮すれば住宅の寿命は格段に延ばすことが可能になります。

（佐藤雅俊）

家族が増減したり、暮らしが変わったら

住宅に対する要求は、年齢とともに変化し、家族構成によっても必要とする住宅の規模や性能は異なります。本来なら、ライフスタイルに応じて住宅を変えていけば良いのですが、一生の間に何度も建て替えるわけにはいきません。そこで、既存の住宅の模様替えや増改築によってその時の家族に適した住宅に変えるのです。

平成一〇年度の建設省住宅需要実態調査結果の「住宅の住み替え」や「改善計画」に関する項目を見ると、最近五年間で、新築、建て替え、住宅購入、増改築、賃貸住宅入居など、居住状況が変化した世帯は

全体の三一・五パーセント、住み替えの理由は、①就職・転職・転勤のため（二五・九パーセント）、②住宅が狭かった（二三・七パーセント）、③結婚などによる世帯の分離や独立のため（一九・九パーセント）、④子供の成長や老後に備えるため（一三・八パーセント）、⑤通勤・通学・買い物などが不便なため（一二・五パーセント）となっています。また、住み替え後の住宅で良くなった点は、①住宅の広さ（一九・九パーセント）、②台所・浴室の設備・広さ（一八・一パーセント）、③間取り・部屋数（一六・六パーセント）、④冷暖房設備や給湯設備（一四・八パーセント）、⑤収納⑥スペース（一四・七パーセント）の順になっています。

住宅の改善計画の理由は、①子供の成長や自分の老後など将来に備えるため（三〇・二パーセント）、②住宅の広さに問題（二六・五パーセント）、③住宅が傷んだため（二四・五パーセント）、④住宅の設備・内装等に問題（二二・二パーセント）、⑤親または子供と同居するため（一二・四パーセント）、また、改善計画の具体的な方法などは、①住宅を直す（二三・九パーセント）、②住宅を購入する（二〇・三パーセント）、③建て替える（一三・六パーセント）、④住宅を新築する、あるいは住んでいる住宅を壊して新築するがそれぞれ一三・六パーセントとなっています。

さて、設計当初から将来にわたって耐久性と家族構成などの変化に対して柔軟性を兼ね備えたＣＨＳ（センチュリーハウジングシステム）住宅であれば変化に対応できますが、一般の住宅では、居住者がライフサイクルなどに対応した住宅に関する要求を設計者に示し、その要求を設計者が具現化しない限りなかなか実現しない場合が多いようです。そこで、増改築工事で注意しなくてはならない点について説明します。

1　計画について――増改築工事は新築工事よりも難しい場合が多いので、工事依頼前に図面を書いてよく検討してから、専門家に設計を依頼し、増改築部分だけでなく住宅全体の調和も検討する。

2　法規について――現在の敷地の地域指定や建物に関する法律上の規制などをよく把握し、とくに増築の際の規制に注意する。

3　構造について――既存の住宅の図面で、柱や梁、耐力壁などの位置や増改築に必要な補強などの位置を確認する。その際、住宅を建設した会社、とくにプレファブ住宅や枠組壁工法による住宅の場合、メーカーなどに問い合わせる。

既存の平屋建てを二階建てにするような場合には、既存の基礎では不十分で、基礎を補強するか新たに基礎を建設し、通し柱や梁など構造部材を新たに施工し、既存部分についても構造的に補強すべき箇所を補強します。なお、増改築の際には、地震などに対する耐震補強工事も合わせて実施すると建物の性能は向上します。

4　設備について――増改築工事によっては、既存の給排水管、電気配線、ガス配管の変更を要し、この場合、既存の配管が基礎や床下に埋設されているので、予め調べておく必要があります。

5　工事費用について――増改築工事の費用は、新築工事のように単純ではなく、既存部分の取り壊しや補修の費用、増改築に伴う既存部分の改修費、住みながら改修工事を行うための養生費など、工事は小規模ですが、坪当たりの単価は割高になります。

（佐藤雅俊）

木のオフィス

総理府の調査によると国民の大部分が木造住宅に住みたいと考えており、実際に新設戸建て住宅の約8割が木造です。木造住宅の人気は、「昼間は無機的な鉄やコンクリートの中で働いても、せめて仕事以外の時間は、あたたか味のある木に囲まれて過ごしたい」という希望の現れだそうです。

しかし、それだけにとどまらず、最近ではオフィスやレストラン、店舗なども木造で造られるようになってきました。特に大都市の郊外、ベットタウンで急速に増えているので、ちょっと気を付けて見るとすぐ分かります。

ここで紹介するのは、もっと大きな木のオフィスビルです。3階建てで3,000 m²の述べ床面積があります。骨組みは写真のような太い集成材でできています。北海道の帯広にありますが、冬暖かく夏涼しくて、働く環境は素晴らしいとのことです。

なお、現在、これよりもっと高い5～10階建ての木造ビルの開発研究プロジェクトが、国立研究所、大学、民間との共同で進められています。

(神谷文夫)

集成材を使った木造オフィスビル
(北海道森林管理局帯広分局庁舎)

同ビルの柱―梁接合部

第6章　木の家に使われる木材のいろいろ

＊日本の木、外国の木の材鑑写真はカバー袖をご覧下さい。

日本の木　国産材

木材は樹木の幹や枝から生産されます。一般的には、スギやヒノキなどのように幹が太くなり高くそびえる樹木の太い幹から丸太を切り出して、さらに製材するなどの加工の過程を経て、木材として使われます。ツゲのように大きくならない樹木でも印材などの特殊な用途に使われますが、それらは例外です。日本は、寒冷な北海道から温暖な九州・沖縄までその気候条件の幅が広いので、三〇〇樹種にものぼるの木材が利用されています。

スギ［スギ科 *Cryptomeria*《クリプトメリア》 *japonica*《ヤポニカ》］（杉、椙）

青森から四国、九州、屋久島まで分布し、大高木になる常緑針葉樹で、日本の代表的な造林樹種です。吉野、尾鷲《おわせ》、天竜、日田、飫肥《おび》、智頭《ちず》などが杉林業地として有名です。生産地の違いや植栽品種や施業方法の違いのため、材質は幅広く変動しています。心材と辺材の色の差は明らかで、心材は桃色から濃赤褐色までかなり幅があり、ときにはクロジンと呼ばれる黒色心材のものもあります。晩材は幅が広くはありませんが際だっているので、年輪は明瞭で、木目がはっきり見えます。平均気乾比重は〇・四一で、日本産の針葉樹としてはやや軽軟です。用途は、木造住宅用建築材（柱、板）の他、天井板、磨丸太、梱包材、酒樽、割箸、和船材など幅広く使われています。清酒の酒樽材には辺心材の境界部分を辺材を内側にして用いますが、スギ特有の芳香が樽酒の特徴になっています。

ヒノキ［ヒノキ科 *Chamaecyparis*《カメシパリス》 *obtusa*《オブトゥーサ》］（檜）

東北南部から四国、九州、屋久島まで分布し、大高木になる常緑針葉樹で、木曽、高野山、高知県西部などにヒノキの天然林が残っています。スギと同様に、日本を代表する造林樹種で、尾鷲、吉野、天竜、東濃《とうのう》等に有名林業地があります。心材の色は、柔らかな感じの淡紅色で、辺材は淡黄白色です。平均気乾比重は〇・四五です。早材と晩材の差が小さく、年輪はあまり明瞭ではなく、木目もあまりはっきりしていません。したがって、均質な材料が必要な用途に適します。心材の耐久性が高く、しかも、水に浸かっていても腐りにくい等、優れた性質をもつため、非常に多くの用途に使われます。古代から宮殿や神社、仏閣を建てるための木材として用いられて来ました。美しい光沢を持つとともに、特有の芳香があることが、材料としての価値を高めています。一般建築材、建具材としての用途の他、彫刻材（平安期以降の仏像など）、木型材、曲物材などの用途があります。また、神社仏閣の建築には欠かせることができません。

アカマツ［マツ科 *Pinus*《ピヌス》 *densiflora*《デンジフローラ》］（赤松）

北海道南部から四国、九州、屋久島まで分布する他、朝鮮、中国東北部にも分布し、大高木になる常緑針葉樹です。平均気乾比重は○・四九で、針葉樹としてはやや重硬です。心材の色は、やや黄色を帯びた淡桃色からかなり赤褐色を帯びたものまであり、辺材は黄白色です。年輪ははっきりしています。肉眼でも認められる大きさの樹脂道が散在し、板目ではやにすじとして認められ、材面にやにがにじみ出てくることが多く、木材を使うときには注意が必要です。木材には特有のヤニのような臭いがあります。未乾燥の辺材は青変菌によって、青ないし黒色のシミが付いたようになることが多いのですが、強度的には問題ありません。一般に、表面に出ない構造用材に用いられます。

アスナロ、ヒバ［ヒノキ科 ***Thujopsis***《ツヨプシス》 ***dolabrata***《ドラブラータ》、その変種 *var.*《バラエティ》 *hondae*《ホンダエ》 を含む］（翌檜）

　北海道南部から本州、四国、九州まで分布し、大高木になる常緑針葉樹です。青森県の津軽・下北両半島に良好な天然林があります。また、能登半島では広く造林されており、アテと呼ばれています。辺材は帯黄褐色、心材は淡黄色〜淡黄褐色で、辺心材の色の違いはあまりはっきりしません。ヒノキと同様に、均質な木材が得られます。特有の強い匂いがあります。平均気乾比重は○・四四です。心材の耐久性が高く、水湿にも耐えるので、用材として優秀です。東北地方では、平泉の中尊寺のように、仏閣などの建築にもよく用いられたことが知られています。その他の用途には、器具、風呂桶、漆器素地（アテ＝能登地方の輪島塗）などがあります。

カラマツ［マツ科 ***Larix***《ラリックス》 ***kaempferi***《ケンフェリ》］（落葉松、唐松）

　日本の針葉樹のうち唯一の落葉性の針葉樹で、大高木になります。天然分布は本州の山岳地に限られていますが、その強い木材と比較的寒冷な造林特性のために、北海道、東北、中部地方に造林されています。

心材の色は褐色ですが、若い間は比較的淡色で、大木になると濃色になります。辺材は白色ですから、辺心材の色の違いが明瞭です。晩材の幅が広くてなおかつ早材からの移行がはっきりしているので、年輪は極めて明瞭で、木目もはっきりしています。ヤニが材面に滲み出てることが多く、材にはヤニの臭いがあります。平均気乾比重は〇・五二で、国産針葉樹材としては重硬です。若い造林木には割れや狂いが出やすく、利用の際に注意が必要です。水中での耐久性が高いので、杭丸太として多く利用されます。土木用材の他、建築（主として表面に出ない部材）、パレット、家具などに用いられます。

エゾマツ［マツ科 *Picea*《ピセア》 *jezoensis*《エゾエンシス》］（蝦夷松）

北海道の他、南千島や樺太、カムチャッカ、沿海州、中国東北部、朝鮮にも分布する大高木になる常緑針葉樹で、北米材のスプルースや欧州材のホワイトウッドと同じトウヒ属の木材です。ロシアからの北洋材にも含まれています。早晩材の移行はゆるやかで、年輪はやや明瞭です。心材がやや桃色を帯びていますが、辺心材の区別はほとんどなく、淡黄白色です。臭いがないのも特徴といえます。平均気乾比重は〇・四三です。音が響きやすい特徴があるため年輪幅が狭く、目がつんだものはバイオリンやピアノ等の楽器材として使われます。主として北海道内で用いられ、住宅部材として柱や板に用いられてきています。その他の用途は、建具等の造作材やパルプ用材などです。

トドマツ［マツ科 *Abies*《アビース》 *sachalinensis*《サッカリネンシス》］（椴松）

北海道の他に南千島、樺太に分布する常緑の針葉樹で、北米材のファーと同じくモミ属の木材です。早晩材の移行はやや急で、晩材幅もやや広く、年輪がはっきりとしています。木材の色は白色〜帯黄白色で、辺心材の区別はありません。含水率が高い水喰材と呼ばれる欠点が比較的出やすい心材部分がみられます。平均気乾比重は〇・四二です。北海道では住宅の柱や板に使われています。その他の用途には、パルプ材や梱包用材などがあります。

ミズナラ［ブナ科 *Quercus*《クエルカス》 *crispula*《クリスプラ》*, Sny : Q. mongolica*《モンゴリカ》 *var*《バラエティ》*. grosseserrata*《グロッセラータ》］（水楢）

北海道から本州、四国、九州に分布する他、南千島、サハリン、朝鮮半島にも分布する落葉性で大高木となる広葉樹です。この類の木材はホワイトオークと呼ばれ、広葉樹材としては日本のみでなく、欧米諸国においても代表的なものです。心材は褐色で、淡色の辺材からはっきり区別出来ます。年輪の境に沿って大きな道管が環状に並んでいる（このような木材を環孔材といいます）ため、年輪がはっきりとしています。肉眼的にもはっきりと見える放射組織が特徴で、柾目面では帯状の模様としてはっきりとあらわれ、虎斑《とらふ》と呼ばれます。平均気乾比重は〇・七二で、広葉樹材としてはやや重硬です。家具材、床板材、化粧合板、樽材、車両材等の用途があります。特に、洋酒の樽は、日本はもちろんイギリスやアメリカでもこの類の木材で作られています。

ブナ［ブナ科 *Fagus*《ファガス》 *crenata*《クレナータ》］（橅、撫、山毛欅）

北海道南部から本州、四国、九州に分布し、落葉性の大高木になる広葉樹です。心材と辺材の区別はなく、黄色味みがかった白色〜桃色がかった褐色が普通ですが、不規則な濃色の縞模様が現れ、何重にもなり、花びら模様となることがあります。幅が広い放射組織が赤褐色の斑点として数多く材面に現れます。心材は均質で、年輪はあまり明瞭ではありません。平均気乾比重は〇・六五です。テーブルや椅子などの脚もの家具材として大量に用いられていました。曲木家具を含む家具材、床板材、成形合板用材の他、漆器木地、木製の台所用品等の器具材等に広い用途があります。

ケヤキ［ニレ科 *Zelkova*《ゼルコーバ》 *serrata*《セラータ》］（欅）

本州から四国、九州まで、さらに朝鮮や中国にも分布し、落葉性で大高木となる広葉樹です。環孔材で、年輪がはっきりと見えます。平均気乾比重は〇・六七です。心材は黄色味ないし赤味がかった褐色で、辺材は明らかに淡色で、辺心材の区別は明瞭です。心材の保存性が高く、材は強靭で耐久性があり、かつ美しい材面を持っています。大径材には美しい杢《もく》が現れることがあります。建築用材（特に神社仏閣、城郭建築物の構造材および造作材）や家具材、化粧単板、彫刻用材などに用いられる他、臼、杵、太鼓の胴、お盆等の日常の生活用具等に用いられています。

カバノキ［カバノキ科 *Betula*《ベトゥーラ》 spp.《スピーシーズ》］（樺）

北海道から本州北中部の温帯から冷温帯、さらには樹種によってはサハリンや沿海州、中国東北部にも分布する落葉広葉樹の一グループです。年輪界はやや不明瞭で、木材はかなり均質です。代表的な樹種はマカンバ）［*B. maximowicziana*《マキシモヴィチアーナ》］とミズメ［*B. grossa*《グロッサ》］で、心材は赤味がかった淡い褐色〜濃い桃色で、白色の辺材とは区別が明瞭です。平均気乾比重はマカンバで〇・六五、ミズメで〇・七三です。比較的重厚で摩耗しにくいので、体育館の床に用いられています。家具あるいは建築の内装用としては高級な材料です。器具、床板、合板、靴の木型などに用いられます。木材業界ではカンバ類をサクラ（カバザクラあるいはミズメザクラ）と呼ぶことが多いので注意を要します。

ヤチダモ［モクセイ科　*Fraxinus*《フラキシヌス》 *mandshurica*《マンシュリカ》 *var. japonica*《バラエティヤポニカ》］
北海道から本州の中部まで、また朝鮮、中国東北部、サハリン、シベリアにも分布します。大高木となる落葉性の広葉樹です。心材は灰色がかった褐色、辺材は淡黄白色で、辺心材の区別は明瞭です。美しい杢がでるものは内装用などの化粧合板に使われます。平均気乾比重は〇・六五です。建築内装材（集成材として）、床材、家具材等に用いられます。
（藤井智之）

外国の木　輸入材

日本は世界でも有数の森林国なのですが、現在では国内で使われる木材の約八割が国産材と比べて価格の安い輸入材です。多様な木材が熱帯多雨林から亜寒帯林にいたるまで、多様な森林で生産されていて、カナダとアメリカからの北米材、ロシアからの北洋材、東南アジアからの南洋材がその主要なものです。その他に、近年ではニュージーランド、ヨーロッパ中北部、チリなどの造林木も輸入され、その量も増える傾向にあります。

ベイマツ［マツ科　*Pseudotsuga*《シュードツガ》 *menziesii*《メンツィエッシィ》］（Douglas fir, Oregon pine）
北米大陸太平洋岸沿いの山地に分布し、大高木となる常緑の針葉樹です。アカマツとは別のトガサワラ属の樹種です。辺心材の区別は明瞭で、辺材は白色～淡褐色、心材の色は赤褐色です。ヤニが表面に滲み出て来ることがあります。晩材はくっきりと明瞭で、年輪がはっきりとしています。近年ではセカンダリーグロースと呼ばれる年輪幅の広い材が輸入されています。年間数百万立方メートルも輸入されており、北米材の中でも最も多いものです。平均気乾比重は〇・五四で、重硬な針葉樹材です。建築（梁、桁などの構造材）、合板（米国での代表的な材料）、建具、家具等の用途があります。

ベイツガ［マツ科 *Tsuga*《ツガ》 *heterophylla*《ヘテロフィーラ》］（western hemlock）

北米大陸のワシントン州とオレゴン州を中心として、太平洋岸地域に分布する大高木となる常緑針葉樹です。日本産のツガと同属で木材も似ていますが、一般的に年輪幅の広いものが多くあります。北米材の主要樹種で、スギと競合することが多く、日本の林業に大きい影響をおよぼす樹種といえます。日本に輸入されるときにはヘム・ファー（Hem-Fir）として、モミ類と一緒に扱われることもあります。心材と辺材の色の差は少なく、白色～黄白色～淡褐色ですが、晩材部分で桃色や紫色を帯びるので、全体としてはやや紫色を帯びます。気乾比重の平均値は〇・四八です。一般建築用材（柱、鴨居、長押、保存処理をして土台）、箱、器具、パルプ材等に用いられます。

ベイヒバ［ヒノキ科 *Chamaecyparis*《カメシパリス》 *nootkatensis*《ヌートカテンシズ》］（yellow-ceder, Alaska-ceder）

北米大陸の太平洋岸の山地に分布する常緑針葉樹です。ヒノキと同属で、日本のヒバとは別属の樹種です。木材はヒバによく似ていて、心材の色は鮮やかな黄色で、強い臭いが特徴的です。均質な木材で、年輪はあまりはっきりとはしません。気乾比重の平均値は〇・四六です。耐朽性に優れ、日本のヒバと同様の用途で、土台等の建築用材、家具、細工物等に用いられます。

ベイスギ［ヒノキ科 *Thuja*《ツヤ》 *plicata*《プリカータ》］

北米大陸の太平洋岸の山系に分布し、大高木となる常緑針葉樹です。ベイスギと呼ばれていますが、日本のネズコあるいはクロベ［*T. standishii*《スタンディッシィ》］と同属です。材の色は赤褐色で、色が不均一で汚れたような感じを与えます。時間の経過とともに濃色になるため、年輪はあまり目立ちません。気乾比重の平均値は〇・三八で、針葉樹材としても軽軟です。加工が容易で、木材の保存性は非常に高いのですが、強い木材ではありません。外構材、建具、クーリングタワーの板、屋根葺き材等、耐久性を重視するが強さをあまり必要としない用途に用いられます。

ラジアータパイン［マツ科 *Pinus*《ピヌス》 *radiata*《ラディアータ》］（radiata pine）

北米のカリフォルニア原産で、世界的に広く造林され、ニュージーランドやチリーから大量に輸入されています。国産のアカマツ材とよく似ています。心材の色は、淡褐色ないし褐色で辺材の色は黄白色で、あまりはっきりとした境はわかりません。平均気乾比重は〇・五二です。一般建築用材、梱包材等に使われていますが、ニュージーランドでは合板用にも用いられています。

ホワイトウッド／スプルース［マツ科 *Picea*《ピセア》 spp.; 北米材 *P. sitchensis*《シッチェンシス》, *P. engelmannii*《エンゲルマニイ》; 北洋材 *P. jezoensis*《エゾエンシス》, *P. obovata*《オボバータ》; 欧州材 *P. abies*《アビース》］（spruce, whitewood）

大高木となる常緑針葉樹で、国産のエゾマツと同じ属の樹種です。日本のエゾマツとほぼ同じですが、年輪幅が狭いことが多い。心材はほとんど白色に近いものが多く、ときにはやや黄色を帯びていますが、シトカスプルースあるいはエゾマツのように、やや桃色を帯び、時間の経過とともにかなり濃色になるものもあります。年輪はややはっきりする程度です。気乾比重は平均で〇・四六で、やや軽軟です。楽器、建築、建具、箱、家具、パルプ材等の高い耐朽性が必要でない用途に用いられます。

レッドウッド、オウシュウアカマツ、スコッチパイン［マツ科 *Pinus*《ピヌス》 *sylvestris*《シルベストリス》］(scotch pine, redwood)

ヨーロッパからシベリア地方にまで広く分布する常緑針葉樹です。心材は赤褐色で、辺材は淡黄白色で、アカマツより濃色です。材質は、ほとんどアカマツと同じです。平均気乾比重は〇・四五です。用途は建築構造用材等、アカマツと同様です。

レッドメランチ［フタバガキ科 *Shorea*《ショレア》 (*Section Rubroshorea*) spp.《スピーシーズ》］(red meranti)

東南アジアの熱帯多雨林に生育する大高木となる常緑広葉樹です。この類がラワンやメランチ類の典型的なもので、東南アジアでは最も重要な木材樹種のグループです。桃色がかった淡い褐色のライトレッドメランチと赤褐色あるいは濃赤褐色のダークレッドメランチに分類されることがあります。心材色が濃い方が比重も高いのが一般的です。気乾比重は〇・四〇～〇・八〇程度です。通直で大径の材が得られるので、合板用材として大量に用いられ、建築、建具、家具等に広範囲に用いられています。

アガチス［ナンヨウスギ科 *Agathis*《アガチス》 spp.］(agathis)

東南アジアに広く分布する常緑の針葉樹で、造林もされています。木材は均質で、年輪があまりはっきりしていません。辺材は淡灰褐色、心材は桃色を帯びた淡い褐色でくすんだ色調をしており、辺材との違いは不明瞭です。心材色は均一ではなくムラがあるのが普通です。耐久性は低いので、水湿のあるような所での用途にはむきません。気乾比重は〇・五二程度です。加工は容易です。用途は、ドアなどの建具としてよく知られています。そのほか、家具では机などの引出しの側板に用いられます。

ホワイトオーク［ブナ科　*Quercus*《クエルカス》 *alba*《アルバ》 その他　*Q.* spp.］(white oak)

オークはヨーロッパでは最も重要な広葉樹材の一つですが、日本に輸入されるのは米国大陸の東部を中心として分布しているものです。木材もその使われ方も日本のミズナラによく似ています。

レッドオーク［ブナ科　*Quercus*《クエルカス》 *rubra*《ルブラ》 その他　*Q.* spp.］(red oak)

日本に輸入されるレッドオークは、北米大陸の東部に分布しているものです。日本のクヌギやアベマキと近縁で、木材もよく似ています。心材は赤味の強い褐色です。平均気乾比重は〇・七〇で、やや重硬です。家具の材料とされています。

ゴムノキ、ラバーウッド［トウダイグサ科　*Hevea*《ヘヴェア》 *brasiliensis*《ブラジリエンシス》］(rubber-wood)

ブラジル原産の常緑広葉樹ですが、天然ゴムを採取するために、東南アジアなど熱帯に広く植栽されています。ゴム採取後の木材の利用技術が開発されました。材色はやや黄色味がかった白色です。気乾比重は〇・五六～〇・六四です。手頃に硬く、切削などの加工は容易です。産地で集成加工され、家具や造作材等の部品や製品に加工されたものが日本へ輸入されています。

（藤井智之）

丸太で何が分かる

建材として使うのに理想的な木材の性質とは、見た目に美しく、強くて割れない折れない、狂わず隙間

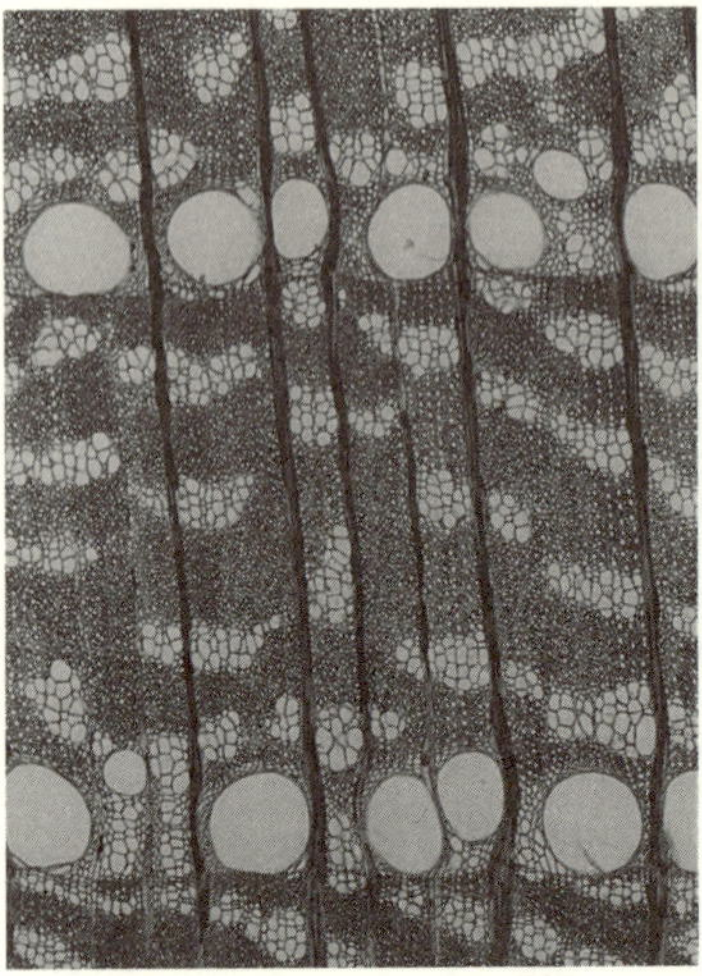

写真６・２　ケヤキ（広葉樹）

写真６・１　スギ（針葉樹）

ができない、腐らず長もちすることなどです。古くから、柱や梁などの構造材にはスギ、ヒノキ、アカマツなどの針葉樹、フローリング、装飾用内壁材、階段の手摺りや廻り縁などの造作材にはミズナラ、カバ、ケヤキ、タモ、クリなどの広葉樹が多く使われてきました。

また、樹種により材質が異なることはよく知られていますが、一本の丸太の中でも樹幹の位置や組織構造などによって木材の性質に差異があることはあまり知られていません。家つくりでは、丸太をどのように木取りし、どんな加工を施すか、先人達の知恵が生かされて、木材を有効に使ってきました。

まず、樹種の一般的な違いを針葉樹と広葉樹の顕微鏡写真（写真６・１、６・２）で比較してみます。

組織構造は、一般に針葉樹が単純で広葉樹では複雑です。丸太の横断面（木口）で見ると、針葉樹では大部分が仮道管という繊維状の細胞の規則的な配列から成り、広葉樹では道管や仮道管などが複雑に入り組んでいます。

また、幹の横断面で同心円のリング状に見える部分を年輪といい、その境界部分は針葉樹の方が広葉樹より明瞭です。針葉樹では春につくられる早材《そうざい》と夏から秋につくられる晩材《ばんざい》という部分とが明瞭に分かれるので、アカマツ、カラマツ、スギ、ツガなどの樹種では製材して製品になると、木目（年輪境界の線）がはっきりします。

次に、木材の強さのバロメータとなる比重の樹種による違いについて考えてみます。木材の強度は比重が大きいほど高くなります。木材を曲げて折れるまでの強さは、スギでは六五〇 kgf/cm^2、ケヤキでは一、〇〇〇 kgf/cm^2 くらいです。また、つぶれて壊れる圧縮強さはスギで、三五〇 kgf/cm^2、ケヤキでは六〇〇 kgf/cm^2 です。スギの比重はケヤキのそれの五五パーセントですが、曲げの強さは六五パーセント、圧縮の強さは七〇パーセントなのです。スギが軽い割に強いのは細胞構成、性質および配列が関係しているためです。

針葉樹を柱などの構造用材に使ってきたのは、軽い割には強くて真直ぐ（通直）で加工しやすいからです。重い広葉樹は強くて、硬いので、加工するにも組み立てるにも大変で、組み立てても自身の重さが負担になってしまうのです。断面が一〇センチメートル四方で、長さが一・八メートルのスギは約六・三キログラムですが、ケヤキでは一一・五キログラムにもなります。

キリの平均気乾比重は〇・二七、曲げ強さは三五〇 kgf/cm^2 で、スギよりかなり小さく、タンスなどの特別な用途に使われています。同じ広葉樹でも重さや性質が大きく異なるのは、主に細胞の種類によって

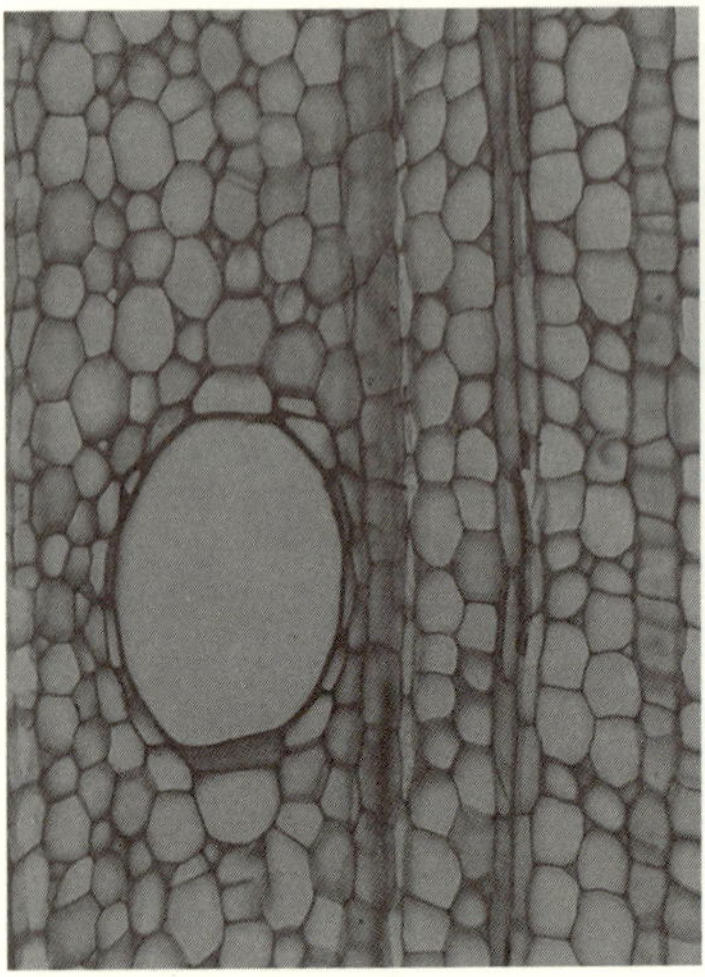

写真６・４　軽い木（バルサ）

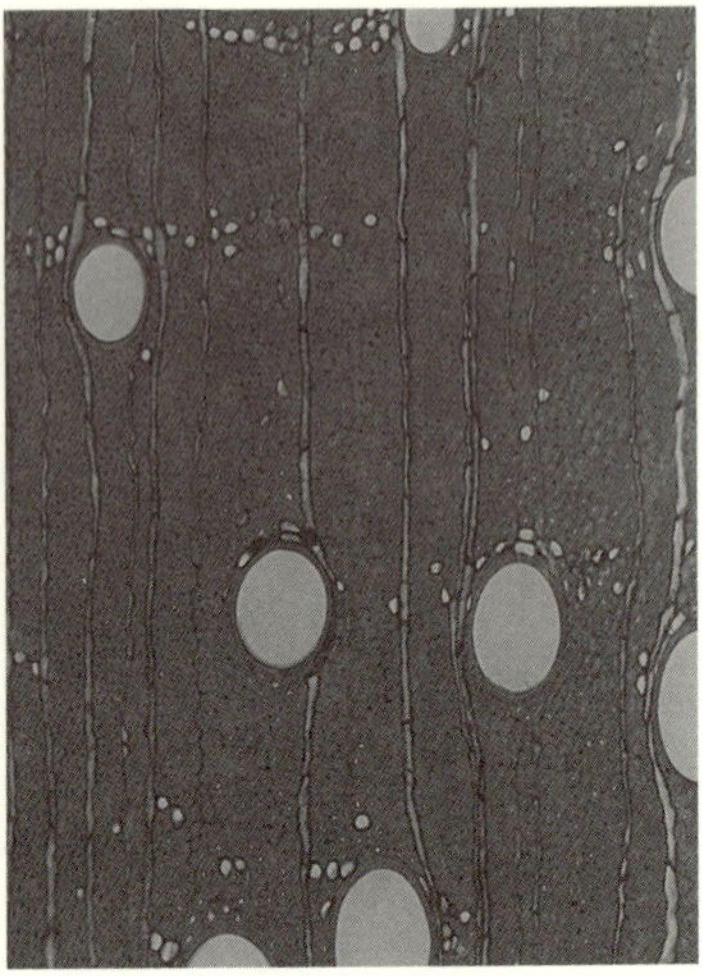

写真６・３　重い木（リグナムバイタ）

細胞壁の厚さが異なり、木材中の空隙の割合が異なるためです。世界で最も重い木といわれるリグナムバイタ（写真６・３）と軽い木といわれるバルサ（写真６・４）の写真を見れば、木材の空隙率（空間の大きさ）の違いがよく分かります。

針葉樹でも広葉樹でも、一本の樹木の部分によって性質は違います。その代表例が辺材と心材との差異です。丸太の横断面で見ると、中心側が円状に着色し、外側が白っぽくなっています。

色の付いた部分が心材で、その含水率は通常低く、全ての細胞は死んで抜け殻の壁だけが残っています。心材の細胞の壁には樹種固有の化学物質が含まれているので耐久性が高く、樹体を維持するための土台のような役割を果たしています。心材の化学物質は樹種によって違い、スギは淡い赤色（写真６・５では濃い色の部分）、ヒノキはピンクに近い色、カラマツは濃い赤色、イヌエンジュは黒に近い色です。耐朽性が高いヒバを家の土台部分に使うことが多いのは、この心材部分の化学成分が有効に効いているからです。

一方、外側の辺材では一部の細胞が生き残り、生理活動を営んでいます。根から葉へ水を運んでいるのもこの部分なので、含水率は通常高くなっています。材内に占める心材の割合は老大木ほど多くなっています。樹木が勢力範囲を維持するために大きくなり、その巨体の全てに養分を供給し続けるのは大変です。ところが、死んだ心材の細胞を土台替わりにして、辺材のごく表面側にある生きた細胞だけに養分を送って成長を続けていく、極めて合理的な成長システムになっているのです。

写真6・5　スギの赤色の心材

辺心材は、樹種に関わらず通常全ての樹種に認められますが、アカマツのように、心材を形成する時期がやや遅い樹種もあります。トドマツやエゾマツのように、淡色心材（写真6・6）といって、ほとんど辺材と色の変わらない樹種もあります。日本人は、欧米に比べて、明るい色の木材を好み、家具などでも白っぽい木を使うことが多く、フローリングの色もナラ類の中間的な明

写真6・6　トドマツの淡色心材

るさの色が日本では好まれるようです。

建材を使う時に木目の詰みぐあい（年輪幅）がよく問題にされます。年輪幅の大きさは、植林した造林木と自然に生えた天然木とでは違います。天然木は、幼齢時には周りの草や大きな木に光を遮ぎられて成長が進まないために年輪幅が狭く、徐々に大きくなって太陽の光をたくさん浴びて成長もよくなると、年輪幅も広くなります。そのため、樹幹の髄近くでは年輪幅が狭く、外側では広くなります（写真6・7）。

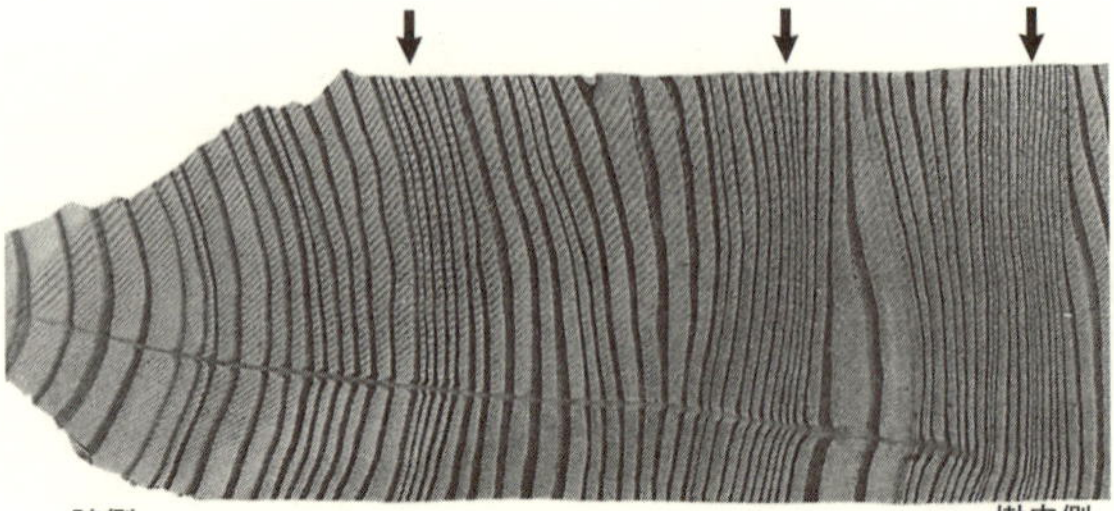

写真6・7　カラマツの年輪
（↓の部分では成長が悪く年輪の幅が狭くなっている。）

それに対して、針葉樹の造林木では、日当たりのよい所に植えられることが多いために、始めから旺盛な成長をするので、逆に髄近くの方が広い年輪幅のことが多く、その後は成長はそれより小さくなります。

しかし、天然と造林の樹のいずれにしても、ある樹齢以上ではほぼ安定した成長をするようになり、年輪幅も樹幹の外側の方でそろってきます。樹齢が数十年を超えると樹冠の量はさほど変わらず養分の供給はそれほど増えないので、樹幹の外側の年輪幅の変化は少なくなり、幅がそろってきます。樹幹の下側ほど樹径が大きいから、年輪幅は狭くなります。

針葉樹の造林木では、髄近くの材質とやや外側のそれとが異ります。髄近くで形成される細胞は、髄から一〇年輪位の間で長さが短くて、比重がやや小さかったり、大きかったり、外側とはやや異なる特殊な性質の木材ができます。それを未成熟材といいます。未成熟材は強度的性質がやや低下する場合があるので、造林木では成長し過ぎないように配慮されています。市場に出てくるような木材では特に問題はありません。なお、丸太の髄よりやや外側の心材の部分が、材質も安定し色もよく、木目がそろうので、大工さんはこの部分を好んで使います。

（平川泰彦）

育ちのよい樹は素直な木

樹木にとっては、自身が生きていく上で必要不可欠ですが、人間が利用するときに不都合な性質があります。節やあて材などが典型的なものですが、これらの欠点は保育方法を工夫するなど人為的に減らすことができます。

節は、枝が幹に包み込まれたもので、樹には必要不可欠なものですが、利用する上では時に重大な欠点となります。枯れた枝が幹に包み込まれたものが死節《しにぶし》で（写真6・8）、枝が生きているうちに包み込まれたものが生節《いきぶし》です（写真6・9）。枝打ちを丁寧に行えば不必要な節を減らすことができます。

死節は、幹の組織と連結していないので、乾燥してから抜け落ちます。この数が多いと折れやすくなります。生節は、幹と連結しているのでさほど問題にならないのですが、収縮して割れることがあります。

従来、無節材は高級材として珍重され、節は美観を損ねるので嫌われてきましたが、最近では、内装用の壁材に木目や節を生かしたものも用いられ、日本人の嗜好もやや変化してきているのかもしれません。

写真6・8　死節の縦断面

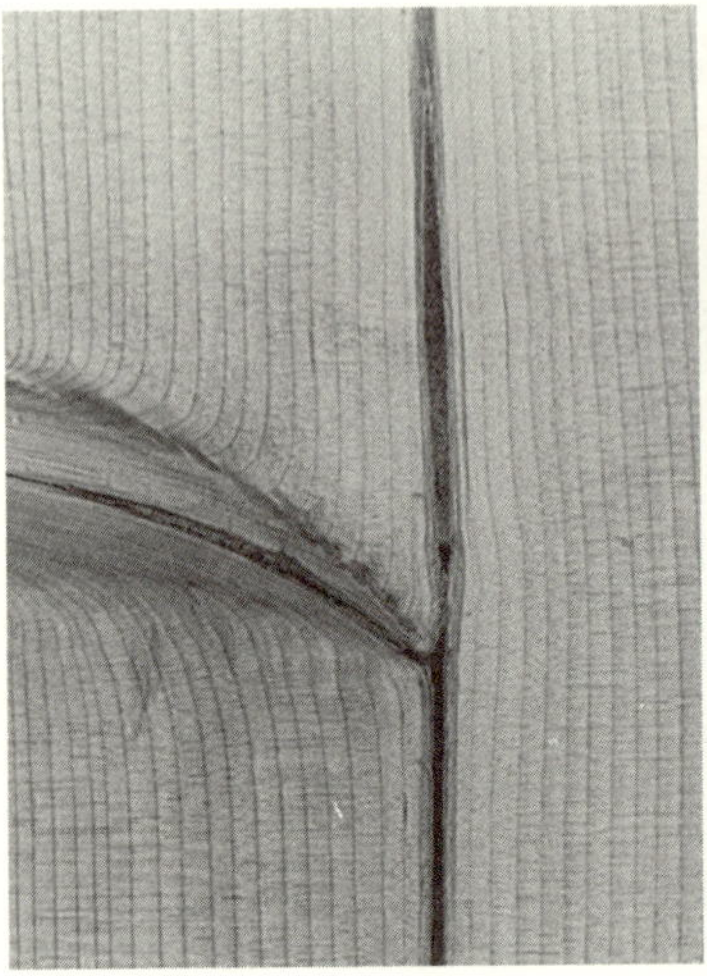

写真6・9　生節の縦断面

樹にはあて材と呼ばれる特殊な組織ができることがあります。あて材とは、樹が曲がったり傾いたりした時にそれを元に戻そうとしてつくる特殊な性質を持つ組織のことをいいます。針葉樹では傾いた幹の下側にでき、色が濃くて重い材が帯状に形成されます（写真6・10）。

一方、広葉樹では傾いた幹の上側にでき、白っぽい色で、水分の少ない材が帯状に形成されます。これらは、正常材とは性質がかなり違っていて（写真6・11、6・12）、強度的性質が劣ったり狂いが大きかったりするので、大工さんはあて材を避けて通直な材を使うようにしています。あて材は、通直であれば形成されないので、育て方に気をつければ減らすことが可能です。

前項で組織構造の写真をお見せしたように、丸太の中には木材の細長い細胞が樹軸の方向にほぼ平行に並び、その細胞壁の中にはセルロースという鉄筋のよう

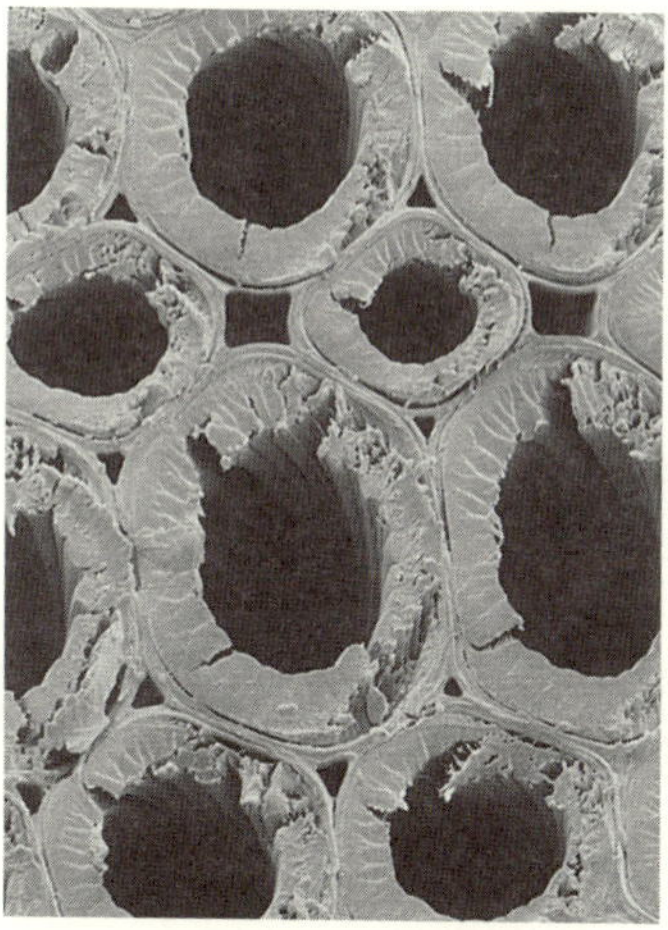

写真6・11　カラマツのあて材、アテのため丸味を帯びた細胞

写真6・10　スギのあて材、右側の濃色の部分

な微細繊維が細胞の長軸とほぼ平行に並んでいます。そのため、木材は樹軸方向すなわち細胞の長さ方向にとても強い力を発揮します。木材の縦方向の強度は極めて強く、コンクリートの引っ張り強度より強いのです。しかし、横方向には、それほどの力を発揮できません。このように、強さや性質が方向によって異なることを異方性があるといいます。

木材の収縮率や膨潤率にも異方性がはっきりと現れます。木材の縦方向の収縮率はほとんど無視できるほど小さいのですが、横方向の収縮率は、年輪に沿った方向が最も大きく、年輪と直角方向の約二倍あります。木材の含水率約三〇パーセント（繊維飽和点＝細胞の中を自由に動いている水を失った状態）以下になると、木材は収縮を始めます。収縮の割合が方向によって異なるので、反りや曲がりなどの狂いが生じることがあります。収縮率は比重と比例し、重たい木ほど大きくなります。軽い木の方が狂いやすいように思い

写真６・13　ユーカリに現れた旋回木理、右肩上りのらせんに巻いている

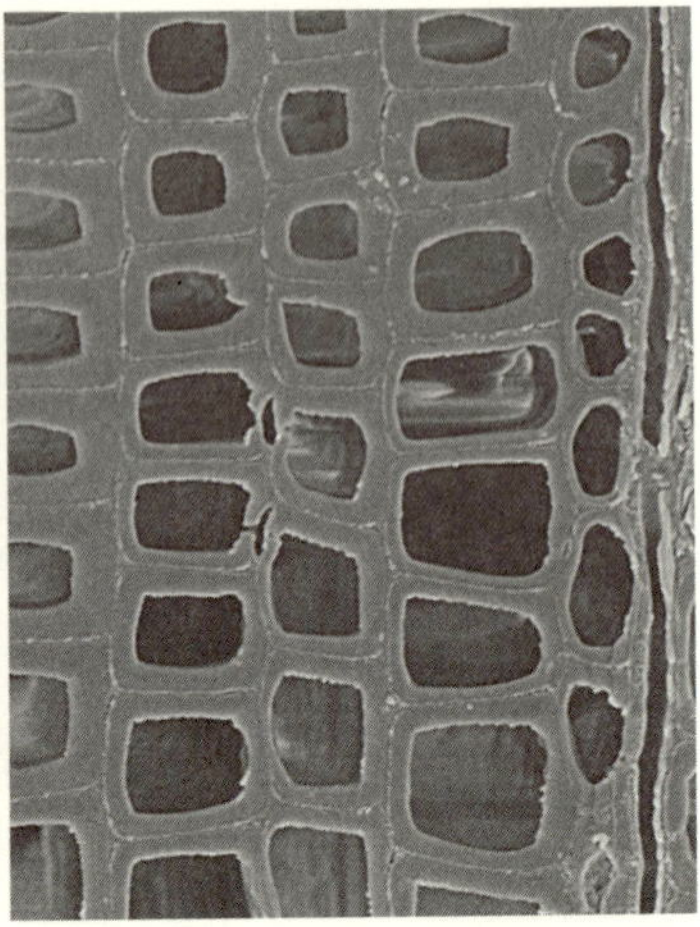

写真６・12　カラマツの正常材細胞

がちですが、実際はそうではありません。

木材の狂いには反り、曲がり、ねじれ、変形などがありますが、一般には収縮率の異方性による違い、あて材の存在、節の影響などが関係しています。ねじれには、収縮率だけでなく、木理という細胞の並び方が関係しています。樹の中には、樹形自体は通直でも、細胞の配列が傾いて左巻きや右巻きに旋回しているものがあります。このような旋回木理の木材を乾燥すると、ねじれが生じやすくなります。写真６・13は、ユーカリに現れた旋回木理の例です。カラマツの旋回木理は幼齢時にのみ生じます。

製材品の材質と歩留まりを考えると、樹形はなるべく通直で、幹の太さは上から下まで同じ太さの方が有利です。円筒形に近い形の木を完満であるといいます。通直で完満である方が、製材品にした時の細胞配列が製材品の稜線に平行になりやすいわけです。完満な幹も育て方を工夫することで調整することができます。

木材の化学的な成分についても少し触れておきます。樹にも野菜のように遺伝子組み替えや農薬による問題があるのか？　樹の成分には害のあるものがあるのか？　国産材を利用する限り、全く問題ありません。農薬類は木材中には含まれていませんし、危険な化学成分もほとんどありません。南洋材などのごく一部に製材時などに刺激臭のある物質を出すものがありますが、建材として使われていませんので安心していただいてよいでしょう。

木材は、基本的にセルロース、リグニンとヘミセルロースという三成分でできています。元素記号でいうと、炭素（C）、水素（H）、酸素（O）の集合体で構成されています。炭素を固定して二酸化炭素を減らすのですから、地球温暖化防止への貢献も大です。木材は環境に優しい再生産可能な貴重な天然の資源なのです。

木の家には、いろいろな木材が使われていますが、樹種、樹幹の位置、生育環境などの違いによってその性質に違いがあることはお分かりいただけたかと思います。幹の南向き部分は太いなどという言い伝えは、あまり科学的に根拠がありませんが、多くの経験に裏打ちされた伝承には科学的に裏付けされているものも多いのです。また、育て方次第で多くの欠点を減らすこともできるのです。

（平川泰彦）

豊かな暮らしを演出する木製品（2）台所用品・食卓用品

新しい家と新しい食卓テーブルが揃うとそれにふさわしい調理用具、料理用具、飲食器、食卓器具といった台所用品や食卓用品が欲しくなります。これらの製品は、今では安価なプラスティック製品などに取って代わっていますが、洋食類はいざ知らず、和食には高価であっても漆器類をはじめ木製品が似合いますし、伝統的な食文化は家庭内でも大事にしたいものです。

ジャパンといわれる漆器類は日本の各地で作られていますが、代表的なものを以下に紹介しておきます。

津軽塗り*（青森）、秀衡塗り*・浄法寺塗り*（岩手）、鳴子漆器*（宮城）、川連漆器*（秋田）、鶴岡竹塗り漆器（山形）、会津塗り*（福島）、江戸漆器（東京）、鎌倉彫*・小田原漆器*・横浜芝山漆器（神奈川）、村上木彫り堆朱《ついしゅ》*・新潟漆器（新潟）、木曽漆器*（長野）、駿河漆器（静岡）、飛騨春慶*（岐阜）、伊勢春慶塗（三重）、高岡漆器*・魚津漆器（富山）、輪島塗*・山中漆器*・金澤漆器*（石川）、越前漆器*・若狭塗り*（福井）、京漆器*（京都）、奈良漆器（奈良）、紀州漆器*（和歌山）、八雲塗り（島根）、大円塗り（山口）、香川漆器*（香川）、桜井漆器（愛媛）、古代塗り（高知）、球磨漆器*（沖縄）（*印の漆器は伝統工芸品に指定されています）

（金谷紀行）

産地	名称等	製品	使用樹種
宮城	埋もれ木細工	盆、ナイフ、銘々皿	埋もれ木
	仙台堆朱	銘々皿	ほお
秋田	樺細工	茶器、盆、箱物	桜皮、ほお、すぎ、ひのき
	大曲曲げわっぱ	盆、酒器、茶器、鉢類	すぎ、ひば、桜皮
	いたや細工	かご、花器	いたやかえで、やまうるし
福島	はんぞう、杓子	木鉢、杓子	とち（木鉢用）、ぶな
栃木	日光彫り	座卓、盆、花台	かつら、とち、ほお
千葉	雨城楊子	楊子	くろもじ
神奈川	箱根寄せ木細工	文庫、盆、小鉢、茶托	みずき、ほお、けやき等
長野	南木曽ろくろ細工	丸盆、茶びつ、鉢類	とち、けやき、かつら、せん
	曲げ物	弁当箱、盆、そば道具	ひのき、桜皮
	秋山木鉢	手彫り木鉢	とち
静岡	熱海楠細工	茶器	くす
愛知	奥三河木地	盆、茶托、なつめ、椀	けやき、とち、さくら、まつ
岐阜	一位一刀彫	茶道具、置物	いちい
	恵那木工品	曲輪、ろくろ製品、すし桶	さわら、ひのき
富山	庄川挽き物木地	茶盆、茶托、茶びつ、皿	けやき、とち、さくら、くり
京都	京指物	茶道具、椀、皿	きり、すぎ、くわ
広島	宮島細工	茶道具、丸盆、角盆	とち、けやき、くり、さくら
鹿児島	屋久杉工芸品	銘々皿、茶托、置物	屋久杉

第7章　樹が木に変わる

森の樹が町の木に変わる

家屋、家具、木炭など、木の使い道はさまざまです。そうした用途に応じて、木の仕立て方（育て方）には、古来さまざまな工夫がこらされてきました。使用目的に見合う木材を育てる林業を栽培林業といいます。日本の林業の歴史はせいぜい三〇〇年ほどで、江戸時代になってからのことだといわれています。木材の生産目的によって、植栽する樹種が違いますし、植え付けの仕方や本数も違い、その後の間引きの仕方も変わります。極端に人手をかける林業の例として京都の北山林業があります。数寄屋やお茶室に使う床柱《とこばしら》や垂木《たるき》などでは通直な丸太が必要です。そこで、幹の上部にわずかな枝葉だけを着けるように短期間（三〜四年）ごとに枝払い（枝打ち）を繰り返します。そうすることによって幹は真直ぐになり、年輪の幅もほぼ均等にすることができます。これほど人手をかける北山林業はかなり特殊なものですが、我が国では各地方に特徴的な林業地域が形成されてきました。ここでは一般的な柱材を生産するための木の育て方を紹介します。

森林を伐採した直後は、切り株があったり、幹から払われた枝葉が大量に林地に散在し、とても苗木を植えられる状態ではありません。そこで、鉈《なた》や下刈り機あるいはチェーンソーでこれらを小さく切り刻んだり、苗木を植え付けやすいように斜面の縦方向や横方向に筋状にまとめて置いてやります。これを地拵《じごしら》えといいます。

苗木の植栽は、標準的には一〇〇メートル四方(一ヘクタール)に三千本を植え付けます。これで木と木の間の距離が一・八メートル間隔になります。奈良県吉野地方では一万本くらい(一・〇メートル間隔)植栽します。植栽本数が多ければ、短期間で隣同士の木が触れあうまでに成長し、その結果、初期の直径成長を小さく抑えることができるので、年輪が詰まった木材を生産することができます。逆に植栽本数が少なければ、初期の成長を促進することになり、幹の年輪幅は広くなります。

木を植栽してからそのまま放っておくことはできません。雪の多い地方では雪の重みで幹が曲がったり倒れたりするため、これを棒で支える「雪起こし」が必要になります。また、日本のように温暖多雨な気候では、植栽した木以外の草木も旺盛に成長しますから、これらを刈ってやらなければなりません。植栽後五年くらいは「下刈り」をしてやり、植栽木の成長を助けてやるのです。また、蔓《つる》による被害もかなり

図7・1　昔の植林の仕方

深刻で、幹そのものが折れてしまうこともあり、放置しておくとせっかく造林した森林が全滅してしまうことすらあります。そのため「つる切り」は一〇年生前後までの人工造林地では不可欠の作業です。

その後、二五年生前後までは比較的順調に生育しますが、台風や雪の被害にあう木もあるので、これらは適宜、除去（除伐）してやらなければなりません。そうしないと害虫や病気が蔓延する危険性があるからです。そして、造林木が順調に成長していくと木同士の競争によって枯死する木がでますし、放っておくと森林全体の成長が衰えてしまいます。そこで、細い木や樹形の整っていない木を中心に抜き切り（間《かん》伐《ばつ》）してやり、残された木の成長を促します。

工事現場で使う足場丸太などの需要があった頃（昭和四〇年代頃）までは、こうした若い木（間伐木）にも商品価値があったのですが、最近ではこのような細く小さい木の使い道が減り、収入源にはなりにくくなっています。これまでの林業では五〇年生前後で森林を皆伐《かいばつ》して木材を収穫するのが標準的でした。しかし、材価の低迷や労賃の上昇、運送費の高騰などによる採算割れを防ぐため、高価格での販売が期待される大径材が収穫できるように伐採時期を遅らせる「長伐期」施業への指向が強まっています。

森で育成された樹木（立木《りゅうぼく》）は伐採され、丸太という形状でさまざまな手段により森林から消費地まで運ばれてきます。昔は天然林からスギやヒノキなどの針葉樹大径材、ブナやナラなどの広葉樹大径材が運ばれてきましたが、多くの天然林が伐採された今日では人工林からの針葉樹材が大半を占めています。特に戦後植林されたスギやヒノキの人工林では間伐が必要な時期にきていることから、最近では比較的小径木の材も伐採・搬出されています。

森林に生えている樹木を伐採して丸太にし、森林から消費地まで運び出す一連の作業を素材生産と呼んでいます。素材生産は樹木を伐採する伐木工程、樹木の枝葉を切り落とし柱材や板材などに適する長さに切り分ける造材工程、伐採地点から丸太を林内の一か所に集積する集材工程、集積された丸太を下流の消費地まで運搬する運材工程から構成されます。

機械化される以前は、斧や鋸で樹木を伐採して丸太にした後、木馬《きうま》（そり）や牛馬などの人畜力、丸太を円弧状に並べて滑路とした修羅《しゅら》などによって水場まで集め、筏に組むなどして水運を利用しながら下流の消費地まで流送していました。当時は機械力が乏しかったことから、極力自然の力を利用して木材を搬出してくる工夫がなされていました。

我が国での素材生産の機械化は、明治末期に森林鉄道が開設されるなど運材工程の分野から始まりました。大正初期には蒸気を動力とした集材機（伐採した材を林内から引き出し、空中に張り渡したワイヤロープ上に吊り上げて林道端などへ集積する一種のウィンチ）が導入され、集材工程の分野でも機械の導入が図られました。本格的な機械化は第二次世界大戦後であり、特に一九五四年の洞爺丸台風による風倒木処理が機械化を促すきっかけとなって、伐木工程や造材工程にチェーンソー、集材工程にトラクタが積極的に導入されました。一九六〇年代には道路網やトラックの発達などにより運材工程は森林鉄道から林道を中心としたシステムへと転換し、素材生産での機械化作業は、チェーンソーによる伐木造材、トラクタや集材機による集材、トラックによる運材のスタイルとなりました。

伐木や造材工程ではチェーンソーによる方法が現在では一般的ですが、山に生えている樹木は針葉樹のように樹幹が通直で樹形が整っているものもあれば、広葉樹のように樹幹が変形し枝のつき方や張り方が不規則なものもあります。したがって、伐採する立木の樹幹の傾きや曲がりの程度、枝のつき方、張り具合などにより重心の偏りや重心方向を見極め、適切な状況判断に基づいた伐採方法を行うことが安全で確実な作業のポイントとなります。

図７・２　素材生産に使用する最近の林業機械

最近では車両系掘削建設機械（バックホーなど）のバケット部分を外し、その先端に伐倒装置を取り付けたフェラーバンチャ（伐倒集材作業機）、伐倒・枝払い・玉切り（長材を一定の短材にすること）装置を取り付けたハーベスタ（伐倒造材機）、枝払い・玉切り装置を取り付けたプロセッサ（造材機）が伐採や造材に使われています。

フェラーバンチャは立木の伐倒および伐倒木の集積、ハーベスタは立木の伐倒、枝払い、玉切りおよび材の集積を行います。ハーベスタを使う場合には集材工程においてフォワーダが使われます。プロセッサは林道端において全幹（枝を払った幹だけの木）または全木（枝を払っていない木）の状態で林道端へ引き出された材の枝払いや玉切り、集積を行います。これらの機械は能率向上のみならず作業者の安全や労働負担軽減に効果があります。

樹木が生えている森林はたいてい傾斜地であり、傾斜も緩やかな所から険しい所まであります。集材工程において、傾斜が緩やかな所（平均傾斜〇～二〇度）では集材の手段としてスキッダやフォワーダなどの車両が使われます。スキッダは木材を全幹または全木の状態で牽引します。フォワーダは切りそろえた木材を積載して走行します。車両を使用する場合には車両の走行により林地を荒らさない配慮が必要です。車両走行のための集材路（バックホーなどでつくる簡単な道）を開設し、路上を走行することは機動性や森林環境保全の面から重要です。傾斜が二〇度を超えるような所では車両による走行は危険ですし、集材路の開設も困難となります。このような傾斜が険しい所では集材の手段として架線集材が行われます。架線集材は空中に張り渡したワイヤロープを利用して木材を運び出す方法で、この場合には集材機が使われます。最近ではタワーヤーダ（移動式タワー付き集材機）も使われています。タワーヤーダは自力で走行できる機能を持っているために機動性が高い機械です。架線集材は木材を空中に吊り上げて輸送することから林地を荒らさないという長所を持っています。

運材工程では林内に集積された丸太はグラップルクレーン搭載のトラックにより荷台に積み込まれ森林から消費地まで輸送されます。

（千葉幸弘・今富裕樹）

丸いものを四角にする

建築用材として用いる場合には、製材品の表面に節などの欠点が現れるのをできる限り避けて木理や色合いの美しさを活かす使い方と材料としての強度特性を活かす使い方とがあります。製材品では「役物」と呼ばれる美観重視の化粧的品質評価がしばしば行われます。このような評価は、我が国独特の「木の文化」の歴史の中で培われたもので、天然の素材である木材の形質を極力活かし、人間感覚に調和する微妙な味わいを有する製材品をつくってきた証です。製材木取《きど》りの神髄はまさにここにあるのです。

製材木取りは、簡単にいえば「丸いものを四角にする」技術ですが、木材の特徴を活かした製材品をつくるためには、複雑かつ繊細な技術から単純な技術まで、千差万別の技術が必要になります。木取りは、丸太の種類や形質、製材品の種類や寸法などによって異なります。化粧的品質が重視される製材品の木取りでは、丸太の形質を十分吟味し、鋸挽きの位置を決定します。この位置を誤ると挽き材面に節などの欠点が現れ、製品価値の著しい低下を招くので、優良丸太の木取りでは、高級魚から刺身をつくる板前のような熟練と経験に支えられた職人芸的技術が求められます。

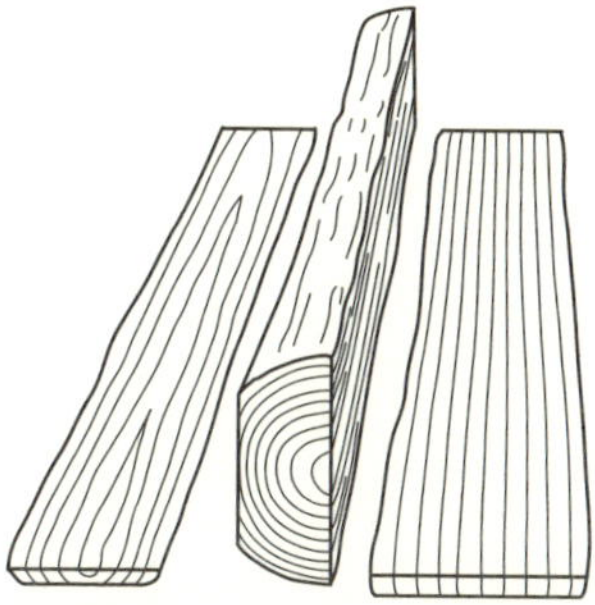

図7・3　挽き材面の外観

◉板目《いため》木取りと柾目《まさめ》木取り

丸太の樹心を通らない部位に鋸を入れると、年輪のはっきりしている材では挽き材面に山状の木理が現れます。これが板目木取りで、製材木取りではこの木取りが一般的です。また、樹心あるいは樹心近くを通る部位に鋸を入れると、挽き材面の木理は多数の平行な線として現れます。これが柾目木取りで、銘木級の高級材から化粧的価値を最優先する天井板などの製材品を取る場合の木取り方法です（図7・3）。なお板目木取りと柾目木取りとの中間的な木取りもあり、これを追柾《おいまさ》木取りと呼びます。

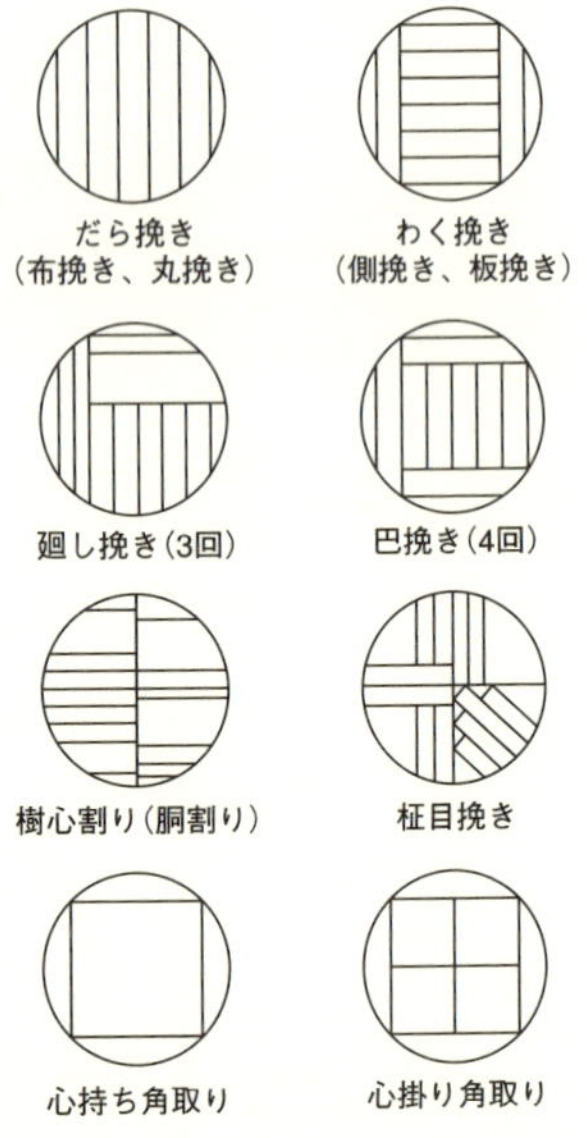

図7・4　製材木取りの基本型

◉基本的な木取りパターン

基本的な木取りのパターンには、だら挽き（布挽き、丸挽き）、わく挽き（側挽き、板挽き）、廻し挽き、巴挽き、樹心割り（胴割り）、柾目挽き、角取りなどがあります（図7・4）。製材では欠点を避けて木取りをしますが、回避できないときには欠点の出現ができる限り軽微になるように木取ります。樹心に近い部分は材質が劣るので、建築用材として不適であれば、この部分を避けて木取ります。実際の製材木取りは、図7・4に示した基本的木取りパターンの組み合わせによって行われます（図7・5）。

末口径が六～一三センチメートルの直材や一方曲がりの丸太からは心持ちの母屋《もや》、根太、たる木などを一丁取りし、背板からは下地板、野地板、貫などを取り、残りをチップにします。曲がりが大きい材は、二メートルに切ってだら挽きし、小幅板を取ります。建築用材に向かない形質の材からは土木用材や梱包用材などを取ります。

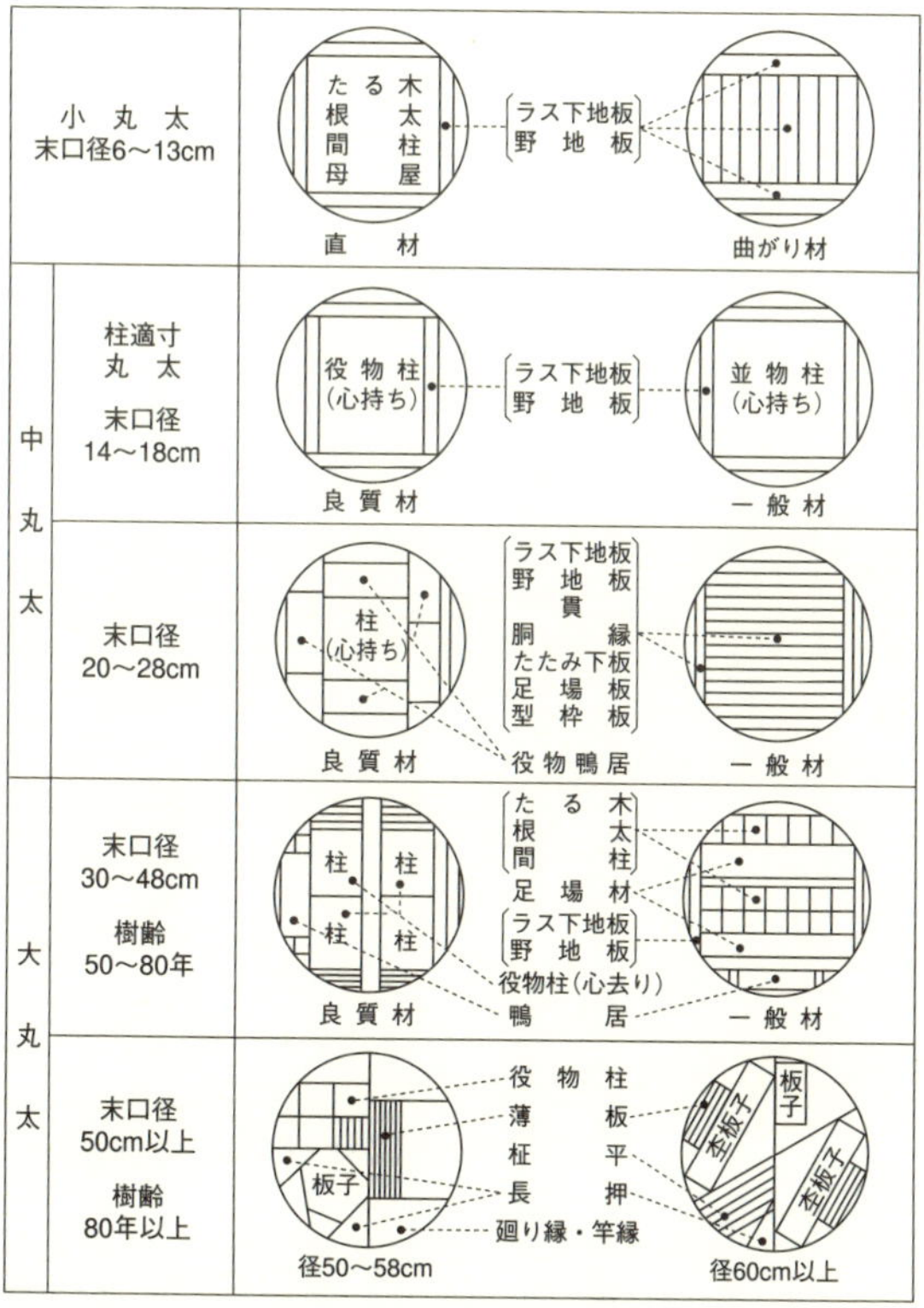

図7・5　スギの形質別木取り図（木工機械、No.110、1982）

末口径が一四～一八センチメートルの柱適寸材からは最も歩止りよく一〇・五センチメートルや一二・〇センチメートルの心持ち柱角が一丁取りできます。良質材からは化粧的特性に優れた役物柱を取り、一般材からはスギでは見え隠れに使う柱、ヒノキでは土台を取ります。

末口径が二〇～二八センチメートルの材は、一〇・五センチメートルや一二・〇センチメートルの柱角を一丁取りするには径が大きすぎて不向きで、心

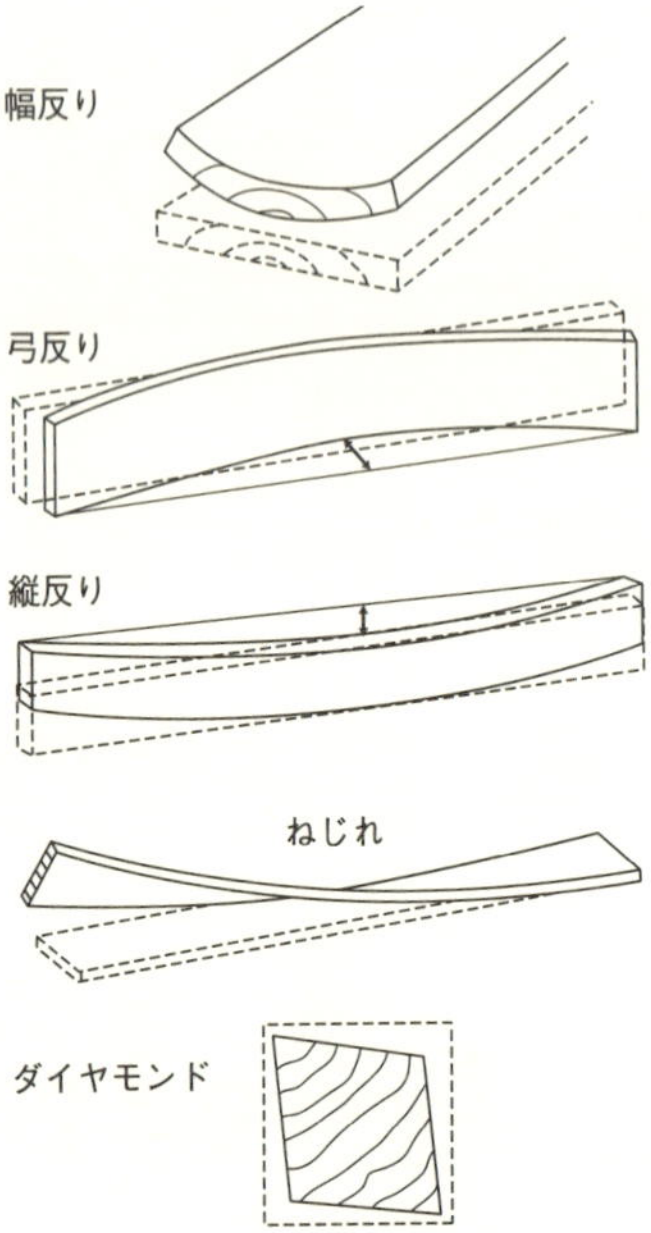

図7・6　製材品の狂い
（木材活用事典、産業調査会、1994）

持ち角を取っても樹心の目荒な未成熟部が多く含まれ、強度的にも化粧的にも劣る製品になります。良質材では、周辺部から敷居（ヒノキ）、鴨居（スギ）、廻り縁、長押、竿縁などの化粧性を重視する造作材《ぞうさくざい》を取り、樹心部からは見え隠れ部分に使う柱（スギ、ヒノキ）、土台（ヒノキ）などを取ります。形質が劣る材では、母屋、土台（ヒノキ）などを主体とし、小割材や貫、板などの羽柄材（または葉柄材、端柄材）を取ります。

末口径が三〇センチメートル以上の材（一般に尺上材《しゃくかみざい》という）は樹齢が五〇年以上のものが多く、径が三〇～五〇センチメートルくらいの良質材では、周辺部から役物造作材、家具部材、建具部材などを、中央部から樹心部に至る部分で役物柱を数本取ります。化粧的価値の高い建築材を取り難い一般材では全体的に羽柄材や足場板などを取りますが、部分的に良質な材面もあるので、できる限り役物造作材などを取るようにします。樹齢が八〇年以上の銘木級のスギ材からは、みかん割の本柾挽きで長押《なげし》を、柾目挽きで高級造作材や天井薄板を取ります。また、集成材や天井板などの表面化粧単板用のフリッチ（板子）、さらに建具材などに使用する柾平《まさひら》などを木取ります。

製材品の狂いには、幅反り、弓反り、縦反り、ねじれ、ダイヤモンドなどがあります（図7・6）。良質材から柱角などを木取る場合、挽き材後の狂いを見込んであらかじめ歩増しをして挽いておき、狂いに伴う変形が安定した状態で挽き直し、所定の寸法に仕上げます。これを修正挽きまたは挽き直しといいます。

（藤原勝敏）

木を乾かすと縮む

◉木材の乾燥方法

木材の乾燥方法には天然乾燥（自然乾燥）と機械を用いる人工乾燥とがあります。天然乾燥は屋外に桟《さん》積《づ》みして自然状態で放置する方法で、古くから行われてきた方法ですが、建築工期の短くなった現代の建築構法には合いにくいものです。人工乾燥には機械や熱源の違いによっていろいろな方法があり、その中で最も多いのが温度、湿度を調節した乾燥機内で熱風を循環させて乾燥するいわゆる熱風乾燥法です。熱風乾燥は温度域によって特徴があり、乾燥温度が高いほど乾燥速度が速く、針葉樹の心持ち材では割れ防止効果が期待できることもあって、最近では一〇〇度前後の高温乾燥が多くなりつつあります。しかし、一方で材色のきれいなことや材質劣化防止を求める要望もあり、高級材に対しては依然として天然乾燥や除湿乾燥が多く使われています。この場合は背割りによって割れ防止を図るのが一般的です。

近年、建築用材の乾燥に対しては十分に乾燥した品質レベルの高いものが要求されるようになり、乾燥

表7・1　スギ心持ち柱材のための各種乾燥法の比較

乾燥方式	温　度（℃）	特徴・問題点	乾燥日数（日）	乾燥コスト（円/m³）
天然乾燥	常　温	広い土地と資金が必要、割れ防止は困難	150	不　定
除湿乾燥(低温)	30〜50	扱いが簡便、長い時間がかかる	28	16,000
蒸気式乾燥(中温)	70〜80	標準的方法、各種燃料が利用できる、さらに時間短縮が必要	14	9,400
蒸気式乾燥(高温)	100〜120	乾燥が早い、設備の耐久性に不安がある、内部割れや材色変化が生じやすい	5	7,200
燻煙乾燥	60〜90	残廃材が利用できる、燃料費が安い、品質管理が難しい、設置場所が限定される	14	5,600
高周波・熱風複合乾燥	80〜90	乾燥が早い、含水率が均一に仕上がる、一定規模以上でないと設備費が割高	3	9,100
(組み合わせ乾燥法)				
蒸煮・減圧前処理 自然乾燥 蒸気式仕上げ乾燥	120 10〜30 70〜80	設備の回転が速い、割れ防止効果がある、屋外放置の時間が長い、材のストックが多く必要	0.5 30 4	7,000
自然乾燥 高周波加熱・減圧乾燥 自然乾燥	10〜30 50〜60 10〜30	人工乾燥処理が1日ですむ、材色がきれい、操作が自動化できる、乾燥処理量が多くないと採算性が悪い、材のストックが多く必要	10 1 10	10,000

対象材：スギ心持ち柱、仕上げ寸法10.5 cm角、背割りなし。仕上げ含水率：20%以下。乾燥日数：概略値。乾燥コスト：直接経費のみ（乾燥材生産にはこの1.5〜2.0倍が必要）

日数も乾燥コストも従来に比べ格段に多くかかるようになっています。このため、乾燥コストの低減と乾燥材の高品質化が目標とされ、さまざまな乾燥法が採用されるようになっています。樹種や材種によって適する乾燥法は異なりますが、表7・1は一般のスギ心持ち柱材のための乾燥方法について特徴を示したものです。

◉木材中の水分と収縮

木材中の水分は、細胞壁内の微細毛管内に吸着される結合水と、細胞内腔などの空隙に吸収される自由水とに分けられます。このうち、木材の膨潤収縮に関係するのは結合水のみで、自由水が増減しても木材の寸法に変化は生じません。木材の乾燥はまず初めに自由水が蒸発し、続いて結合水の減少が始まります。このため、含水率が約三〇パーセントに達するまでは収縮は生じません。木材中の水分が結合水のみで飽和している状態を繊維飽和点と呼んでおり、この時の含水率はおよそ三〇パーセント付近であり、それ以後収縮が始まります。

木材をさらに長く大気中に放置すると、含水率は次第に減少し、やがて周りの空気の温湿度に見合った一定の値（平衡含水率）に達します。日本の屋外における平衡含水率は平均値が約一五パーセントとされ、冷暖房のある室内ではこれよりも多少低いといわれています。含水率低下に伴う木材の収縮は、繊維飽和点以下では収縮量がほぼ含水率変化に比例し、その値が樹種ごとに調べられています（表7・2）。含水率一五パーセントまでの値は気乾収縮率、全乾時（含水率〇パーセント）の値は全収縮率と呼ばれています。また、平均収縮率は含水率変化一パーセントあたりの収縮率を示しています。木材の収縮率と比重とは密接な関係があり、一般に両者は比例関係にあります。

◉収縮異方性

木材の収縮率は樹種が同じであっても方向によって異なり、年輪に対して接線方向（T方向）が最も大きく、続いて半径方向（R方向）、材の長さ方向すなわち繊維方向（L方向）の順です。半径方向は接線方向の約二分の一、長さ方向は接線方向の約一〇分の~二〇分の一です。このように木材は大きな収縮異方性を持っており、このため乾燥によってさまざまな変形が生じます。例えば、板目材では幅反りが生じ、心持ち材では割れが発生します。

表7・2　各樹種の収縮率と比重

樹種	比重		収縮率β（%）						
			含水率15%までβ15		全乾までβ		含水率1%当りβ		
	r_0	r_{15}	T	R	T	R	T	R	L
クロマツ	0.55	0.58	4.2	1.7	8.0	3.6	0.27	0.13	0.01
アカマツ	0.52	0.55	4.4	1.9	8.9	4.1	0.31	0.15	0.01
スギ	0.34	0.36	3.5	1.1	7.2	2.4	0.26	0.09	0.01
ヒノキ	0.37	0.41	3.5	1.5	6.4	3.1	0.21	0.11	0.01
モミ	0.40	0.44	2.6	1.3	6.1	3.0	0.24	0.12	0.01
エゾマツ	0.40	0.43	4.2	1.6	9.5	4.1	0.29	0.15	0.01
トドマツ	0.39	0.41	4.1	1.0	9.5	2.8	0.38	0.12	0.01
カラマツ	0.50	0.53	4.1	1.7	8.6	3.9	0.31	0.14	0.01
ヒバ	0.42	0.45	-	-	-	-	0.27	0.19	-
ベイスギ	0.31	0.38	-	-	5.0	2.4	0.16	0.08	-
ベイツガ	0.38	0.47	-	-	7.9	4.3	0.23	0.13	-
ベイトウヒ	-	0.45	-	-	7.5	4.3	0.19	0.12	-
ベイマツ	0.45	0.55	-	-	7.8	5.0	0.27	0.16	-
アガチス	0.43	0.46	4.2	1.8	8.6	4.1	0.30	0.16	0.01

T：接線方向、R：半径方向、L：長さ方向、r_0：全乾時、r_{15}：含水率15%時

◉温湿度の違いと収縮

木材の収縮は乾燥方法や乾燥条件によっても大きく異なります。低い温度で、しかも乾燥応力が発生しないようにゆっくり乾燥すると、木材が持っている本来の収縮に近くなりますが、温度を高くしたり、内外の含水率差が大きくなる方法で乾燥すると、収縮率は大きくなったり、小さくなったりします。この原因は、細胞に落ち込みが生じたり、先に述べた乾燥応力の作用によって収縮率が変化することによるものです。心持ちの柱材は一般の方法では背割り無しで割れずに乾燥することは困難です。しかし、高温の熱処理を行ったり、乾燥条件をうまく制御することによって割れずに乾燥できる可能性は十分あり、最近はかなり効果的な処理方法が明らかになっています。

◉建築に使われる木材の収縮

日本の建築に用いられる木材は、かつては天然

乾燥でゆっくり含水率を下げていき、建築着工後もしばらく養生してから内装に取りかかるなど、自然の成り行きに任せる方法でした。しかし、最近は建築構法や住宅デザインが大きく変化し、しかも建築工期も短くなり、そうなると人工的乾燥材でないと使いにくく、乾燥の不十分な材を用いるとさまざまなトラブルが発生します。これらはほとんどが木材の収縮に起因するものです。

建築上のトラブルを防ぐには、木材含水率をその部材が使われる場所の平衡含水率近くまで、あらかじめ人工乾燥によって下げておけばよいのです。理想的には含水率は約一二パーセントくらいですが、含水率を低くするにはそれだけ経費やエネルギーを多く必要とするため、必要最低限とすべきです。建築着工時の木材の含水率を仮に一八パーセントとし、その後長い間に含水率が一二パーセントまで低下していくとすると、一般の柱材で含水率一パーセントあたり約〇・一五パーセント収縮するので、一二センチメートルの柱で寸法は約一ミリメートル縮むことになります。もしもこれが利用上問題になるならば、使用する部材の含水率はさらに低くしておく必要があります。

（久田卓興）

生かすも殺すも道具次第

木造住宅を建てる場合、大工職人は材木屋から購入した木材をそのまま使うのではなく、木材に「切る」、「削る」、「穴をあける」などといった加工をして部材にしてから組み立てていきます。これらの加工にはいろいろな道具が適材適所で使われています。近年、電動工具が普及し、大工職人は手道具をあま

表7・3　大工道具の標準編成（分類とその数）

区分	墨掛道具並びに定規類	ノコギリ	カンナ	ノミ	キリ	ゲンノウツチ	釘抜釘締	毛引	マサカリ・チョウナ	雑道具	合計
第一形式	14	12	40	49	26	6	9	3	2	18	179
第二形式	10	4	9	14	10	4	5	2	2	13	73

(労働科学研究所編『わが国大工の工作技術に関する研究』、昭和24年)
出典：村松貞次郎著「大工道具の歴史」(岩波書店)

り使わなくなりましたが、以前は七〇以上の数の大工道具を使用していました（表7・3）。

◉切る――鋸

木材を切るには、鋸（のこ、のこぎり）が使われます。鋸は、大きく分けて、木材の繊維に沿って切るための縦挽き用と繊維に垂直に切るための横挽き用とがあります。両者の違いは鋸歯《のこば》の形状にあり、縦挽き用は繊維と繊維の間を掘りやすい形（主に鋸歯の前面で繊維を切ります）、横挽き用は繊維を切断しやすい形（主に鋸歯の側面で繊維を切ります）となっています。

大工職人の使う手鋸（手で挽く鋸）には、縦挽き鋸、横挽き鋸、縦挽きと横挽きの歯を両面に付けた両刃鋸、精密な横挽きに使う胴付き鋸（胴突き鋸）、斜め挽きや荒挽きに使う穴挽き鋸（ばら目鋸）、曲線挽きに使う廻し挽き鋸（挽き廻し鋸）などがあります。日本の手鋸は鋸を手前に引くときに切れるようになっていますが、外国の鋸はその逆で先へ押すときに切れるようになっています。

電動丸鋸は、円周に歯を刻んだ円盤状の丸鋸を回転させて挽く機械で、丸鋸の歯先には超硬合金のチップをつけて切れ味がよくなるようにしてあります。また、曲線挽きには、鋸が上下に動く電動ジグソーが使われます。

◉削る——鉋《かんな》・釿《ちょうな》・斧《おの》

木材の表面仕上げ削りに、鉋が使われます。大工職人の使う鉋は、木製の鉋台に鉋身（鉋刃）を仕込んだもので、台鉋《だいがんな》といいます。平らな平面に仕上げるのには平鉋《ひらがんな》が使われ、表面の仕上げ段階により、荒仕《あらし》工鉋《こがんな》、中仕《なかし》工鉋《こがんな》、仕上げ鉋を使い分けます。平鉋の使用にあたっては、鉋身の研磨や鉋台の調整が重要となります。そこで、平鉋で木材を削ったとき出る鉋屑が薄く長いほど、大工職人の腕がよいとされています。鴨居や敷居などの溝を削るのに使われるのが溝鉋（しゃくり鉋）で、櫛型溝鉋、蟻溝鉋、相じゃくり鉋などがあります。面取り鉋（面鉋）は、木材の角の面取りに使われます。

電動工具には、比較的幅広の刃が回転して木材の表面を切削する電動鉋、回転するカッターで溝突きなどを行う電動溝突き、高速回転するビットにより面取りや溝突きを行うルータがあります。

柱や梁などの荒削り、丸太からの角材の削り出しなどには、釿が使われてきましたが、現在ではほとんど使われていません。木材の打ち削りや打ち割りには、斧が使われることがあります。斧には、刃部の刃先が狭い斧（与岐《よき》）と刃先の広い鉞《まさかり》があります。

◉穴をあける——錐《きり》・鑿《のみ》

木材に穴をあけるのには、錐が使われます。錐は、鋭利な刃を回転させて穴をあける道具で、柄の上部を両掌で押さえてもみながら下方へ力をいれて穴をあけるもみ錐、下方に力を入れながらU字に曲がった柄を回して穴をあける繰り子錐（ハンドル錐）などあります。もみ錐は、刃先の形状により、三つ目錐、四

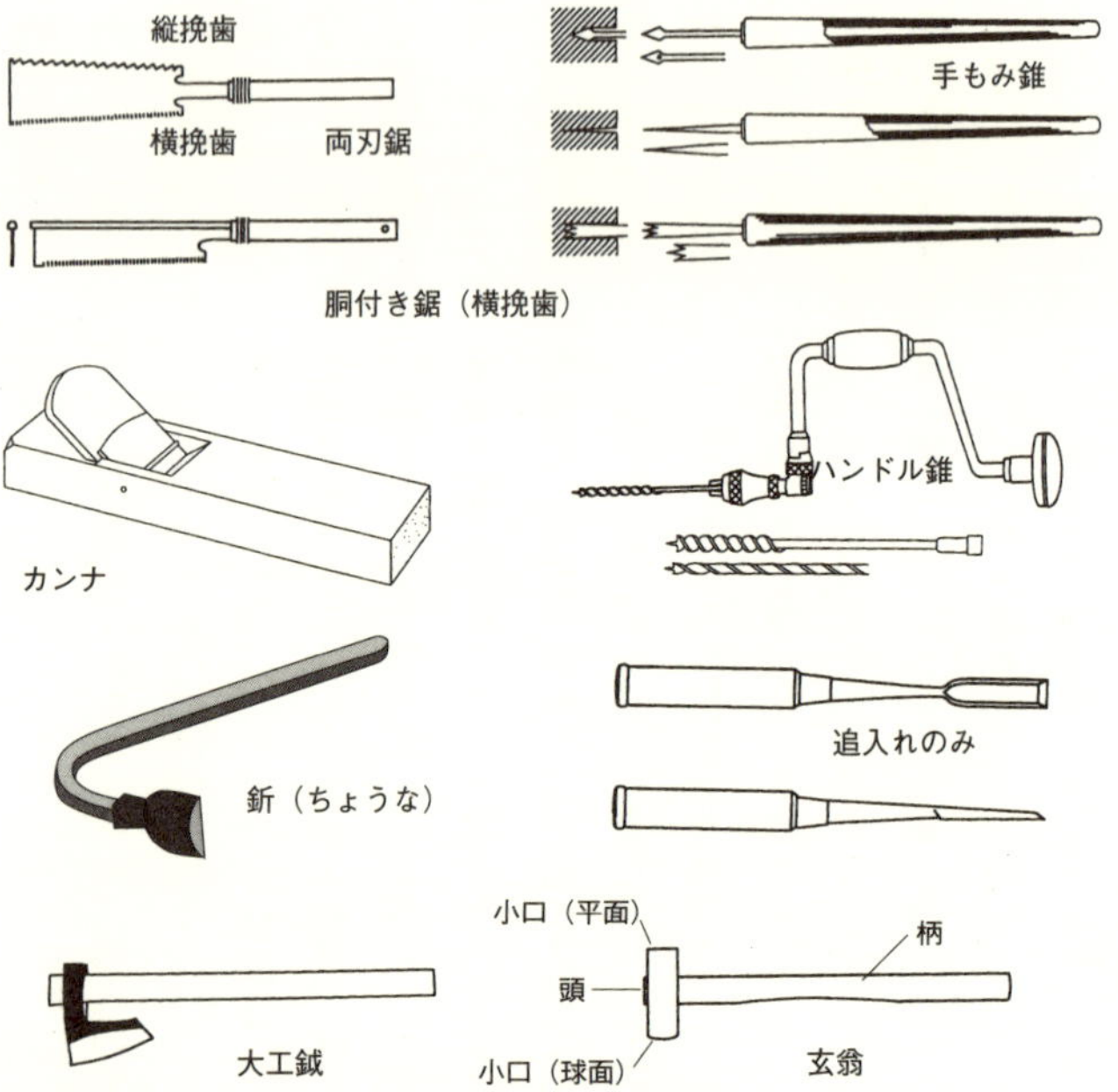

図7・7　大工道具の種類

ツ目錐、壺錐、鼠刃錐《ねずみはきり》などがあります。電動工具の錐としては、電動ドリルがあります。

ほぞ穴を掘ったり、木材を削ったりするのには、鑿が使われます。大工職人は、何種類もの刃幅の鑿をそろえ、それぞれに適した加工を行います。鑿は、大きく、槌《つち》で叩いて使用する叩き鑿と手に持って突く突鑿《つきのみ》の二種類に分けられます。叩き鑿には、浅い穴あけ、深い穴の側面仕上げ、段欠きなどに使われる追入れ鑿（尾入れ鑿）、深い穴あけ、狭い溝掘りに使われる向待ち鑿（ほぞ鑿）、丸い溝掘りや凹曲面に削ったりするのに使われる丸鑿などがあります。突鑿には、狭いほぞ穴の側面仕上げ、ほぞの側面仕上げなどに使われる薄鑿（格子鑿）、薄鑿の使用が困難な入隅のところなどに使われる鎬鑿《しのぎのみ》、深い溝や長い溝の底、突止まりの底を仕上げるのに使う鏝《こて》に似た形をした鏝鑿《こてのみ》などがあります。

電動工具としては、角のみの中のドリルを回転させて四角い穴をあけるのに使われる角のみ盤があります。

◉叩く——槌

槌は、鑿や釘などを叩く道具です。槌は、柄《え》と槌頭《つちがしら》からなり、槌頭の材質により、金槌と木鎚とに分かれます。金槌のうち、主として鑿を叩くのに使われるのが玄翁《げんのう》（玄能）、それ以外のものを金槌と呼んでいます。槌頭が大きいものを玄能、小さいものを金槌と呼ぶこともあります。木槌は、槌頭が木材でできているもので、鉋刃の出し入れや鑿の打込などに使われます。木鎚の特大大型のものを掛け矢と呼び、建築部材の組み立てなどに使います。

電動の槌はありませんが、電動の釘打ち機が使われています。

◉測り・書く——墨掛道具《すみかけどうぐ》

大工職人が木造住宅を建てるには、種々の計測をしたり、加工のための線を引いたりといった作業も必要となります。これらの作業には、指矩、墨刺、墨壺などが使われますが、これらの道具を総称して墨掛《すみかけ》道具といっています。

矩は、材の寸法や直角を測ったり、勾配を求めたりするのに使われる帯状の板を直角にした定規で、一般に、指矩、曲矩《まがりがね》、曲尺《まがりじゃく》とも呼ばれています。長い辺と短い辺の長さは二対一になっており、前者を長枝

（長手）、後者を短枝（妻手）といいます。墨刺は、竹製のペンのようなもので、直線を引いたり、記号を書いたりするのに使います。墨壺は、墨を浸した糸の両端を固定し、糸を摘んで弾くことにより、直線や曲線を引くもので、基準線を引いたりするのに使われます。墨糸、墨汁を浸した真綿の入った壺、墨糸を巻き取る車、墨糸を固定する軽子などからできています。

◉自動大工道具？——プレカット加工機械

近年の熟練大工職人の不足への対応、大工仕事の省力化と建設工期短縮を目的として、継手や仕口などを加工するプレカット加工機械が開発されました。プレカット加工機械で加工された木材（プレカット部材といいます）は、建設現場に運搬されてすぐに組み立てることができます。

プレカット加工機械には、いろいろな種類があり、クロスカット、平ほぞとり、継手・仕口加工、穴あけ、欠きなどの加工が行われます。プレカット機械で木材を加工する工場をプレカット工場といい、最も自動化の進んだプレカット工場は、コンピュータを使ってつくった設計データを基にコンピュータ制御によりプレカット加工を行っています（ＣＡＤ／ＣＡＭシステム）。

（村田光司）

第8章　木の兄弟、親戚

骨組は木材でしっかりと

日本の昔の家は木と土と石、その他に藁や瓦を使って建てられ、木としては、丸太、角材、板材が多く用いられました。でもどんな木でもいいわけではありません。木造住宅の土台、床、柱、梁、小屋組などの構造材には、その部材寸法や品質性能に応じて、それに適した樹種、径級の丸太から製材された材料が用いられ、床の間、長押、鴨居、敷居などの造作材にはさらに厳選された銘木類が用いられてきました。ここでは、在来軸組構法住宅の構造材に限って、昔から用いられている製材品の樹種や寸法を紹介します（表8・1）。

どんな建物でも、建物自身の重さや積雪などによる鉛直荷重や地震や風圧力などの水平荷重に対して構造安全性を保つ必要があります。木造住宅では鉛直荷重や水平荷重は小屋組、床組、軸組（壁組）、土台、基礎などの各部位に伝達されます。各部位は構造部材によって構成され、これらの部材が作用する荷重に抵抗しています。例えば、住宅の屋根の重さは、梁に対して曲げの力が作用し、柱に対して圧縮の力が作

表８・１　各部材に使用される樹種と寸法

部　位	部　材	樹　　種	断面寸法(mm)	
			短　辺	長　辺
土　台	土　台	ヒノキ、ベイヒノキ、ヒバ、ベイヒバ、クリ、集成材、防腐、防虫処理剤	105, 120	105, 120
床　組	は　り	アカマツ、クロマツ、ベイマツ、カラマツ	105, 120	150, 240, 300
	大　引	スギ、ヒノキ、アカマツ、クロマツ、ベイマツ、カラマツ	90, 105	90, 105
	根　太	スギ、アカマツ、クロマツ、ベイマツ、カラマツ、ベイツガ	45	45, 54, 60, 105
	火打ばり	スギ、ベイマツ、	45, 90	90
	火打土台	スギ、ヒノキ、ヒバ、ベイマツ、カラマツ、ベイツガ	45, 90	90
軸　組	通し柱、管柱	スギ、ヒノキ、ベイツガ、集成材	105, 120	105, 120
	けた、胴差し	アカマツ、クロマツ、ベイマツ、カラマツ、ベイツガ、スギ、集成材	105, 120	105, 120, 150, 180, 210, 240, 270, 300, 360
	筋かい	スギ、ベイツガ		90, 105
小屋組	はり(丸太、たいこ)	アカマツ、クロマツ、ベイマツ	末口径：120, 150, 180, 210, 240	
	は　り	アカマツ、クロマツ、ベイマツ、カラマツ、スギ、集成材	105, 120	105, 120, 150, 180, 210, 240, 270, 300, 360
	母　屋	スギ、アカマツ、クロマツ、ベイマツ、カラマツ、ベイツガ	90, 105	90, 105
	たる木	スギ、アカマツ、クロマツ、ベイマツ、カラマツ、ベイツガ	45	45, 54, 60, 90

用します。これらの力に抵抗するためには梁や柱に十分な断面寸法と強い樹種の製材品を用いる必要があります。これらの部材の樹種や寸法は、構造用製材や集成材に与えられている許容応力度(設計する際に使用される強度)を用いて算定します。また、強度だけでなく腐朽・虫害に対する耐久性にも留意しなければなりません。

◉基　礎

基礎は、軸組と地盤をつなぐ点で非常に重要なものです。基礎がしっかりしていなければ、住宅は沈下したり、傾いてくるので、住宅の規模・重量や地盤の特性を考慮して施工します。基礎には、外周壁や間仕切壁の下に連続して設ける「布基礎」と住宅全体の下に設ける「べた基礎」とがありますが、どちらも鉄筋コンクリート造にすることが望ましいでしょう。また、基礎にはあらかじめアンカーボルトやホールダウン金物などをしっかり埋め込むことが大事です。

◉土　台

土台は、アンカーボルトやホールダウン金物などを介して基礎にしっかり固定し、軸組を通して伝達される荷重に対して十分な強度をもつ材料でなければなりません。また、土台は地面に近く、湿度が高いところに位置し、腐朽やシロアリなどに脅かされるので、腐朽菌や虫に対して抵抗性のあるヒノキやヒバや防腐・防蟻処理された材料でなければなりません。土台の断面寸法は、従来から柱より一センチメートル程度大きいものとするとされてきましたが、最近では一〇五～一二〇ミリメートル角の柱と同寸のものが一般に使われています。

◉床　組

床組は、主に鉛直荷重に対しても、また、水平荷重を耐力壁に伝えるためにも重要な役割を持っています。床組を構成する部材、梁、根太、床板（床パネル、床下地）など曲げ荷重を受ける部材は、十分な曲げ強度を持つほか、人に不快感を与える過度のたわみや振動がないような曲げ剛性が必要とされます。そのため、スギ、ヒノキ、アカマツ、ベイツガなどの四五～一〇五ミリメートル厚の角材や割材を用いるほか、板を支える根太の間隔を四五〇ミリメートル以下、梁の間隔を九〇〇～一、三五〇ミリメートル以下に制限しています。また、床面の変形を少なくし、水平荷重を耐力壁に伝達するために、床組の隅角に火《ひ》打《う》ち梁《ばり》が用いられますが、合板などの面材料を釘打ちすればより効果を上げることができます。

◉軸　組

軸組は鉛直荷重や水平荷重に対して十分な強度と剛性を持つように、住宅の規模や構造形式に応じて適切に配置されなければなりません。まず、鉛直力に対しては主として柱が受け持ちますが、小屋組、屋根葺き材料などの固定荷重に加えて積雪荷重、また床組の固定荷重や積載荷重などを合わせた鉛直荷重（圧縮荷重）を柱が受け持たなくてはなりませんので、十分な太さをもつ材料が必要になります。ところで、柱の太さを決めるためには、使用される材料の許容圧縮強さに断面積を乗ずればよいのですが、柱は細長いので、鉛直な圧縮荷重を受けた場合でも横に曲がって折れてしまうことがあります。これを「座屈《ざくつ》」といい、この現象が生じないような柱の断面寸法が必要です。通常一〇五ミリメートル角ないし一二〇ミリメートル角で十分です。柱にはスギ、ヒノキ、ベイツガが多用されているほか、最近では集成材の利用が増えています。

一方、地震力や風圧力等の水平力に対しては、軸組に筋かいや面材料で構成された耐力壁が抵抗してくれます。筋かいとは二本の柱、梁、土台で構成される四角形の対角線に用いられる一本もしくは二本の斜め材のことで、水平力によって変形しやすい四角形を安定させるために重要な部材です。筋かいは水平力の加わる方向によって圧縮力または引張り力を受けるので、踏み外しや引き抜けが起こらないように柱、梁、桁、土台にしっかり緊結しなければなりません。いずれにしても地震力等に抵抗する耐力壁については建築面積に応じてその量や配置のルールが決められていますので、これを守る必要があるでしょう。

◉小屋組

小屋組は、鉛直荷重や水平荷重に対して十分な強度と剛性を持たねばなりません。小屋組に使われる梁は、小屋組の部材や屋根葺き材の自重のほか風圧力、積雪荷重などを受けるので、十分な曲げ強度や曲げ剛性が必要とされます。長年の経験から梁には、アカマツ、クロマツの丸太やたいこ材が用いられてきましたが、これらの材は鉛直荷重を受けてたわむことを防ぐために、上に湾曲している(むくりといいます)材料を使ってきました。近年はベイマツの製材品が多用されているほか、ごく最近では構造用集成材も用いられるようになってきました。

(長尾博文)

どんな兄弟、親戚がいるの(加工木材のいろいろ)

現在の木造住宅・建築は製材品のほかにさまざまな木質系の材料が用いられています。集成材や合板のように木肌を残しているもの、削片板や繊維板のように木片や木繊維が見えるもの、木毛セメント板や木片セメント板のように木部の見えないものなど多種多様です。これらの木質系の材料は、いわば製材品の兄弟、従兄弟、親戚に相当する材料で、加工木材、改良木材、あるいはエンジニアードウッドなどと呼ばれています。加工木材は、原木の種類、製造方法、製品形態、用途・性能などによって分類されていますが、もっとも一般的なのは製造方法に基づいた「日本農林規格(JAS)」および「日本工業規格(JIS)」による分類法です。各種の加工木材の製造方法の概要を図8・1に示します。縦つぎ材や集成材は製材・

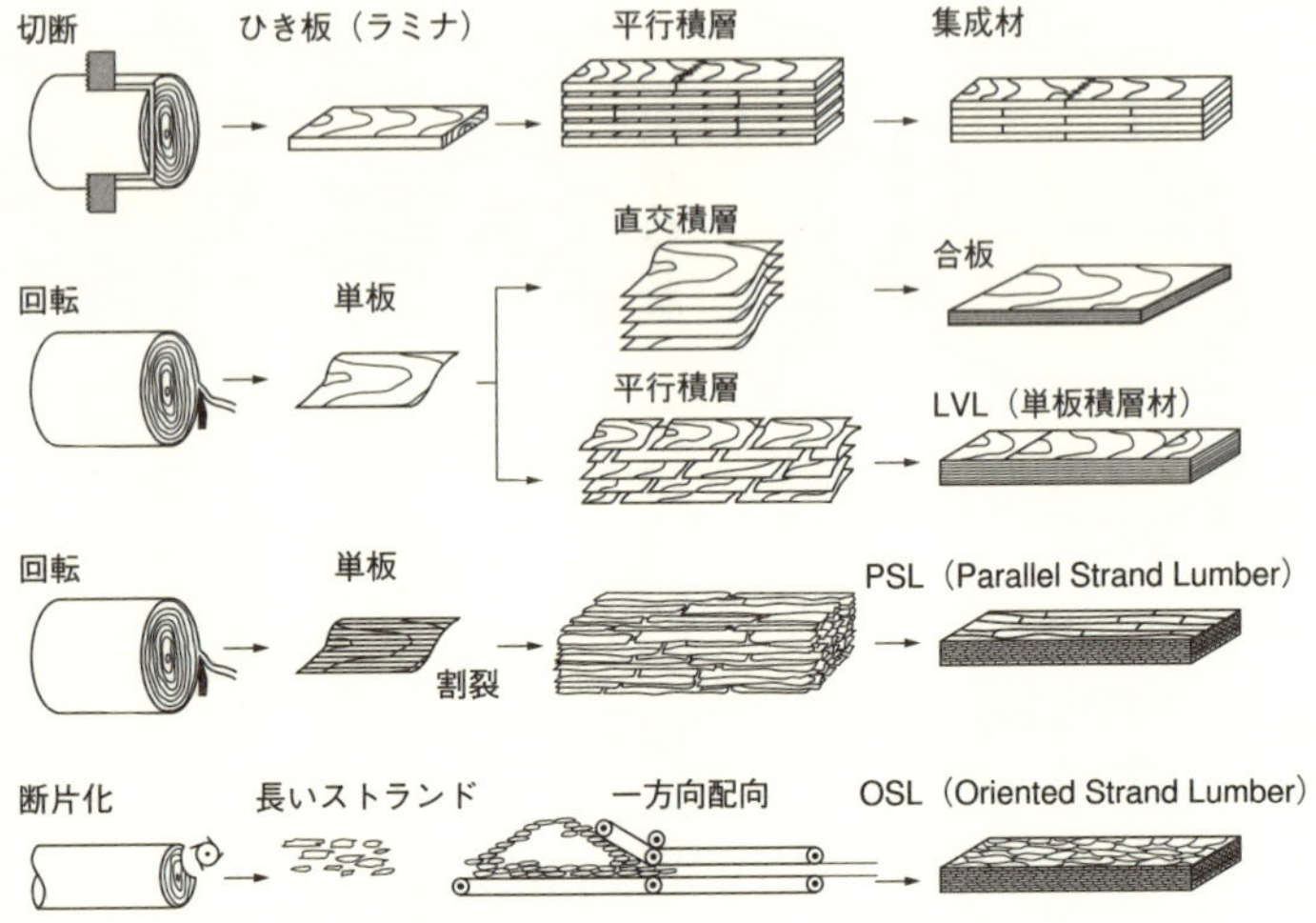

図８・１　加工木材の製造方法

乾燥・切削した二〇～五〇ミリメートル厚の挽き板を木目をそろえて長手方向に接合接着したり、厚さ方向に数層積層接着した材料で、製材品と同様に木造住宅の柱、梁などの構造材や長押、鴨居、敷居などの造作材に多く用いられます。構造用の集成材には針葉樹で高い強さを持つ挽き板が、造作用には広葉樹で木目のきれいな挽き板が、また、特に美しい外観を求められるところには集成材の表面に無垢の化粧用薄板が貼られています。合板はロータリレースで剝き、乾燥した一～三ミリメートル厚の単板数枚を木目交互に直交させ積層接着した材料で、住宅建築用や産業用に広く用いられています。壁や床の下地材やコンクリート型枠などには耐水性フェノール樹脂やメラミン樹脂接着剤を用いた厚物合板が、建物内部の造作材や家具などには非耐水性ユリア樹脂や酢酸ビニル樹脂接着剤などを用いた薄物合板が多く、この表面に化粧単板を貼ったり塗装を施した

表８・２　加工木材の種類と特徴

加工木材の種類	構成材	製品寸法(mm) 厚さ×幅×長さ	結合剤	用　途	比　重	強度 (N/mm^2)
集成材	挽き板	100・100・3000	接着剤	柱・梁	0.50	30
縦つぎ木材	挽き板	45・100・3000	接着剤	間柱	0.50	25
単板積層材	単板	45・900・3000	接着剤	柱・梁	0.55	35
合板	単板	12・600・1800	接着剤	床・壁	0.55	20
削片板	削片	12・900・1800	接着剤	床・壁	0.60	10
繊維板	木繊維	12・900・1800	接着剤	壁	0.70	15
木毛セメント板	木毛	30・900・1800	セメント	屋根	0.60	5
木片セメント板	木片	12・900・1800	セメント	外壁	1.00	5

N：ニュートン

製品もよく用いられています。単板積層材（ＬＶＬ＝Laminated Veneer Lumber）は合板と類似の単板を木目（繊維走向）をそろえて多層積層接着した比較的厚い材料で、新しい様式の住宅建築に用いられています。

削片板（パーティクルボード）は破砕機で一～二ミリメートル厚に破砕した短い木材細片を積層接着成型した材料、繊維板（ファイバーボード）は破砕機や解繊機で〇・一～〇・五ミリメートルに解繊した木材繊維を積層接着または熱圧成型した材料で、低密度、軟質の製品は建物内部の造作材や家具の心材などに、中密度の一般製品は住宅建築の下地材や構造材などに、高密度の硬質の製品は自動車の内装成型材や電気製品の箱材などに多く用いられています。

木毛セメント板は小丸太を螺旋状に切削した二～五ミリメートル厚の木毛を、木質セメント板は破砕した木片をセメントと混合して成型した材料で、防耐火性や耐久性の高いことから屋根の下地材や外壁材に用いられています。

このような多種多様な形状、寸法、使い方のある加工木材の代表的な事例について、その構成材と製品の寸法と品質性能を表８・２に示します。

（藤井　毅）

製材品の兄弟（集成材・縦つぎ木材）

集成材とは、「木材の板あるいは細い角材を木目方向に平行にして、厚さ、幅、長さ方向に集成接着したもの」です。集成材は、建物の骨組みなど耐力部材に用いられる構造用（写真８・１）と建物の内部造作などに用いられる造作用（写真８・２）の二種類に大きく分けられています。木造住宅の柱や梁には構造用集成材が使われています。集成材の材面に無垢《むく》の薄板を化粧貼りした製品もあります（写真８・３）。なお、「縦つぎ木材は、長さ方向のみに接着接合したもの」で、厚さ、幅方向に集成接着する前の製品です。このところ木造住宅の構造部材への集成材の使用量が急速に増え、今や集成材の生産量、使用量は世界一となっています。

まず、構造用集成材の一般的な製造手順を簡単に述べます。最初に、原木丸太から厚さ二〇～五〇ミリメートルの挽き板を製材した後、含水率八～一五パーセントに乾燥します。次に、挽き板を一枚一枚、目視により節や目切れなどの欠点の大きさを測定したり、機械を用いて曲げてたわみ量（曲げヤング率）を測定したりして挽き板を強さにより品等区分します。大きな節などの欠点を切除した短い挽き板はフィンガージョイント（写真８・４）などの方法で長さ方向の寸法を、また幅の狭い板の側面を幅はぎ接着することにより幅方向の寸法を調整します。品等区分された挽き板は、製品の形状寸法と要求される品質に合わせて組み合わせます。例えば、曲げ応力が作用する梁の場合、外層に良質、内層に低質の挽き板を配置

写真８・３　化粧ばり集成材

写真８・１　構造用集成材

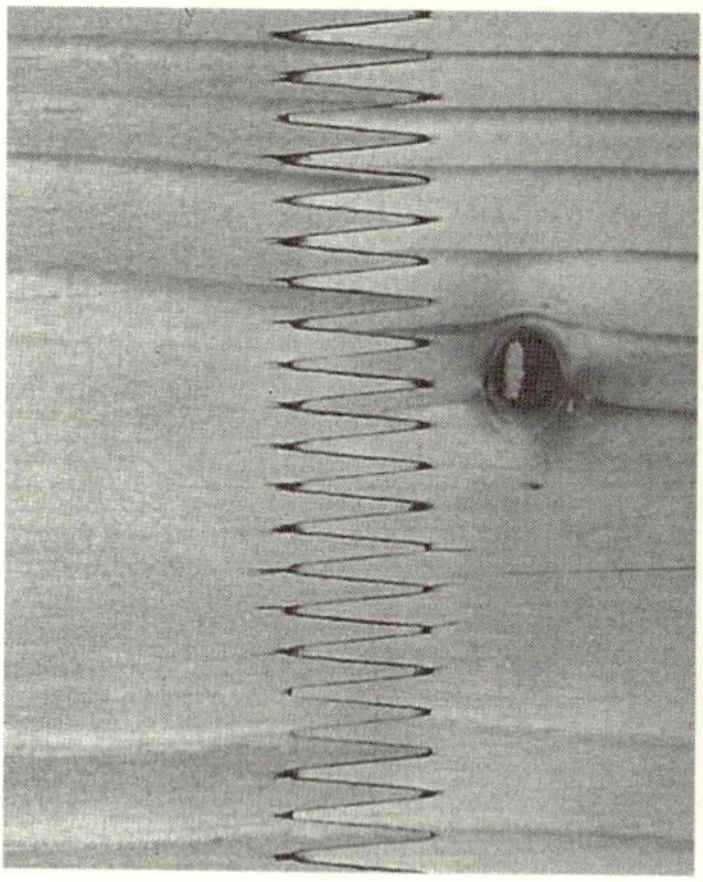

写真８・４　フィンガージョイント

写真８・２　造作用集成材

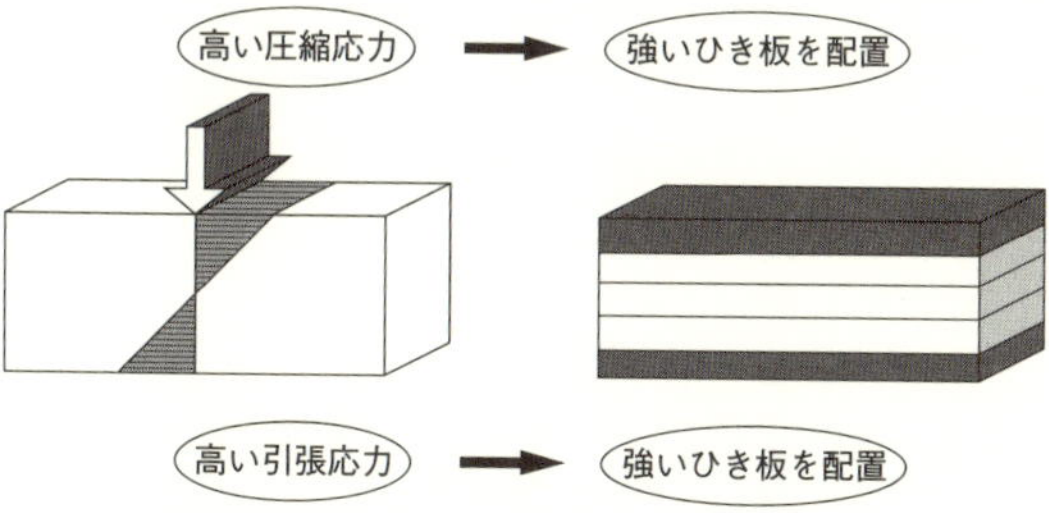

図８・２　挽き板の品等区分とその組合せ

します（図8・2）。組み合わせの決まった挽き板は、順にその材面に接着剤を塗布した後、積層し圧力を加えます。接着剤が固まるまで所定の時間圧力を保持した後、接着硬化した製品を取り出して寸法をそろえたり、これらの表面に化粧用薄板を接着したりして、仕上げを行います。

次に、集成材の特徴をいくつか述べます。

一つには、乾燥が容易な薄い挽き板を積層してつくるので材内部まで乾燥が行き届いた材料になり、反り、ねじれなどの狂いや割れ、乾燥に伴う寸法変化が発生しにくくなります。

二つには、強度性能が確実に保証された材料であることです。上記のように挽き板を材質や品質に応じて的確に区分し、これらを適切に組み合わせて配置することにより構造材料として高い信頼性を確保しています。日本農林規格並びに国土交通省告示に記載されている構造用集成材の性能値を採用し、建築基準法施行令、木質構造設計規準などに則り構造設計を実行すれば、小規模住宅から大規模建築まで安全性の高い建物を設計することができます。

三つには、木造住宅の構造用集成材は大量に工場生産して供給できる一方、通直、わん曲など多様な形状と大小、長短の多種類の寸法の製品を特注することができます。

四つには、木材としての外観、加工性、調湿機能、温かみある触感など、木材のよさはそのまま受け継いでいます。また、接着層、縦つぎ、幅はぎがモザイク模様に現れ独特の意匠となります。

五つには、防腐処理した挽き板を積層接着するので部材内部まで防腐薬剤が注入された高耐久性部材を製造することも可能です。

（宮武　敦）

ベニア板ってなーに（合板・ＰＢ・ＦＢ等面材料）

合板や木質ボード類などは大きな面をもつ幅広な板の形状をしているので、面材料と呼ばれています。合板は単板と呼ばれる薄い板を構成材とし、パーティクルボード（ＰＢ＝Particleboard）はチップやパーティクルと呼ばれる細かな木片を、また、ファイバーボード（ＦＢ＝Fiberboard）は紙と同じ木質繊維（ファイバー）を構成材としています（図８・３）。

合板（Plywood）は、一～三ミリメートル程度の厚さに薄く剝いた板を何枚か重ね合わせて接着したものです。重ねるときに向きを九〇度ずつ回転させているため、木材がもともと持っている方向による性質や性能の差（異方性といいます）が少なくなっています。なお、重ねるときに向きを合わせて接着したものを単板積層材と呼び、この製品は製材品や集成材と同じような異方性を持っています。

合板をつくるときに使われる薄く剝いた板のことを単板（ベニア＝Veneer）と呼んでいます。ベニア板とはベニアを重ね合わせて接着して板状にしたもの、すなわち合板を指します。合板の日本農林規格によれば、耐水性については、特類、一類、二類という分類があります。特類合板の中でもフェノール樹脂接着剤という黒い色をした接着剤によるものは、合板の中で一番耐水性があり、木が燃えたり腐ったりしない限り、剝がれる心配はありません。

合板は製材品の板類では得られない六〇〇、九〇〇、一、二〇〇ミリメートルの広幅の狂いのない板を

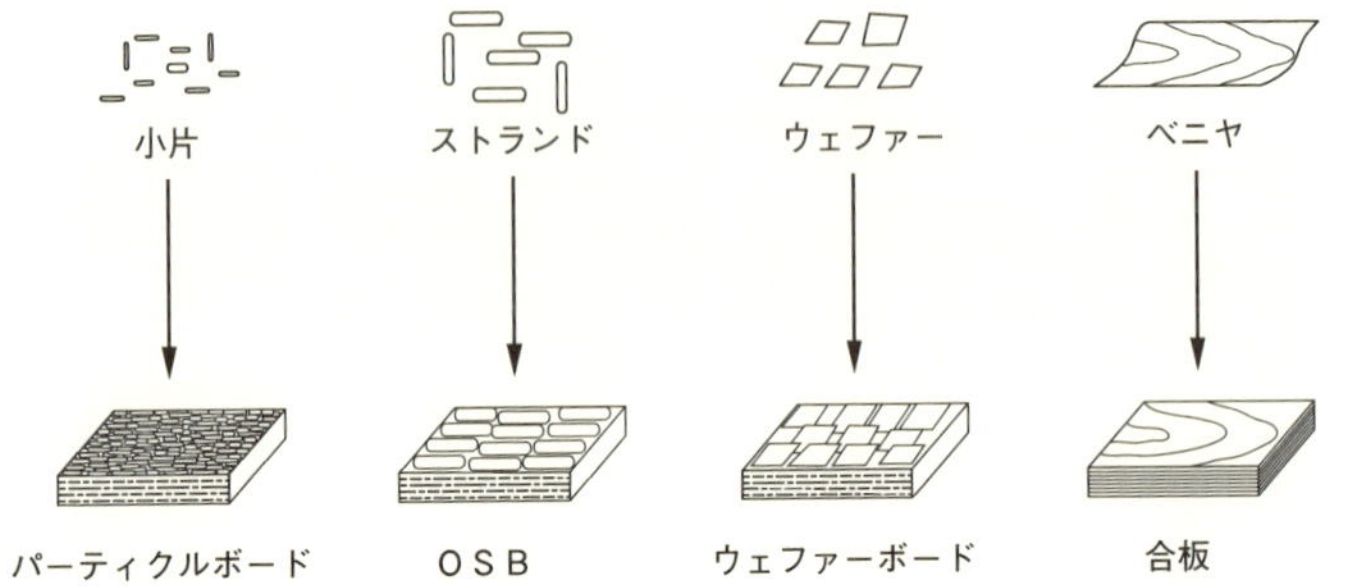

図８・３　主な木質面材料とその構成要素

造り出すことができるので、今や木造建築、特に枠組壁工法や接着パネル構法住宅の内外装用の壁材や床材として欠くことのできない材料です。

パーティクルボード（削片板）は、小さな削片（チップまたはパーティクル）を構成材とする板状の材料のことです。合板に比べると、強度が低い、耐水性が若干劣る、厚さ方向に膨潤するといった性質がありますが、使い方・使う場所を考慮すれば、問題が生じるわけではありません。パーティクルボードの最大のメリットは、資源を選ばないということです。合板をつくるのにはある程度の大きさの丸太が必要ですが、パーティクルボードは小径木や枝、さらに建築廃材や一度コンクリート型枠として使われた合板を原料としてつくることもできます。木材資源の有効利用という観点からは、パーティクルボードは最も優れた木質材料といえるかもしれません。

パーティクルボードの強度的な欠点を改良して、合板と同じような性能を持たせたものに、ＯＳＢ（オーエスビー＝Oriented Strand Board）やＷＢ（ウェファーボード＝Wafer Board）と呼ばれる材料があります。パーティクルボードの構成材であるチップを大きくしたり、それを一定方向に並べて（配向させて）製造されます。これらのボード類は構造用パネルとも呼ばれ、構造用合板と同じ用途に使われています。

ファイバーボード（繊維板）は、木質繊維を構成材とする木質材料です。比重により、軽いものから順に、インシュレーションボード（Insulation Board）、ＭＤＦ（中質繊維板＝Medium Density Fiberboard）、ハードボード（Hardboard）の種類があります。表面性が優れているため、家具の下地材などに使われています。

（井上明生）

セメントで固めるとなにができる

セメントは水と化学反応することで固まります。水を含んだ状態で固まるというのはピンとこないかもしれませんが、豆腐を思い浮かべるとイメージが湧くでしょう。豆腐と大きく異なる点は、圧縮する力に抵抗する強さが極めて高いことで、建材として使用される理由もここにあります。また、防火性能や耐久性能も高いのですが、引っ張る力や衝撃に弱いという欠点もあります。そこで、これらの欠点を補うために他の材料を組み合わせて使用することが多く、棒状の金属で補強した鉄筋コンクリートはその代表例です。住宅に使用される建材としては、木材を加工した小片などを混ぜて固めた木質–窯業系ボードと呼ばれる板材料が製造されています。

木毛セメント板（写真８・５）は、長さ二〇センチメートル以上の木材の繊維をできるだけ切断しないように細長く削り出した木毛とセメント、水をミキサーでよく混合することで木毛の表面を均一にセメントで被覆し、圧縮成型したものです。木毛セメント板は多孔質であるために比較的軽量であり、断熱性・吸音性を持ちますが、最大の特徴は防火性能が高いことです。製品のかさ比重によって普通木毛セメント板と硬質木毛セメント板の二つに分類されます。前者は主として断熱材料、後者は防火材料として、学校・スポーツ施設・劇場・工場・駐車場などの屋根下地・壁下地・天井などに使用されます。

木片セメント板（写真8・6）は、木材小片とセメントを混合して圧縮成型したものです。木片の形状や分量、製品のかさ比重を調整することによって性能を変えることができます。かさ比重によって普通木片セメント板と硬質木片セメント板に分類されます。普通木片セメント板は比較的軽量で断熱性・吸音性を持つため、内装材や屋根下地に使用されます。硬質木片セメント板は、木材小片の混合率を二五〜三〇パーセント以下に抑えることで防火性能を高めています。また、密度を高くし、製造時に加える水の量を必要最小限度にすることで緻密なセメント層を形成させ、耐久性能を高める工夫もしています。これらの理由から、防火地域における住宅の外壁にも使用することができます。特に、外壁の仕上げ材として使用するものは窯業系サイディングと呼び、表面にエンボス加工を施してスタッコやタイルのような外観を与えることで、これまでのモルタル仕上げより優れたデザインが表現できるようになりました。現在では、窯業系サイディング（写真8・7）は住宅の外壁仕上げ材として六〇パーセント以上のシェアを持っています。

せっこうボード製品（写真8・8）は、せっこうを芯にしてその両面と長手方向の側面を補強用の紙で

写真８・６　木片セメント板

写真８・５　木毛セメント板

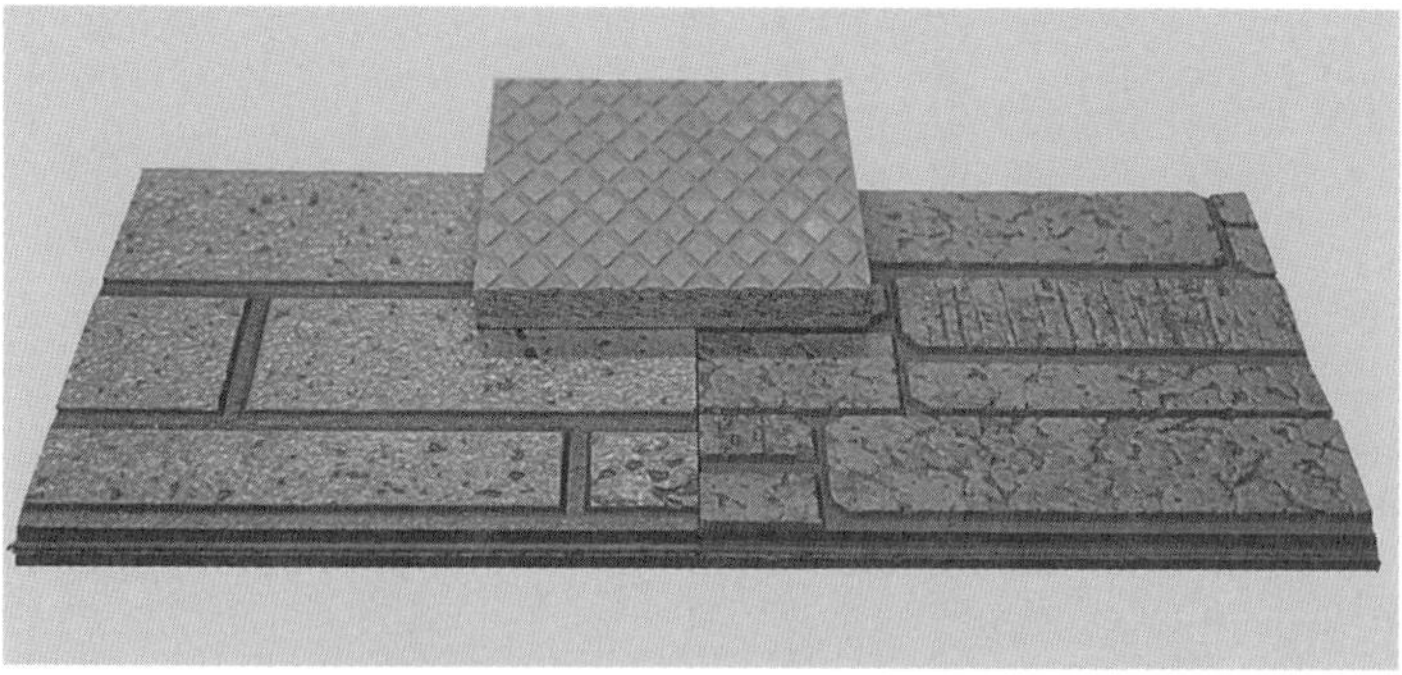

写真８・７　窯業系サイディング（上：野地板、下：外壁仕上げ材）

写真８・８　せっこうボード製品（上：強化せっこうボード）

被覆した板材料で、日本では防火内装材料として非常に多く使用されています。せっこうボード製品は、衝撃に弱く、耐水性能も劣るため、木材小片を混合した強化せっこうボードが普及しつつあります。

（渋沢龍也）

木にも装い、身繕い

私たちの住んでいる住宅の中の家具、楽器、フローリング、柱、長押、天井、階段、手すり、ドアなどをよく見てみると、そのほとんどが何かしらの塗装処理が施されています。

和室の柱や天井、長押など木材の色調をそのまま表すような部分でも、透明系の塗装あるいはロウのようなものが塗ってあります。木材の表面は管状の細胞の集まりから成り、小さな凹凸が無数にあり、無塗装の木材に触れると手の油や汚れがこの凹凸に入り込んでしまい、後からいくら拭いても汚れが取れません。そのため、白木のような木材の色調を期待する時でも塗装が必要なのです。

一方、家具やフローリング、階段などに使われている木材には、茶色系や白色系などさまざまな色調の塗装が施されています。この場合、インテリアのコーディネイトなどデザイン的な意味の他、汚れ防止の意味が含まれています。基本的には、木材の持つ年輪や組織構造（これらを含めて木理といいます）が見える半透明の色つき塗装になっています。フローリングや階段、テーブルトップなどには塗膜の硬い塗料が使われていて、木材の摩耗や傷つきを防いでいます。塗装は木材に耐水性や耐熱性、寸法安定性などの性能を付与することができ、最も簡単な木材処理技術なのです。

住宅の木材に使用されている最も一般的な塗料はポリウレタン樹脂塗料です。木材との付着性がよく、塗膜に弾力性や光沢があり、薬品や水分、熱に対しても強いので木材用塗料の主役といえます。硬い塗膜もつくれるので、学習机やテーブルトップ、フローリングの塗装にはこの塗料が使われています。ラッカーは、塗膜が薄く木材の組織構造を際だたせるので木質感を大切にする家具などに適しています。しかし、ラッカーは水や熱、薬品に弱いので使用には注意が必要です。アミノアルキド樹脂塗料は、乾燥が早く塗膜が厚く（肉持がよいといいます）、光沢や硬さが高いという特色があるので、フローリング、テーブルや椅子などの脚物家具、炬燵などの電気製品に使われています。しかし、耐水性があまり高くないので風呂場などの水廻りや屋外部材などには不向きであり、また硬化中にホルマリンが発生するので現場塗装には適しません。

ポリエステル塗料は、鏡のような歪みのない塗装面が得られるので（鏡面塗装と呼ばれています）、高級家具やピアノなどの塗装に用いられており、特に木理の美しいケヤキ、マホガニー、ローズウッドなどの広葉樹材の質感を引き出すことのできる塗料です。オイルフィニッシュは、亜麻仁油《あまにゆ》に樹脂を配合した塗料で、木材表層部に浸透して塗膜をつくらない塗料です。ステインとも呼ばれ、ドアや窓の枠材の現場塗装に用いられています。塗膜をつくらないので木材の質感があり、水分の吸湿放湿作用があるため結露しにくいなどの特徴があります。

木材保護塗料は、顔料と共に塗料中に防腐剤や防カビ剤、溌水剤等の薬剤成分を含む屋外用の塗料で、

表8・3　自然塗料に使用される主な成分

主　原　料	天然油脂・樹脂類、亜麻仁油、コロホニウムエステル、コーパル、ダンマル樹脂、ひまし油、セラック、ワニス、エステルガム、桐油スタンド油
溶　　剤	エタノール、シトラール、ユーカリ油
顔　　料	土性顔料、鉱物顔料、白亜
乾　燥　剤	オクテン酸塩類、桐油スタンド油、ひまし油
保　存　剤	プロポリス、ローズマリー油
防腐・防虫剤	センブラ油、ホウ砂、ホウ酸、渋柿
撥　水　剤	カルナバロウ、渋柿
艶出し剤	蜜ロウ、イボタロウ
艶消し剤	珪藻土、ケイ酸
乳　化　剤	レシチン、メチルセルロース、ミルクカゼイン

屋外で使用する木材の美観保持や腐朽を防ぐために使用されるので、塗料と防腐剤の中間の製品といったものです。多くは塗膜をつくらない含浸型塗料ですので、塗装が簡単で現場塗装に適しているため、現在ではエクステリア木材の塗装にこの塗料が使われています。塗膜をつくらないので、数年に一度の再塗装が必要です。塗り替えの目安は、表面の顔料が落ちてきて下の木材基材が見え始めた頃です。

最近では、塗料にも健康安全性が高く環境への負荷が少ないことが要求されるようになってきました。そのような要求に応えて急激に需要を伸ばしているのが「自然塗料」といわれる塗料です。人体への危険が少ない亜麻仁油などの天然油脂や樹脂を主原料とした空気中の酸素により重合あるいは乾燥する天然樹脂系塗料であり、合成樹脂や有機顔料などの化学物質をほとんど含まない安全性の高い塗料ということができます。特徴としては、オイルフィニッシュのように木材中に浸透し塗膜をつくらないため木材の調湿機能を損なわず、塗膜の割れやはがれが起きないことや、重ね塗りができメンテナンスが簡単であることなどがあげられます。表8・3に自然塗料に使用されている主な成分を示します。

自然塗料の耐水性はラッカーと同程度かそれ以下で、かなり劣ります。耐熱性はポリウレタン樹脂塗料と同等ですが、アルカリ性液、インク、有機溶剤などに対して著しい汚染が認められ、汎用の塗料に比べて性能的には多くの問題があることが指摘されています。また、植物油由来の刺激臭や長時間の乾燥時間が要求されるなど作業性も悪く、価格的にもかなり高いことも認識しておく必要があります。自然塗料を選択する場合には、汎用塗料より塗膜性能が劣ること、作業性が悪いことなどを承知した上で使用する必要があります。

（木口　実）

外面もよく、長持ちしなくては

日本人は、昔から白木を好む傾向があり、木の持つ暖かみや木目を活かして上手に使ってきました。ところが、外壁に木目が見える白木を使うと、一年も経たないうちに黒ずんでしまいます。田舎で下見板に使っていた杉板が黒ずんだ家をよく目にします。景観にマッチした雰囲気を醸し出して良い一面もあるのですが、最近では防火上のこともあり、外壁に木ではなく他材料を用いることが多くなりました。表8・4に木造住宅の外壁の仕上げの種類や特徴などを纏めました。この表を参考に耐久性や意匠性などを考えて外壁材を選ぶとよいでしょう。

外面だけでなく住まいを長持ちさせるためには、木材が腐さらないようにすることが大切ですが、その

表8・4　木造住宅に見られる外壁の種類

外壁の種類	特　　徴	経年変化	見かけの色
土　壁	崩れやすい	比較的少ない	土　色
モルタル塗	下地が腐朽しやすい	ひび割れ、色変化	白っぽい
漆喰壁	崩れやすい	ひび割れ、色変化	白　い
プラスター	乾燥収縮が少ない	ひび割れ、色変化	白っぽい
下見板	木質外壁	黒色化、割れ	当初はは白っぽい
羽目板	木質外壁	黒色化、割れ	当初はは白っぽい
木質系サイジング	塗装した製品	比較的少ない	地は茶色、塗装する
窯業系サイジング	塗装した製品	比較的少ない	白っぽい
金属系サイジング	塗装した製品	比較的少ない	塗装する

表8・5　木材が腐朽する原因とその除去方法

条　件	原　因	原因を除去する方法
水	雨　水	屋根防水、樋(点検修理)
	高含水率(30～100%)	乾燥(20%以下)
	漏　水	迅速な修理
	結露水	結露防止
	流入水	防水障壁、排水
温　度	最適生育温度(25～30℃)	冷却(0℃以下)
		加熱(60℃以上)
空　気	酸　素	水中貯木(空気の遮断)
栄　養	木　材	防腐剤加圧処理
腐朽菌	腐朽菌の成長	抗菌剤(防腐剤)塗布

ためには腐る原因をよく知り、いち早く手当をする方法を知っておくことも大切です。表8・5に木材が腐りやすくなる条件とそれを除去するための方法を示しました。特に、木材を長く水のかかるような状態にしておくと、腐りやすくなるばかりかシロアリにも食われやすくなります。

木造住宅では、湿気の溜まりやすい床下、特に土台が腐りやすいといわれています。部材の含水率を調べると、他の部材が一〇パーセント前後であるのに対して、土台は二〇パーセント前後で高くなっています。これは、基礎のコンクリートの上に水平に乗っていて水が溜まりやすいからです。このため、防腐防虫処理は、地面から一メートル以内の部材について行われています。特に腐りやすい土台については、表8・6に示すような腐りにくい樹種であるヒノキやヒバの心材を使うか、あらかじめ工場で薬剤が加圧注入された防腐土台を使うとよいでしょう。また、現代の住宅は冷暖房など空調施設に依存しているので、配管からの漏れや結露など、雨水以外の水も引き金になりますので、これらの対策も必要になります。これらの水の侵入は家が古くなるとより起こりやすくなります。

防腐土台は、結露や配管の漏れなどがあっても腐りにくい材料で、表8・7の試験結果によれば、野外

表8・6　主な樹種（心材：未処理）とその耐用年数

区　分	樹　種	耐用年数
国産材	アカマツ	5.5年
	カラマツ	6.0年
	エゾマツ	2.5年
	トドマツ	2.5年
	ス　ギ	6.0年
	ヒノキ	7.0年
	ク　リ	7.5年
	ケヤキ	7.5年
北米産材	ベイツガ	3.0年
	ベイマツ	6.0年
	ベイヒ	6.0年
	ベイスギ	7.0年
	ベイヒバ	7.5年
熱帯産材	アピトン	4.5年
	クルイン	5.0年

(森林総合研究所)

表8・7　加圧注入材の野外暴露実験における耐用年数

薬　剤	吸収量 (kg/m³)	耐用年数
クレオソート油	503.0	41年以上*
CCA	12.0	36年以上
ナフテン酸銅	4.5	22年以上
ナフテン酸亜鉛	5.6	22年以上
DDAC	8.2	12年以上
ACQ	6.1	12年以上
無処理	—	2〜4年

*試験継続中でまだ健全なものは「以上」と表現した。

で雨ざらしにしても二〇年以上は持つと考えられています。表中のクレオソート油は枕木の防腐処理に使われ、使用後の材料は切断してホームセンターなどで売られています。ＣＣＡは、廃材処分のしにくさから現在はあまり使われていません。

一方、蟻の通り道になりそうな床下土壌には防蟻処理が施されます。防腐土台には希散しにくい薬剤を用いて木材中に深く浸透させているので、室内汚染の原因となることはありませんが、木材や床下の土壌に塗ったり撒いたりする防蟻薬剤は、施工中に薬剤がミストとなって、室内に侵入するおそれがありますので、室内と隔離する措置が必要となります。

神社仏閣など伝統建物は、腐りにくい樹種を用いた上、雨水が直接侵入しないように軒の出を長くしたり、床下を高くして通風をよくし、周りに砂利を敷いて雨水が跳ね上がらないようなつくり方がされています。これらの工夫は、そのままの適用は難しいにしても、現代の住宅に活かさなければならない先人の知恵といえるでしょう。

（鈴木憲太郎）

木の学校

昔はみんな木の学校でした。明治維新の後、教育制度がしかれると、次々と学校が建てられました。学校教育を行うのは建国のため、したがって、町や村を代表するような立派なデザインの木造校舎が建てられたのです。しかし、戦後は、戦時中に伐りすぎた木材の節約のため、街の不燃化のため、そして、新しく登場したコンクリートや鉄骨の建物が文明の象徴として好んで迎え入れられたことなどから、文部省は木造校舎の建設補助金を据え置きにしてきました。その結果、木造校舎の建設は減り、とうとうある期間、木造校舎の建設は完全にストップしたのです。

木造の小学校（岩手県・上）
木造の高等学校（埼玉県・下）

しかし、経済が豊かになり、人々が生活に潤いを求めるようになると、無機的な鉄筋コンクリートや鉄骨一辺倒の建設から、あたたか味のある木造建築を見直そうという気運が現れました。幸せなことに、住宅以外の木造建築の建設が止まっていた間も、木造の技術は着々と進歩していたのです。現代の木造の校舎は、昔の木造校舎の復興ではなく、構造、デザイン、居住性の点で大変優れたものになっています。

特に素晴らしいのは断熱性です。材料は蓄熱性といって、重いものほど暖まりにくく、また冷めにくいという性質があります。重たい鉄筋コンクリートの校舎は、いくら暖めても夜の間に冷えた温度はなかなか上がりません。そのため、部屋のまん中の空気は暖まっても、足元や壁際が寒いという温度ムラが生じます。この点で木造校舎は快適です。建物としての性能だけでなく、木造校舎は情操教育の面でも効果があるといわれています。最近では、建物だけでなく机や椅子などにも木を沢山使おうという動きが活発になっています。（神谷文夫）

木のドーム球場

出雲ドーム全景（上）と内部（下）

日本には、木のドーム球場が二つあります。島根県出雲市の「出雲ドーム」と、秋田県大館市の「大館ドーム」です。出雲ドームは、直径約120 m、高さ約50 mで、太い集成材の骨組みが傘の骨のような形になっています。大館ドームは、直径約140 m、高さ約52 mで、秋田スギによる太い集成材２本を鉄骨でつないでトラスと呼ばれる複合梁を構成し、この複合梁でカゴを編んだような構造になっています。

材料間で、どれだけ大きなドームを作れるかの競争をすると、材料が自分の重さをどこまで支えられるかが重要なポイントになります。つまり、重さのわりに強い材料が有利な訳です。この点で、まず重い鉄筋コンクリートドームが脱落し、鉄骨ドームと木造ドームの争いになります。コンクリートの飛行機は飛ばないが、鉄や木製の飛行機が飛ぶのと同じ理屈です。鉄骨ドームの場合は、普通の構造では限界があるので、鉄骨と幕を空気圧で支えるエアードームとなります。大きなドームを作るときのもう一つの問題は、基礎も大がかりになるということです。基礎をしっかり作らないと、重たいドームがずぶずぶと地中に沈み込んでしまうからです。木造ドームと鉄骨エアードームとの競争は、構造的にはほぼ互角ですが、軽い木造ドームの方が、基礎が簡単になる分、有利であるといわれています。

（神谷文夫）

第Ⅱ部

「木の住まい」が守る 地球・生活・山村社会

手入れの行きとどいたスギ人工林（撮影：平川泰彦）

第9章　木の住まいと地球温暖化

地球温暖化とは何か？

我が国でも暖冬が多く、夏の暑さが長続きしているように徐々に気温が高くなっているように感じられます。図9・1は都市化の影響が少ないとされる観測地で、その年と前後を含む五年間の平均気温を一九三〇年代から約六〇年間にわたってグラフにしたものです。全体として温暖化の傾向にあるのが分かります。しかし、温暖化によってどの地域でも気温が一年をとおして一律に高くなるわけではありません。また、温暖化はこのまま進んでいくのか、年平均気温が高くなる以外にはどのような変化が起きるのか、生態系に対してどのような影響があるのかなど、さまざまな疑問もわいてきます。

人為的影響によって、二酸化炭素（CO_2）など温室効果を引き起こすガスが急激に増加し、これまでの一〇〇年間で世界各地の平均気温が上昇してきたことは確かです。しかし、気温上昇の原因については、温室効果ガスのほかに太陽からのエネルギー放射量、大気中に浮遊する微粒子、都市化など、考えられる要因のうち、どれがどの程度温暖化に対して貢献するのか推定することはきわめて難しいことです。この

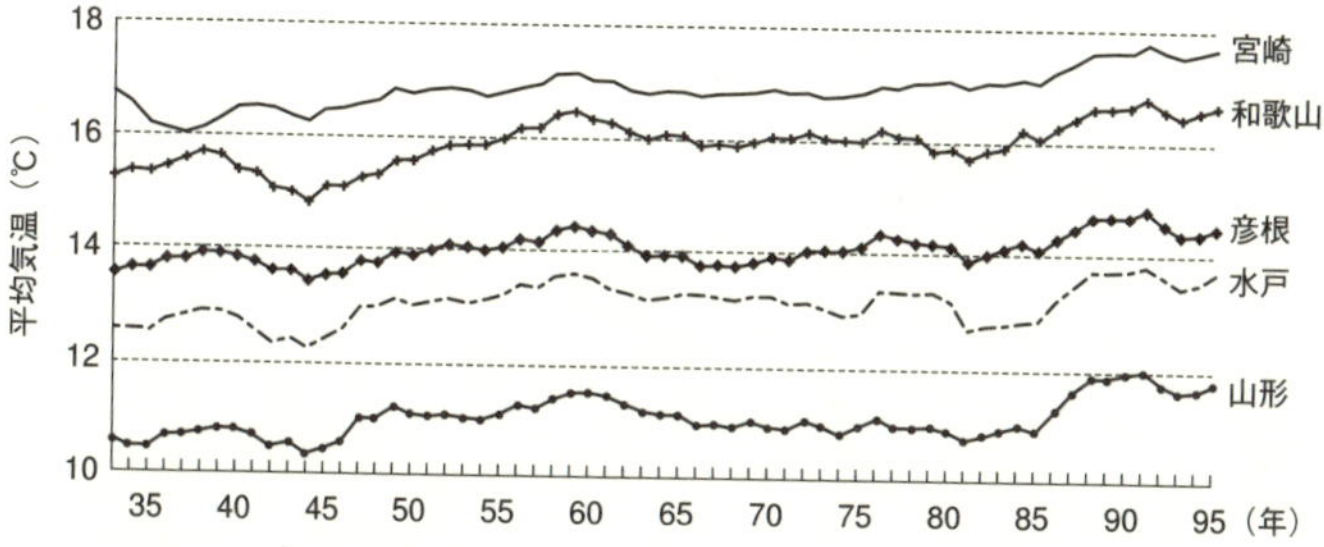

図９・１　平均気温の変化（５年間）（気象庁月報、中央気象台月報）

ことが明らかにならなければ、将来どのように温暖化が進んでいくのか予測することは大変難しくなります。ただし、これから先も温室効果ガスは増加し続けることでしょう。そして、CO_2が豊富にある火星や金星ではとても顕著な温暖化現象が見られること、過去一六万年間にわたって調べた結果、大気中のCO_2濃度が高ければ気温も高かったと推定されることなどから、将来温暖化が進んでいく可能性は大きいと見られています。

　気候変動の予測は複雑で非常に規模が大きいモデルに基づいています。このモデルは、まず太陽からの放射をエネルギー源とし、世界各地の気温、降水量、大気中に含まれる水蒸気量、風、土壌中の水分量など、温暖化にかかわる様々な要素（パラメーター）の数値変動を予測します。そして、雲、海の表面温度、海氷、太陽放射量の反射率、土壌および地表水などの要因を組み込んで、地球全体を一つのシステムとして扱うことによって、将来の気候変動を予測します。構造の複雑さ、仮定の置き方やパラメーターの数値などが異なる多くのモデルがありますが、温室効果ガス濃度が二倍になったときの予測は概ね以下のような点で一致しています。

①　地球全体の平均で地表面が一～四・五度上昇しますが、気温の上昇は高緯度地方が低緯度地方に比べて大きくなります。北半球では北極を中

写真9・1　海水面の上昇に怯えるサンゴ礁の島（ニューカレドニア）

心に冬の気温上昇の方が夏の上昇よりも大きいため、夏と冬の気温差が減少します。また、一日の最低気温と最高気温の差も縮まります。ただし、地球という広大な地域を扱うモデルであるため、小地域での予測は精度が落ちます。

② 降水量と地表や海の表面からの蒸発量は増加します。特に、高緯度と熱帯では年間にわたって増加し、中緯度では冬に増加します。気温が高くなるのに伴って、雷雨など、大気の対流が激しくなることによる降水量が増加します。そのため、小地域での瞬間降雨量が増加し、穏やかな雨は減少します。降水量は多くの生物にとって気温よりも重要であることが多いのですが、降水量は時間的にも地域的にも気温に比べて変動がかなり大きいため、その予測は気温よりも困難です。

③ 対流圏に浮遊する微粒子の影響を組み入れない場合、夏には蒸発量が降水量を上回るため、土壌

水分は減少しますが、高緯度地方では増加が見られます。浮遊微粒子の影響を入れると、北半球中緯度では夏でも土壌水分が増加します。しかし、予測精度は低いのが現状です。

④　台風やハリケーンなど、熱帯性低気圧による嵐は増加します。ただし、気候変動の予測は平均値にかなり偏っていて、嵐、水不足、洪水、異常高温や低温など、局地的な現象についてはほとんど明らかになっていません。

過去二世紀の間に増加した大気中のCO_2の約三分の一は、林地が転用されて森林が減少したことによると推定されています。また、陸上の有機物に含まれる炭素の八〇パーセント以上が森林に蓄積されており、地球全体の光合成量の三分の二が森林によると推定されています。もし急激な気候変動に適応できずに森林が衰退し、大気中のCO_2をさらに増加させるようなことになれば、温暖化はより一層進む可能性があります。森林の変化が温暖化と非常に強いかかわりを持つのではないかと懸念されています。（杉村　乾）

地球温暖化防止への日本の約束

一九八八年一一月に、国連環境計画（ＵＮＥＰ）と世界気象機構（ＷＭＯ）の共管組織として、「気候変動に関する政府間パネル」（ＩＰＣＣ）が設立されました。この機関設置の目的は、地球温暖化に関する最新の自然科学的、社会科学的知見をとりまとめ、地球温暖化防止政策に科学的な根拠を提供することにあります。ＩＰＣＣが一九九五年に地球温暖化問題に関する包括的な報告書としてとりまとめた第二次評価報告書によれば、①人間活動による気候変動への主因は化石燃料の使用と農業による温室効果ガスの増加である、②産業革命以前から一九九二年の間に、二酸化炭素は二八〇ｐｐｍから三六〇ｐｐｍに増加している、③一九世紀末以降、地球の平均気温は〇・三～〇・六度、海面も一〇～二五センチメートル上昇した、とされています。また、CO_2濃度が二倍になった場合、地球の全森林面積の三分の一で植生が何らかの変化を受け、その変化の過程で森林が損壊され、大量のCO_2の放出が起こりうるとし、この結果、水資源、食料生産、健康へ重大な影響を及ぼすこと、洪水・高潮などの自然災害の頻発などの可能性が指摘されています。

このような深刻化する地球温暖化問題に対処するためには国際的な取組が必要です。この各国間での取決めが一九九二年の「気候変動枠組み条約」と一九九七年の「京都議定書」です。「気候変動枠組み条約」は、「気候系に対して危険な人為的干渉を及ぼさない水準で大気中の温室効果ガス濃度を安定化させることを究極の目的」とし、先進国などは「二〇〇〇年までに温室効果ガスの排出量を一九九〇年レベルで安定化する」との目標を掲げていました。しかし、二〇〇〇年までにCO_2排出量を一九九〇年レベルに抑えることが困難なことなどから、一九九五年、ベルリンでの第一回締約国会議（ＣＯＰ１）において、第三回締約国会議（ＣＯＰ３）までに二〇〇〇年以降の先進国の取り組みを含めた議定書あるいはそれに準ずる法的拘束力を有する文書を作成することが決定されたのです。この取決めにより一九九七年に我が国の京都で開催されたのが、ＣＯＰ３、すなわち、京都会議です。この京都会議で、先進国の温室効果ガスの排出削減目標を定める法的文書が採択されました。これが「京都議定書」で、温室効果ガスの排出削減目標については先進国とロシア・東欧市場経済移行国全体で目標期間中（二〇〇八～二〇一二年）の平均排出量を基準年排出量（一九九〇年）に対し五パーセントを削減することとし、国別にはEU八パーセント、米国七パーセント、我が国は六パーセントを削減することで決着をみたのです。この削減目標に関して、森林は炭素吸収源として認められ、一九九〇年以降の新規植林や再造林による吸収量を削減目標量に加味できることとされています。また、京都議定書には締約国間で温室効果ガス削減の数量目標を共同で実施する、いわゆる「京都メカニズム」が規定されています。具体的には、①先進国間で排出削減プロジェクトを実施する共同実施、②先進国などと発展途上締約国との間で排出削減プロジェクトを実施するクリーン開発メカニズム、③先進国などの間で排出枠に一部を売買する排出量取引、の三つの規定です。

では、我が国は、約束した削減目標六パーセントをどのような方法で達成しようとしているのでしょう。その内容についてみると、工業・運輸・民政部門などで〇・五パーセント、森林の炭素吸収で三・七パーセント、京都メカニズムで一・八パーセントを削減することとしています。削減目標の六〇パーセント余を国内の森林のCO_2吸収・固定機能に期待しているのです。京都会議では、削減目標や削減方法の枠組みが合意されたものの再造林の定義や吸収源の取扱いなどの具体的な実施ルールについては後の課題とされました。このため、一九九八年のCOP4では吸収源の取扱い、京都メカニズムなどの各課題について、締約国は今後交渉の進展を図りCOP6で京都議定書の具体的実施ルールを最終決定することとされたのです。

二〇〇一年七月のCOP6ボン会議では吸収源としての森林の役割に上限枠が設定されるなど京都議定書の具体的実施ルールが具体化されつつありますが、我が国は六パーセントの削減目標を背負っていることに変わりはありません。林野庁は「森林・林業・木材産業分野における地球温暖化対策の基本方向」（一九九八年七月）を策定し、各種の施策を実施することとしていますが、基本的には、国内森林資源の循環利用システムを構築し、森林のCO_2吸収・固定能を高めていくことが必要とされているのです。

（坂口精吾）

地球温暖化防止と森林

地球温暖化の原因は大気中の二酸化炭素（CO_2）にあるといわれています。森林はそのCO_2を吸収する機能を持つことから、地球温暖化を防止する役割を担っていると考えられています。

植物は光合成によって大気中のCO_2を吸収し、同時に酸素を排出します。このとき、CO_2を形作っている炭素は植物の体内に取り込まれます。取込まれた炭素は、植物が腐ったり燃えたりした時、またCO_2として大気に戻っていきます。植物の中でも草本類は短期間で成長し枯れるので、CO_2についても吸収と排出を短いサイクルで繰り返します。また、草本類は単位面積当りの量も多くはないので、あまりCO_2の吸収に貢献しているとはいえません。一方、木本類は生きている間、数十年から数百年という長期間にわたってCO_2を吸収し、炭素を体内に蓄え続けます。また、単位面積当りの量も草本類と比べるとはるかに大きいので、木本類の集まり、つまり森林はCO_2の吸収・蓄積に大きく貢献していると考えられます。また、森林では地表に落ちた葉や枝、倒木が腐ることによって、それらの炭素が土壌中にたまるため、森林土壌にも多くの炭素が蓄えられていることが知られています。

今、世界の森林にはバイオマス（生物体の量）として三、三〇〇億トン（日本の森林には一三億トン）、森林土壌として六、六〇〇億トン（日本の森林土壌には五四億トン）の炭素が蓄えられています。つまり、森林には合わせて一兆トン近い炭素が蓄えられていることになります。海洋は四〇兆トンという非常に多くの炭素を蓄えているのですが、直接温暖化をもたらしている大気中の炭素は七、五〇〇億トンであり、森林に蓄えられている炭素よりも少ないのです。

このような、森林は光合成によってCO_2を吸収・蓄積する機能を持ち、地球上に占める量も大きいことから、森林は大気中のCO_2の量を調整する機能を持ち、地球温暖化防止の役割を担っていると考えられているのです。

しかしながら、森林を単純にCO_2の吸収源と考えるわけにはいきません。なぜならば、森林はその状態や人間による取扱い方によって、吸収源にも排出源にもなるからです。例えば、若い林は成長が旺盛でCO_2を盛んに吸収しますが、原生林や極相林といった成熟した森林では、木の成長が遅いのに対して枯木や枯枝が増えることから、森林全体としては吸収と排出がほぼ同量になることが知られています。また、森林の伐採はCO_2の排出につながりますし、森林火災においてはその場でCO_2が排出してしまいます。ただし、それらの場合でも植林や天然更新などにより森林が回復すれば、伐採や火災によって排出された分のCO_2は森林の成長に伴って吸収され、排出と吸収は差引ゼロになると考えられます。一番の問題は森林減少です。なぜならば、森林の伐採時にCO_2が排出されるばかりでなく、将来にわたってもCO_2の吸収・蓄積が行われなくなってしまうからです。
　伐採や森林減少といった人間の行為による排出も含めて計算すると、世界の森林全体では毎年九億トンの炭素を排出していることになります。つまり、光合成によってCO_2を吸収するという機能を持ちながら、森林減少が進んでいる現状では森林はCO_2の排出源になっており、期待されている地球温暖化防止の役目を果たしていないのです。世界の地域別に見た森林の炭素収支を図9・2に示しました。これによれば、北半球の先進国では森林はCO_2の吸収源となっているものの、熱帯アジアやアフリカ、中南米では大きな排出源となっていることが分かります。これらの地方では、熱帯林など蓄積の高い天然林が伐採されているばかりでなく、焼き畑や放牧地など他用途への転換が盛んであり、このことが大きな排出源となっている原因と考えられています。

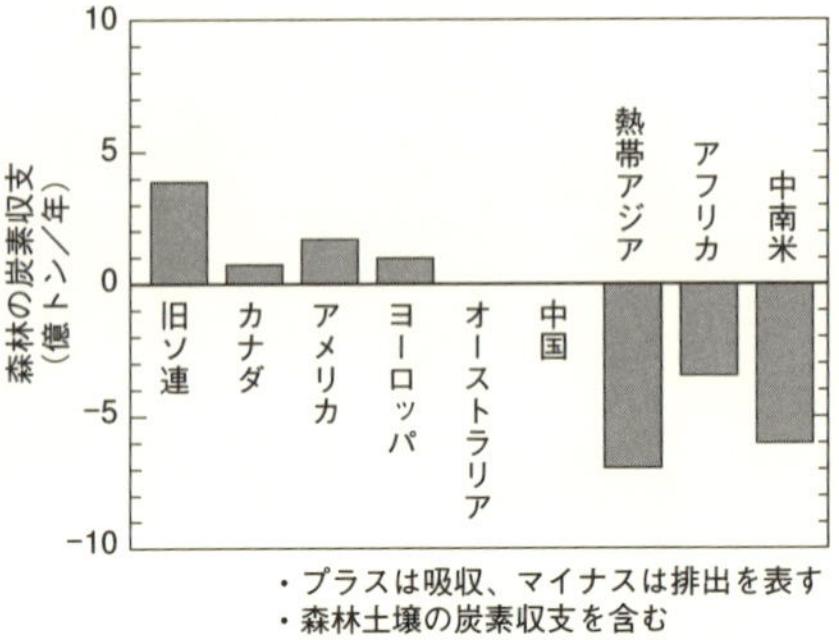

・プラスは吸収、マイナスは排出を表す
・森林土壌の炭素収支を含む

図9・2　地域別に見た森林の炭素収支

　森林はもともとCO_2を吸収・蓄積する機能によって地球温暖化防止の役割を担っているものの、それを十分に発揮するためには適切な森林の取り扱いが必要なのです。地球温暖化防止の役割を果たすためには、まず森林減少を抑制すること、森林の伐採後には植林などによりその回復を促すこと、さらに、森林の面積を増やすことなどが必要であり、持続的な森林管理が求められるのです。

（松本光朗）

木材は優良温暖化防止素材

地球温暖化は環境問題のなかでも人類が直面するもっとも重要な課題の一つといえます。地球温暖化をもたらす温室効果ガスには、CO_2、CH_4、亜酸化窒素、フロンなどがありますが、図9・3および図9・4にみられるように、CO_2はその排出量が膨大で温暖化への影響度がもっとも大きいため、地球温暖化対策ではCO_2排出量の削減が重要な課題となります。そのような背景から、平成九年の「環境白書」では地球温暖化防止対策として、①エネルギー投入量の抑制、②二酸化炭素排出量の少ない（無い）エネルギーへの転換をあげています。

では、木材を使用することが地球温暖化防止にどう関係するのでしょうか。エネルギー投入量、CO_2放出量の面から見ると、表9・1に示したように、木質系材料は非木質系材料と比べて、製造時消費エネルギー、炭素放出量ともに少ないのです。ところで、伐採による森林減少がCO_2濃度の上昇の一つの要因であるといわれていることから、できる限り木材の使用をさけた方がいいと考える人も多いのではないかと思われます。しかし、森林は若齢のときは大気中のCO_2を吸収・固定しますが、成熟するに従って成長量が減退し、CO_2の吸収源としての機能を失います。成長量の衰えた老齢林を伐採し、木造建築、木造住宅、家具などの木製品として生活空間の中に炭素を固定し、伐採地には再び植林し適切な森林管理を行うことにより森林に再びCO_2を吸収・固定化させていく、その方が地球温暖化対策の面から見れば賢い選択

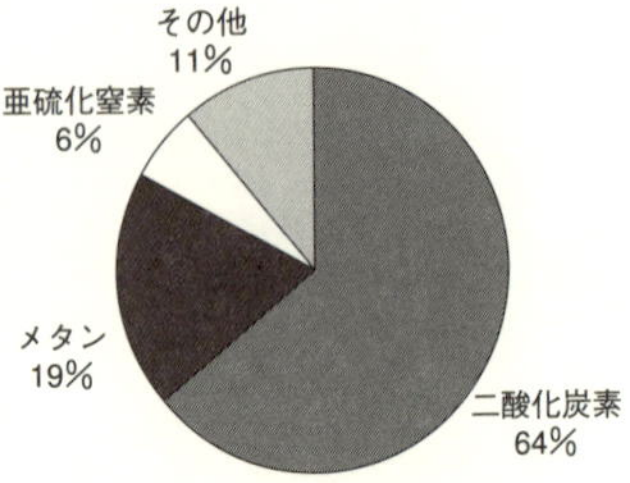

図９・３　産業革命以降人為的に排出された温室効果ガスによる地球温暖化への直接影響度（IPCC第2次評価報告書）

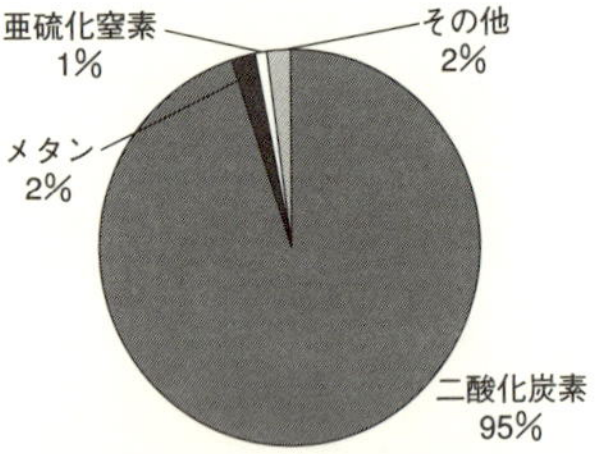

図９・４　日本が排出する温室効果ガスによる地球温暖化への直接影響度
（平成９年度版環境白書）

であるといえるのです。

森林は、大気中のCO_2と水を使って光合成を行うことにより有機物を生産し、成長していく数少ない再生可能な資源であり、石油・石炭のような枯渇性資源とは、この点で大きく異なります。近年、化石燃料の代わりに農業、林業由来の資源を利用することにより、持続的かつ炭素排出量の少ないエネルギーシステムを目指したバイオマスエネルギーが注目されています。CO_2を吸収して成長した林木を燃料として使用すればCO_2を排出しますが、再植林すれば、排出されたCO_2は植林された森林に吸収・固定されるので、単純計算では、大気中に排出されるCO_2の収支はゼロということになります。ＩＰＣＣの報告書には、バイオマスを化石燃料の代わりに使用することにより、二〇五〇年までにCO_2の排出量を一九八五年の半分のレベルにできるというシナリオが示されています。そのシナリオの実現のためには六〇〇万平方キロメートルのバイオマスプランテーションが必要とされています。その土地をどこに確保するかが問題ですが、食料生産には向かないが植林可能な地域、砂漠化が進行している地域、その他、技術の進歩によっては植林可能となる地域は、地球上に二、〇〇〇万平方キロメートル以上あるとい

表9・1　各種材料製造における消費エネルギーと炭素放出量

材　　料	製造時消費エネルギー		製造時炭素放出量	
	MJ/t	MJ/m³	MJ/t	MJ/m³
天然乾燥製材(比重：0.5)	1,540	770	32	16
人工乾燥製材(比重：0.5)	6,420	3,210	201	100
合　　板(比重：0.55)	12,580	6,910	283	156
パーティクルボード(比重：0.55)	16,320	10,610	345	224
鋼　　材	35,000	266,000	700	5,320
アルミニウム	435,000	1,100,000	8,700	22,000
コンクリート	2,000	4,800	50	120

(林野庁「カーボン・シンク・プロジェクト推進調査事業」)

われており、決して不可能な数字ではないのです。また、ユーカリなどの成長が非常に早い樹種（さらに成長の早い樹種が品種改良などによって生まれる可能性もある）を効果的に植林していくことにより、さらに可能性は高まるものと思われます。

私たちが木材をもっと上手に利用していくことは、炭素固定、省エネルギー化、化石燃料使用の低減といった木材の持つ特質により地球温暖化対策に大きく貢献することになるのです。　（鹿又秀聡）

木の住まいは都市の森づくり

日本の森林は約二、五〇〇万ヘクタール。その森林が炭酸同化作用により生産し蓄積している木材の量は約三五億立方メートルで、その木材の中に貯留・固定されている二酸化炭素（CO_2）は一三億トンといわれています。このような森林がCO_2を固定する働きをどう評価するかが京都会議やCOP6等地球温暖化防止のための国際会議での重要な議論の一つになっています。我が国は、京都会議で一九九〇年のCO_2排出量を二〇〇八年から二〇一二年の約束期間には六パーセント削減すると約束しましたが、その三・七パーセントを森林のCO_2固定機能に期待しているのです。

しかし、これは樹木が生い茂っている森林についての議論です。森林のCO_2固定に関して重要なもう一つの論点は、森林から伐り出された木材そのものが、私たちの生活資材として大切に長く利用されれば、炭素の缶詰（木材の乾重量の半分は炭素）ともいわれるように温暖化防止のための優良素材であるということです。現在、私たちは年間約一億立方メートルの木材を紙や住宅資材などに消費していますが、その八〇パーセントは外国から輸入したものです。京都会議で約束し、期待されている我が国の森林のCO_2機能を十分に発揮させるには、国内の森林資源を循環的に利用し、伐り出した木材をできるだけ長く利用していくことが必要なのです。

ところで、我が国の森林から生産される木材はスギ、ヒノキが主体でその主な用途は柱や梁などの建築用材です。炭素の缶詰といわれる木材を建築部材としている木造住宅は、CO_2を貯留固定しているという意味では、形を変えた森林ということができます。東京大学の有馬教授は、このような意味で、木造住宅や木造建築を「都市の森林」と呼んでいます。戦後、マイ・ホームを持つことを夢とする国民の旺盛な需要を背景にして、住宅生産が盛んに行われ、現在では総住宅数が世帯数を上回るまでになっています。

有馬教授のレポート［森林科学 二九号］によれば、一九九三年時点で、総住宅数に固定貯留されている炭素量は一・四億トン（うち木造住宅の占める割合は九〇パーセント）で、これは日本の森林全体が固定貯留する炭素量の二〇パーセント、人工林のそれの五〇パーセントに相当すると推計されています。二、五〇〇万ヘクタールの二〇パーセントといえば、いわば、五〇〇万ヘクタールの「都市の森」が住宅という形で存在していることになるのです。しかし、この「都市の森」は十分ではなく、かつ脆弱な森だということができます。というのは、総住宅に占める木造住宅の割合は、四人のうちの三人が一戸建ての木造住宅に住みたいという一般国民の根強い潜在需要の高さにもかかわらず、四五パーセントに過ぎないのです。また、木造住宅の耐用年数が平均で二五年ときわめて短いということです。いわば、「都市の森」は、拡大の余地を持ちながらも化石資源などの建材・代替品による非木造住宅とのせめぎ合いに押され、また、植林された森もきわめて若い年齢で伐採されることになり、結果的には廃材として燃焼されることによってCO_2を排出していることになります。この意味では、「都市の森」はCO_2の貯留固定機能を十分に果たしているとはいえないことになります。

では、「都市の森」を広げ、その炭素固定機能を高めていくためにはどうすればいいのでしょう。その一つは、木造住宅の耐用年数を長くすることです。すでに、三橋教授はゼロ・エミション社会の実現のために「百年住宅のすすめ」を「森とCO_2の経済学」の著書の中で提唱しています。

戦後、我が国は大量生産・大量消費・大量廃棄によって高度成長を達成してきたといえます。このような思想のもとで、住宅も消費材として大量生産されてきたともいえます。しかし、地球温暖化が深刻化してきている今日、木造住宅に対する思想そのものを転換することが求められているのです。そのためには、社寺や旧農家にみられるような骨太い木組みの住宅など耐用年数の長い新たな木造建築様式を提案していくこと、また、ビルのオフィスの内装材として「都市の森」を広げていくことが地球温暖化防止における具体的な政策として必要ではないかと思われます。

（坂口精吾）

故などの影響によって、原子力の安全性に疑問が持たれ始め、1980年3月にその是非を問う国民投票が行われました。その結果を受け、同年6月には原子炉削減の議会決議がなされ、1999年11月30日には、トラブルや欠陥もなく、平常に運転されていたバルセベック原発1号機が閉鎖されることになります。このようなエネルギー政策の変革の結果、代替燃料としてバイオマス燃料が注目されるようになったのです。

スウェーデンでは木材の生産が盛んなことから木質バイオマスの利用も進んでいます。木質バイオマスは、パルプ黒液を除くと、主として地方都市の地域暖房に用いられています。木質バイオマスの利用が進んだ要因としては、集材コストの削減による末木（樹木の先のほう）や枝条の価格低下や税制の問題などが考えられます。スウェーデンでは、さまざまな分野で環境税あるいは環境課徴金制度が導入されてきていますが、エネルギー関連の税として、エネルギー税や環境税(炭素税、硫黄税および窒素酸化物課徴金)などが存在します。これらの税額は燃料の種類によって変化します。例えば、民生部門において使用する化石燃料には高い税金がかかるようになっています。そのため、税を除く燃料コストが他の燃料と比べて割高な木質バイオマスであっても、税金が加えられることによって、相対的に安価なエネルギー源となり、その利用が進んだのです。

日本とスウェーデンは森林面積、森林成長量ともにほぼ同じ水準にあります。日本においても、木質バイオマスを化石燃料の代替エネルギー源として利用する潜在的な能力は存在するものと考えられます。我が国で木質バイオマスの利用が進まない理由を探すことは簡単です。森林が急峻であるため、大型林業機械による集材コストの削減が進まないこと、スウェーデンと違って日本では地域暖房が発達していないことなどです。しかし、先進的な事例を参考にして、より良いものをつくり出していくことは、私たち日本人が最も得意としてきたことではないかと思います。不振にあえぐ日本林業にとっても、木質バイオマスの利用促進は救世主となるのかもしれません。言い訳を考えるよりも先に、日本に適したやり方を、熱意を持って模索していくことが大切なのではないかと思います。

（西園朋広）

化石資源からの脱却

—木質バイオマス資源利用への取り組み—

毎日の生活のなかで、私たちは石油や石炭などの化石燃料を大量に消費しています。

しかし、化石燃料の大量消費は地球温暖化に影響を及ぼしていることが指摘されていて、国際的な懸念となっています。さらに、化石燃料は一度掘り出して利用してしまうと無くなってしまうので、資源量に限界があることも明らかです。そこで、持続的に利用でき、地球温暖化などの環境問題に対して負の影響を及ぼさない燃料を探す必要があります。そのような燃料の一つとして注目されているのが、バイオマス燃料です。バイオマスは太陽エネルギーを蓄えた生物体のことです。化石燃料も、もとは数千万～数億年前に生きていた生物体です。しかし、バイオマス燃料は比較的短期間で再生可能であるという点において、化石燃料とは大いに異なります。

バイオマス燃料は、木質系バイオマスと非木質系バイオマスとに大別することができます。木質系バイオマスには、木材を細かくしたチップ、林地残材、および木材産業から出るオガクズなどがあり、製紙用パルプの廃液も含まれます。非木質系バイオマスには、農業で発生するわらやモミ殻、家畜のふん尿、家庭からのゴミが含まれます。

木質バイオマスである樹木を燃料として燃やすと樹木に含まれていた二酸化炭素（CO_2）が放出されて、大気中のCO_2は増加しますが、新たに造成された成長の旺盛な若い森林に再び吸収され結局、大気中のCO_2は増加も減少もしないということになります。そのため、木質バイオマスは持続的利用と環境保全の両方を満たすことのできるエネルギー資源であるということができるでしょう。

バイオマス燃料の利用が進んでいるのは北欧の国々です。その中で最もバイオマス燃料が利用されているのは、スウェーデンです。スウェーデンでは第一次エネルギーに占めるバイオマス燃料の割合は、2割程度にも上っています。それに対して我が国におけるそれは1%にも満たないのではないかと考えられています。なぜ、スウェーデンではバイオマス燃料の利用がこのように盛んなのでしょうか？。この国では、1970年代のエネルギー危機までは、水力発電と輸入に依存した化石燃料によるエネルギーの供給がなされていました。エネルギー危機後には、原子力政策が推進されることになります。しかし、米国スリーマイル島原発事

第10章　木の住まいづくりが支える山村社会

今、「山村」は？

山村は、国土面積の五割、森林面積の六割を占めています。かって、山村は豊富な森林資源のもとで、国民生活に欠かせない木材をはじめとする林産物を供給するほか、その生産活動を通じて清浄な空気の供給、水資源のかん養、美しい自然景観の保全など森林の持つ公益的機能の発揮に大きな役割を果たしてきました。しかしながら、我が国の高度経済成長とともに、若年者を中心とした人口の都市への流出という過疎化の波にみまわれ、人口の減少と高齢化が著しく進展しました。このため、昭和四〇年に政府は山村振興法を制定し、この法律に基づき過疎山村の社会経済の振興のための施策を展開してきました。現在、全国市町村数の四割を占める振興山村の人口は我が国人口の四パーセントを占めるにすぎませんが、各種の過疎対策にもかかわらず、依然として人口の減少が進み、高齢者比率（全人口に六五歳以上の占める比率）は全国平均の一五パーセントに対して二四パーセントにも達しています。

では、なぜこのような山村の過疎化が続いてきたのでしょう。それには、山村の基幹産業でもあった林

写真 10・1　過疎化の進む山村（山形県西川町大井沢）

業の低迷に加え、道路、下水道などの社会資本や医療、文化教育施設などの生活基盤の整備が都市に比べ、なお立ち遅れていることがあげられます。ちなみに、一九九五年時点で、全国平均を一〇〇パーセントとして、下水道の水洗化率は三三パーセント、道路舗装率は八三パーセントの水準に置かれているのです。

このような山村の人口の減少・高齢化は、国土保全、水資源のかん養、保健休養機能など森林の持つ公益的機能の高度発揮に対する期待が一層の高まりをみせるなかで、不在村森林所有者の増加などにより、その守り手を失うことを意味します。一九九四年の「林業構造動態調査」（農林水産省）によれば、不在村者保有山林の管理は五七パーセントは外部委託されていますが、手入れを行っていない山林も二三パーセントに及んでいました。国内林業を取り巻く経営環境が一層厳しさを加える現在では、間伐や伐採跡地の放棄など在村住民の林業離れがみられるようになってきています。山村の疲弊は、もはや山村住民の問題だけでなく都市住民を含めた国民全体で対処しなければならない課題でもあるといえます。

もっとも、このようななかでも、山村自体の「村おこし」のための取組も各地で展開されてきています。また、山村住民と都市住民の交流も各地で行われるようになってきています。

最近の例では、ある山村では、近県の旅行会社との提携により、村内スキー場草地でワラビ、ウド、フキなどの山菜採りツアーを実施しています。また、地球温暖化防止対策の一環として、村内に豊富な木質系バイオマス資源による電力発電を行い、森林資源の循環利用を通じた林業の振興に取組む市町村もみられるようになってきています。都市住民と山村住民との交流では、すでに茅場村や上野村などが有名ですが、最近では、「学級崩壊」などの深刻化とともに森林の文化・教育機能が重要視されるようになってきています。

しかしながら、木材のみならず椎茸や山菜に及ぶ外国産物の輸入攻勢のもとで、依然として、山村全体としての過疎化は続いています。国民全体として、山村を支え活性化するための政策的な枠組みづくりが必要とされているのです。ＥＵ（欧州連合）では、デカップリング政策により、条件不利地域の農林家に対して直接所得補償を実施しています。水源や美しい自然景観の農林地の守り手を維持していくためには、山村地域での農林家の生活に必要な所得を国民全体で補償するというのです。我が国でも、農業基本法の改正により、中山間地の農地の公益的機能の維持活動を行う農家に対して所得の一部を補填する直接助成制度が設けられました。林業では、昭和三九年に制定された林業基本法も、約四〇年間における高度経済成長期から安定成長期、バブル期からバブル崩壊による失われた九〇年代に至る我が国社会経済の目まぐるしい変貌のもとで、森林に対する国民の価値観の変化や要請の高度化・多様化といった現状にそぐわないものとなったことから、平成一三年六月に「森林・林業基本法」へと改正されました。新たな「森林・林業基本法」では、総則・第一条で山村振興を図ること、第三章森林の有する多面的機能の発揮に関する施策・第一五条で山村地域における定住の促進に必要な施策を推進することが規定されています。この法律の趣旨に沿って、官民一体になった山村振興への取組の展開が期待されます。

（山田茂樹）

誰が森林を管理する？

森林は私たちの国土の七割を占めています。世界的にみても有数の森林国です。森林のうちの四割、一、〇〇〇万ヘクタール余は人工林です。人工林は、密に植栽して、成長に応じて必要な手入れを行いながら育てていく方法でつくられてきました。現在、人工林の七割は三五年生以下で、間伐などの手入れが必要な時期にあります。間伐は風雪害や病虫害に強い森林をつくり、表土の流出を防ぐことなどの重要な作業です。

これまで森林の管理作業は、主に木材生産を目的として森林所有者などが行ってきました。ところが近年、木材価格の低迷により木材生産による収入確保が困難となり、森林所有者の森林管理に対する関心が薄れる傾向にあります。そのため、保育や間伐など適切な手入れを行わずに放置するケースが増えているほか、所有林の所在や境界が分らなくなった森林所有者や立木を伐採した跡に植林をせず放置する森林所有者もみられます。

この傾向は、地域によって異なります。例えば、全国有数の林業県である高知県のソニア流域と都市近郊に位置する神奈川県の足柄地域の森林所有者に対するアンケート結果（一九九八年調査）を比べてみましょう。木材生産による収入は、前者では三四パーセントの所有者が得ているのに対し、後者ではわずか一パーセントの所有者が得ているにすぎません。これは森林管理状況にも反映されます。過去五年間に管理作業はもちろん山の見回りにもいったことがないという所有者の割合は、前者では一五パーセントですが、後者では三三パーセントにのぼります。また、所有林の境界を知っている所有者の割合は、前者では八五パーセント、後者では六九パーセントです。

また、世代によっても森林管理作業の能力などが異なります。図10・1をみますと、地域によって差はあるものの、自分で森林管理作業ができる所有者の中心は、六〇歳代から七〇歳代前半です。ちょうど、木材価格が高く林業が活気に満ちていた時期に青年期を迎えた世代です。これより若い世代には、経験がないために自分自身では森林管理作業ができない所有者が目立ってきます。逆に、これより高齢になると、体力的に森林管理作業が困難となる所有者が増えていきます。したがって、今後世代交代が進むと、森林所有者自身による森林の管理は、ますます難しくなることが予想されます。これに対し、森林所有者の協同組合である森林組合の中には個々の所有者をサポートしようとする動きもみられますが、多くの森林組合では作業班員の高齢化などの問題を抱えており、必ずしも十分な役割を果たしているとはいえない現状

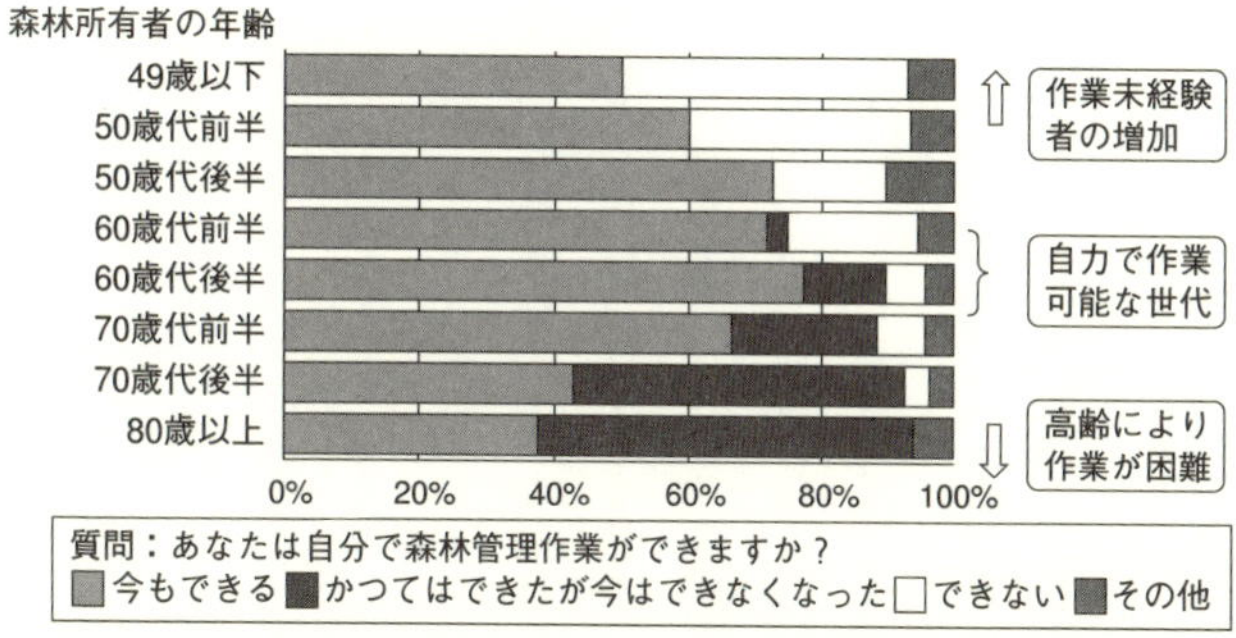

図 10・1　森林所有者の年齢と森林管理作業の能力の関係
（岩手県気仙川流域の森林所有者に対するアンケート調査結果（森林総合研究所経営組織研究室、1998 年実施））

にあります。

では、森林所有者自身では管理が困難になりつつある森林を誰がどのような形で補っているのでしょう。それには公的機関と市民グループによるものがあります。森林管理の問題は山だけの問題に止まりません。森林は、再生可能な資源である木材を生み出すほか、水や大気の循環などを良好な状態に保つなど多様な機能を持っており、私たちの生活とも密接に結びついています。そこで、国や地方自治体などの公的機関は、森林所有者の間伐作業などへの助成や森林資源の有効活用の促進などを通じて、直接的、間接的に森林管理をサポートしています。また、地域によっては、渇水や水質の悪化などを背景として、下流に位置する自治体が森林のある上流の自治体や森林所有者などに対して、森林管理にかかわる費用を支援するといった上下流協力による形態もみられます。これらの財源としては、税金のほか、寄附金や森林管理のために積み立てた資金を活用したり、水道の利用に応じた負担を求めるといった方法もあります。

一方、公的機関に頼りきるのではなく、市民が自発的に森林管理にかかわろうとする動きも各地で広がっています。例えば、身近な森林を保全するために地域の住民が協力して下刈りや間伐などの作業を行ったり、都市住民がボランティアで山村の森林を整備するといった動きがあります。また、少し違った角度で、木材を利用することによって森林づくりに参加するという方法もあります。今、日本の木材自給率は二割ほどです。私たちを囲む家具や住宅などに使われる木材の多くは、遠く海の向こうから運ばれてくる木材です。ですが、例えば、森林所有者や木材関連業者、建築家と住宅の建て主とが連携して、地元の木材を使って家をつくることにより、地域のなかで資源がうまく循環する仕組みをつくることができれば、地域の森林管理へとつながります。森林の管理は、家づくりなど私たち消費者としての選択やライフスタイルとも深いつながりを持っています。この点に注目して、地域の木材資源を有効活用することによって森林管理を支えようとする動きも各地で展開されています。

森林の管理や荒廃は決して遠い山での出来事には止まりません。私たちの日々の暮らしのなかで山のことや木材のことを考えていくことも大切なのです。

（石崎涼子）

国産材はなぜ使われない？

一九九九年に総務庁が実施した「森林と生活に関する世論調査」によれば、新たに住宅を取得するなら木造住宅を選びたいという回答が全体の九割近くを占めました。また、そのように回答した人の四分の三は、選ぶなら在来軸組構法だとしています。若い世代ほど木造、特に在来構法を好む人が少ないという傾向はあるものの、木造住宅には今も根強い人気があるようです。しかし、その住宅に使う木材を国産材にしたいか外材にしたいかということは別の話です。「総檜《ひのき》づくりの家、柱には四寸角を使用」というキャッチフレーズに強い魅力を感じる人もいるでしょうし、丈夫で安ければどちらでも構わないとか、そもそも関心がないという人もいるでしょう。そこで、まず住宅に用いられる木材のなかで、国産材が置かれてきた状況についてみてみましょう。

木造住宅の中でも、ツーバイフォー住宅や木質プレファブ住宅では、以前から外材が多く使われてきました。国産材が多く使われてきたのは在来構法の住宅です。しかしその在来構法の分野でも国産材は苦戦しています。「在来軸組構法」と聞くと、伝統的なもの、昔から変わらないものというイメージをお持ちになるかもしれません。その言葉からはちょっと想像しづらいのですが、在来構法も時代に合わせて変化してきました。それにつれて、使われる木材も変わっています。まず、柱や梁などの「構造材」についてみると、一九六〇年代から、国産材に加えてベイツガやベイマツといった北米産の木材(米材)が多く使われるようになりました。日本では六〇年代から七〇年代にかけての高度成長期、木材の消費量が急激に拡大したのですが、国産材だけではこれに対応できなかったのです。このため当初は政策的に輸入が促進されましたが、米材は資源が豊富で安定した供給が見込めたこと、一定の品質のものが必要なだけ揃えられたこと、そして何より安価だったことによって、その後、大量に出回ることになります。しかし、一九九〇年代に入ると、北米での資源の減少などを理由に、特にベイツガの輸入は目にみえて減っていきました。この間、植林によって国内のスギやヒノキはずいぶん増え、量の面では国内消費のかなりの部分をまかなえる状態になっていました。しかし、今度は別の強敵が現れます。それが集成材です。集成材は狂いが少なく、強度の面でもより安心だという理由から、急速に浸透していきました。在来構法に使われる柱の三割以上がすでに集成材に取って代わったともいわれています。この集成材の多くは北欧産やニュージーランド産などの外材です。壁や床などの面の部分も、板から合板へと置き換えられてきました。長年にわたって住宅を建ててきた大工さんにも、在来構法でもっとも大きく変わったのは合板を使うようになったことだとする方が少なくありません。その合板も、ほぼ一〇〇パーセントが輸入品か、外材を使って国内生産されたものです。

このように在来構法でも様々な部分に外材が浸透しつつあります。このような状況を打開するため、国産材の業界では様々な取り組みを行ってきました。国産材拡大への取り組みとしてまずあげられるのは、木材の「人工乾燥」でしょう。木材は乾燥するときに狂いが生じるため、あらかじめ乾燥させてしまい、建てたあとに狂わないようにしようというのです。特にスギは乾燥が難しいとされ、コストもかかるため、技術の開発・改良に向けた研究が進められています。人工乾燥よりも、いっそのことスギを集成材にしてしまおうという動きもあります。価格面で苦戦しており、一気に生産量が拡大するという状況にないことは事実ですが、スギ集成材の工場を新設したという話が全国のあちらこちらで聞かれるようになってきました。

一方、合板についてはなかなか国産材の出番がありません。合板は大量生産によるコストダウンがとりわけ強く求められる製品です。このため一定の品質の木材を大量に、そして安定的に工場に納める必要があるのですが、国産材はこれが苦手です。この点は合板向けの木材に限った話ではありません。日本では一般に、林業や木材の加工・流通にたずさわる業者の規模が小さく、大口の注文には応えづらい体質です。こうした体質の改善は、国産材利用の拡大のうえで大きな課題だと思われます。在来構法以外の住宅にも国産材がもっと使われるよう、魅力的な新製品の開発も重要なテーマです。内装用などの新たな分野に、さらに積極的に打って出ることも必要と思われます。

（嶋瀬拓也）

暮らしのあり方を求める「国民参加の森づくり」

「参加」という言葉は美しい響きをもち、自発性、社会貢献、無償奉仕など、一般的に善とされる意味合いを持っています。しかし、「参加」は、それを欲する人々の要求＝市民運動、あるいは行政の動員＝Public Relations のスローガンとして発現しており、それほど純粋無垢なものではありません。例えば、林野庁が林業白書の中で「国民参加」という言葉を用い始めるのは一九七〇年代前半頃からですが、一九七三年の白書を見ると、国民一般が費用負担者となることを指す言葉として「国民参加」が用いられています。すなわち、ここで期待されていたことはお金の拠出だったといえます。一方、市民運動では、例えば一九七〇年代、奥地開発に伴う林道建設や大規模伐採に抗して高揚した自然保護運動のなかで「参加」の必要性が声高に叫ばれました。これは自分達の価値観を行政当局に伝えるチャンネルがない、あるいは既存の手続きでは伝えることが難しいため、直接的な対話の窓口を要求する運動でした。このように、従来の「参加」は、誰かの目的達成の手段として捉えられてきました。本稿の題にある「国民参加」は行政の側の言葉として、依然その色彩を強く持っていますが、一方の市民の側の「参加」は、この一〇数年でその中身が大きく変わってきているのです。

一九七〇年代の自然保護運動と対比すると、ここ一〇数年の市民の側の変化は、「参加」を要求実現の手段というより自らのレクリエーションとして捉え、森林の管理活動で自発的に額に汗するようになっている点です。森林にかかわる市民活動は、対象の違いから人工林系といわれる森林ボランティア活動と里山系といわれる雑木林保全活動の二つに大別されます。まず、人工林系の活動について見ると、その始祖は「草刈り十字軍」であると思われます。除草剤散布の対案として一九七四年から始まった彼らの下草刈り活動は、重労働を喜ぶ若者達の精神修養的な場として、ごく最近まで特異な扱いをされてきました。しかし、一九八〇年代後半以降、軽い下刈り、枝打などの作業が、人間としての身体性を回復させてくれるレクリエーションとして、特に都市住民の間で広く認知されるようになっています。同様な傾向は里山系の活動でも見られます。里山系の活動は、バブル経済の始まった一九八〇年代後半からその保護運動として興隆しました。そこでは、開発と対峙する理論武装のなかで、従来からの人為を排除する自然保護論ではなく、人の暮らしとのかかわりの中で形成された二次的自然の価値が認知されていきました。そして、ここでも、潅木の整理、萌芽更新、炭焼きなどの森林作業が、楽しみとして捉えられました。この二つの系統の間には、人工林系の作業技術指向と里山系の自然保護指向という指向性の違いが存在していますが、森林作業をレクリエーション的に感じている点では共通しています。

このような、レクリエーション化することで盛んになってきた森林にかかわる市民活動は、一九九〇年代の半ば頃から新たな段階に進んでいます。すなわち、地球や地域環境の制約のもと、今後、人々がいかに暮らしていくかを考えるなかで、林業関係者ですら半ば諦めかけている森林管理を経済ベースに乗せる試みが始まっているのです。その一つは、地場材を使う運動です。その先駆である「東京の木で家を造る会」は、奥多摩の森林ボランティア活動のなかで生まれた会で、彼らは、木材の工業製品化によって木本来の良さが失われ、それを活かす技能が廃れていく時流を、建築費の使途見直しと流域材の使用による環境プレミアによってくい止め、人工林や山村社会の維持に結び付けようとしているのです。一方、里山系でも「霞ヶ浦・北浦をよくする市民連絡会議」のアサザプロジェクトでは、建設省と組んで流域の広葉樹の枝を在来河川工法の素材として利用する試みが事業化されています。また、人工林、里山を問わず、利用されずに存在価値を失っている森林に、再度、経済ベースの社会的価値を与えるものとして、木質バイオマスエネルギーの普及に取組む市民団体が増えています。こうした取組の基盤となっているのは、森林や木材の有する自然とともに生きる心地よさや将来にわたる安心感です。従来、行政も研究も、社会ニーズといいつつ、規格化、均一化といった技術ニーズばかりを追いかけ、人にかかわる部分に正面から取組むことは少なかったのではないでしょうか。誰のための、何のための技術開発なのかという原点に立ち戻って、木にかかわる人々の存在や各々の暮らしのあり方を、国民参加の森づくりのなかで市民と共に模索すべき段階に来ているように思われます。

（斉藤和彦）

「近くの山の木でつくる住まい」が支える山村社会

近くの山の木を使って家を建てようという市民グループが各地で誕生しています。この市民グループ誕生の背景には、木材・住宅市場の国際化による輸入外材製品の増大が国内林業を窮地に追い込み、山村社会の過疎・高齢化や森林管理の疎放化を加速しつつあることへの危機感があります。すなわち、我が国の木材需要の八〇パーセントは輸入材で占められ、これまで営々と育成してきたスギ、ヒノキなどの国産材の捌け先が狭められてきているのです。安い外材の浸透は国産材価格の低下を招き、林家などの林業を営む経営体の存続を危うくしています。この結果、健全な森林の造成に欠かせない人工林の間伐などの手入れを放棄したり、伐採跡地に再造林をしないといった林業経営に意欲を失った森林所有者が増加してきているのです。まさに、「林業家だけでは山が支えきれなくなり森林が危機的な状況に直面している現実」が、これらのグループが生まれるきっかけになっているのです。その目的は、近くの森の木で家をつくることによって、地域の林業を元気づけ森林管理の適正化と森林の健全化を図ることにあります。その最初のグループは、一九九六年四月に発足した青梅林業地の林業家や建築家などによる「東京の木で家を造る会」で、すでに四〇棟以上の実績を持っています。以降、「とやまの木で家をつくる会」（富山市）、「木の香る住宅工房」（広島市）、「そまの家をつくる会」（大宮市）など、ここ四、五年の間に、この運動を地域で実践しているグループは一一五団体に及んでいます。このような全国各地での市民グループの活動の裏側では、蔓に絡まれたままの林、間伐がされないまま林内が真っ暗でモヤシのようになった林、ゴミ捨て場にされたままの林など、森林所有者にも見捨てられた森林が地域の人々の目にとまるまでに増加してきているという深刻な事態が進行中なのです。

ところで、我が国にはIT革命などさらに国際化の波が押し寄せてきています。国内林業・林産業も例外ではありません。このままでは、国内の森林は荒廃・劣化の一途をたどることにもなりかねません。この市民グループの運動は、国際的な貿易の一層の拡大が各国の環境改善と調和的であるとするOECD（経済協力開発機構）やWTO（世界貿易機関）の経済合理主義の思想とは全く異なった視点から、地域の人々による地域資源の循環利用システムを再構築することを目的にしているのです。貿易市場の国際化、すなわちグローバリゼションの進展は、必ずしも、各国の人々の幸せにつながるわけではありません。とりわけ、各国の自然環境条件のもとで生産される農林産物を国際的な競争市場に委ねることは、国内バイオマス資源の荒廃・劣化を招くばかりでなく、地域社会の存続や伝統文化の継承をも危うくする恐れがあるのです。すでに貿易立国として経済大国となった我が国の裏舞台では、中山間地域での農林業の衰退と地域社会の解体が進行してきているのです。

地球環境問題の深刻化とともに森林への期待は大きくなってきています。CO_2の吸収源としての森林、希少な動植物を保全する森林、生活を守る森林。宇沢弘文博士のいう「社会共通資本」としての森林を維持・整備していくことは国民的課題ともいえます。「近くの木で家をつくる」という運動に取組んでいる人々の輪を支援・拡大し、全国的な国産材の循環利用システムとして再構築し定着化させていくことが、山村・林業の活性化に欠かせないことなのです。

（坂口精吾）

まりました。もちろん、フランスやドイツでもこれまでの選別的な規模拡大による構造政策の限界を認識していました。60年代の高度経済成長を通じて山岳地域をはじめとした条件不利な地域で過疎化や他地域との格差拡大が進み、選別的な構造政策ではこうした地域問題を解決できなかったからです（注3）。

EUにおいて条件不利地域対策が導入された意義として次の点があげられます。第一に地域主義という視点が強化されたことです。EU共通市場での効率性の追求は地域主義という原理との整合性のうえで行われることが明確となりました。第二に農業は単に食料を生産するだけでなく、生産を通じて環境や景観保護へ貢献すること、あるいはすべきことが認められたことです。第三に農業支持の方法として直接所得補償が導入されたことです。この直接所得補償による農業支持は、前述したように80年代以降、農業支持とその生産、消費、貿易への影響とを切り離す方法として注目されることとなりました。

さて、我が国において条件不利地域への直接所得補償制度を国として最初に取り上げたのは1992年の「新しい食料・農業・農村政策の方向」でした。ただし、この中ではその導入には否定的でした。その後、中山間地域の過疎化、高齢・少子化、耕作放棄、森林整備の遅れにより、社会経済的側面だけでなく国土保全上からも中山間地域農業の支援が必要であるという認識が高まったのです。また95年にWTO農業協定が成立、発効し、我が国でもデカップリング的な施策導入の必要性が高まりました。こうしたことから急傾斜地農業に対して2000年度から直接支払いが開始され、森林に対しても2002年度から直接支払いが導入されます。これらは山村を支援する新しい試みといえます（注4）。（堀　靖人）

注1：矢口芳生「デカップリングの概念と農政上の位置づけ」農業と経済、58(12)、pp5～15、1992年

注2：W.M.マイナー・D.E.ハザウェイ編、逸見謙三監訳「世界農業貿易とデカップリング」日本経済新聞社、1998年

注3：是永東彦・津谷好人・福士正博「ECの農政改革に学ぶ」農村文化協会、1994年

注4：平塚貴彦「中山間地域等支払制度の意義と課題」、地域開発　2000.6 pp26～30、2000年

山村とデカップリング

農民を農産物の価格変動から守ることは農業政策の主要な課題です。しかし、価格を安定させることは同時に農産物の生産と消費に影響を及ぼし、貿易、資源分配を歪曲させることになります。最近、よく耳にするデカップリングという言葉は、生産、消費、貿易への影響を歪曲しない方法による農業支持という概念を意味しています（注1,2）。

農業支持による生産、消費、貿易への影響をデカップリングする（断ち切る）必要性が高まった背景には1980年代の世界農産物貿易の状況変化があげられます。それまで順調に伸びていた需要が80年代に入って伸び悩み、輸出の減少と農産物の価格低迷にみまわれ、その結果、多くの国において農業と農業関連産業が苦境に立たされました。こうした状況に対応するため、それぞれの国では農民支援、価格支持など自国の農業保護を強めました。しかし、そのことが農産物を増産させることになり、貿易摩擦に拍車をかけることとなりました。そして農業問題が関税・貿易一般協定（ガット）によるウルグアイラウンド（多角的貿易交渉）の主要な議題となったのです（注2）。

貿易という国家間の問題にとどまらず、多くの国々においても農業支持に費やす助成金、補助金支出は国の財政をひっ迫させました。例えばEUでは農民支持のために価格支持政策がとられてきました。しかし、農産物の価格支持によって生産が増加し、価格支持のため財政支出がさらに増加するという悪循環にみまわれました。我が国においても米価が政府によって維持され、生産過剰に対しては減反政策がとられてきました。同時に、価格支持政策のもとでは増産のために環境への負担の大きな農法がとられ、環境保護の上でもこのような生産を刺激する政策は疑問視されるにいたったのです。

以上のような背景のもとで、1980年代以降、デカップリングという概念のもとでこれまでの農業政策を再構築する必要性が高まったのです。

自国の農業保護政策と生産、消費、貿易への影響を切り離す手だてはいろいろ考えられますが、最も厳密な方法と判断されているのが直接所得補償です。なかでもEUの条件不利地域に対する直接所得補償がよく知られています。EUが条件不利地域対策を取り入れた契機はイギリスのEC加盟でした。イギリスでは従来から直接所得補償をふくむ丘陵地農業対策を実施しており、イギリスのEC加盟にともない条件不利地域対策がECの政策として認知され、1975年のEC指令によって導入が決

第11章　森の恵みと木の住まい

減少・劣化する世界の森林

地球上の森林は、中南米や旧ソ連などを中心に、約三四億五千万ヘクタールあるといわれています（図11・1）。これは、いまだ世界の陸地の約四分の一を占める広大な面積ですが、年々面積を減少させ続けています。

ＦＡＯがまとめた「世界森林白書」の統計（図11・2）によると、一九九〇年から一九九五年までの五年間で、ヨーロッパや北米などの先進地域では、農地や放牧地などに木が植えられて、九〇〇万ヘクタールほど森林面積が回復しました。しかし一方で、開発途上地域では、農地への転用や過放牧、薪炭の過剰採取などで、約六、五〇〇万ヘクタールもの

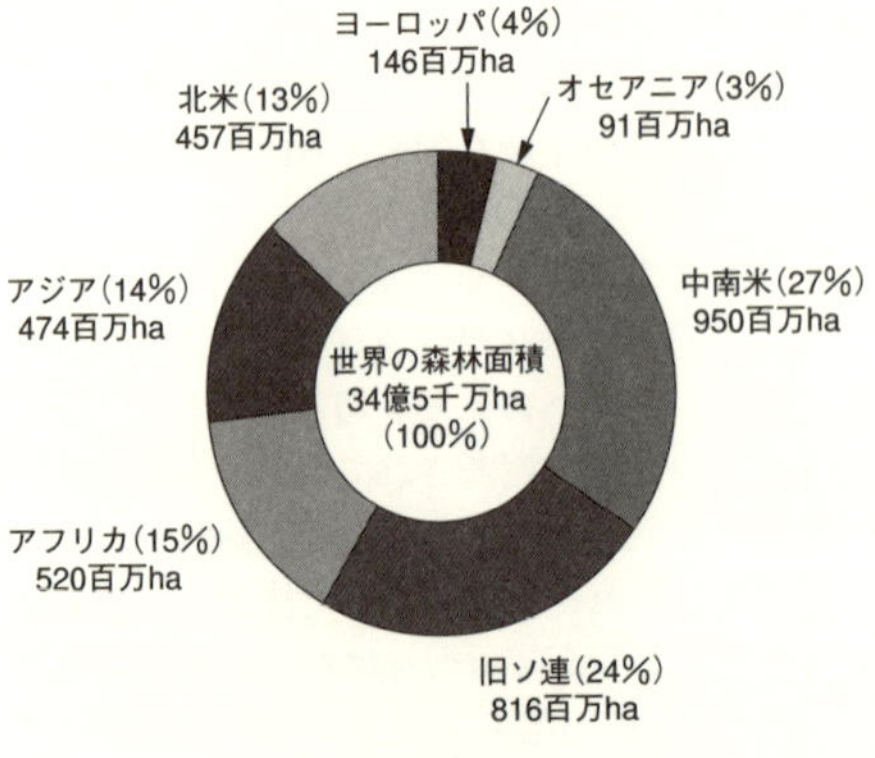

図 11・1　世界の森林面積（FAO「世界森林白書」、1999）

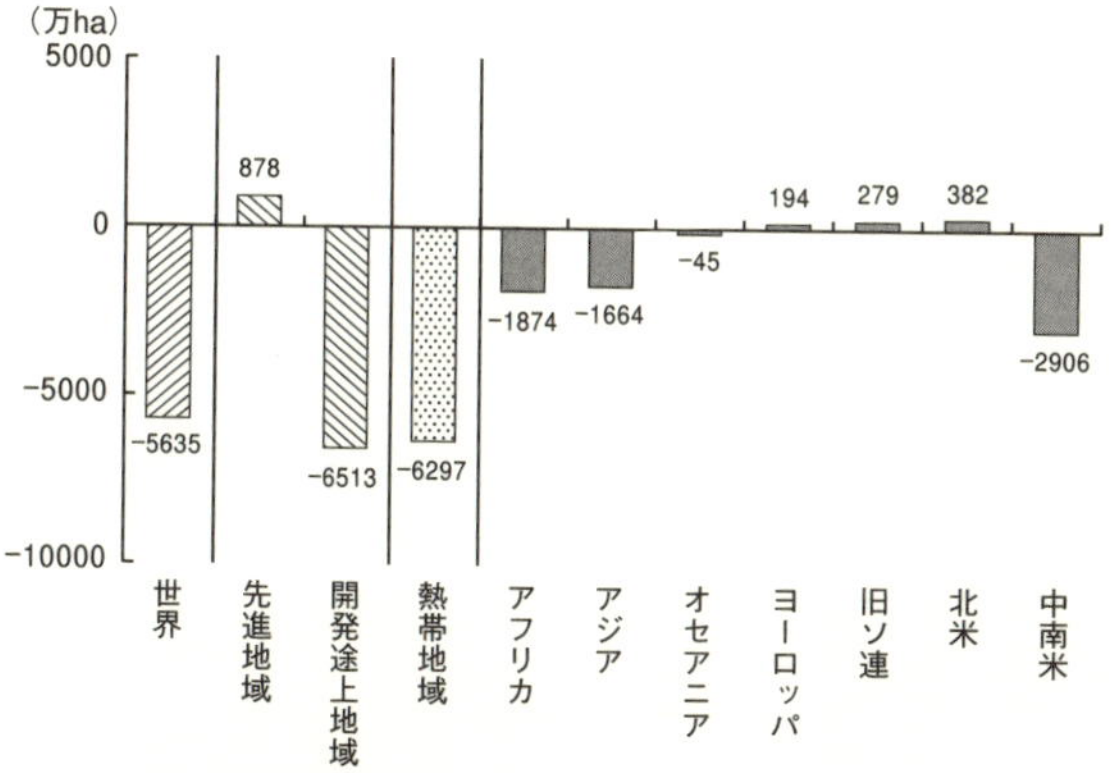

FAO「世界森林白書 1999」
注：1）1990年の地域別森林面積を基準とした減少面積である。
2）「北米」は、米国及びカナダである。
3）先進地域とは、ヨーロッパ、旧ソ連、北米の各地域に日本、ニュージーランド、オーストリアの各国を含めた地域である。

図 11・2　世界の森林面積の増減

森林が減少しました。開発途上地域の減少のうち、約九七パーセントが熱帯地域のものです。

つまり、この五年の間に、世界中で差引五、六〇〇万ヘクタールほどの森林が減少したことになります。これは我が国の国土の約一・五倍にも相当するのです。

また、面積統計だけでは分かりませんが、残された森林も閉鎖林から疎林へと質的に変化し、劣化しているといわれています。これらの背景には、人口の急増や貧困、あるいは産業や経済が発展して世界的に木材消費量が増加していることなどがあげられます。

世界の木材の利用法は、大きく二種類に分けることができます。一つは薪や炭など燃料としての利用法です。我が国では、この需要は大きくありません。しかし、世界の木材生産量（三三億七、七〇〇万立方メートル・一九九七年）の半分以上、五五パーセントは依然薪炭として利用されています。とりわけ開発途上地域では、実に八割が薪炭に利用されています。我が国の総木材需要量を毎年約一億立方メートルとすると、世界中でその約一八倍の木材が、薪炭として消費されている計算になります。

もう一つの利用法が、建築材や合板、紙パルプなどの産業的な利用法です。世界中の木材の約四五パーセントが産業的に利用されています。薪炭材のほとんどが自国で消費されるのと対照的に、産業用材のうち三割ほどは木材貿易で取引されています。一九九七年の我が国の木材輸入量は、アメリカ（約九、二〇〇万立方メートル）に続いて、第二位（約八、七〇〇万立方メートル）となっています。しかし、輸入量から輸出量を差引いた純輸入量でみると、日本は海外へほとんど木材を輸出していないため、第二位のアメリカ（約三、八〇〇万立方メートル）を倍以上引き離して、第一位（約八、七〇〇万立方メートル）になっています。

薪炭材にせよ、産業用材にせよ、世界の木材消費量は年数パーセント程度ずつ増加していくと予測されています。このままでは、地球規模の森林の減少・劣化が止められないという懸念も出ています。

そのため、森林資源を持続的に利用し、森林の減少や劣化を防ぐための手段が国際的に検討されるようになりました。具体的には、生態系の保全や地球温暖化の防止、水源のかん養、あるいは地域の伝統文化や森林レクリエーションを享受する機会の確保などを行ったうえで、持続的に森林資源を管理していこうとする努力が、世界各国で行われるようになってきました。

これら、一連の流れが次項以降に紹介する「持続可能な森林経営」という考え方を生み出し、「モントリオール・プロセス」や「森林認証」という具体的な動きにつながってきました。

我が国でも、各地の林業経営者や製材業者、林野庁などによりこの考え方が広まりつつあります。現在、林野庁はモントリオール・プロセスなどの会合を通じて持続可能な森林の管理方法について関係各国との話し合いを続けています。また、いくつかの林業経営体や製材業者が森林認証を取得し始めました。

今後の我が国の住宅施策は、このような動きと切り離して考えることはできません。木材の保続だけではなく、多様な公益的な機能持続性を考慮して管理を行った森林から出てくる木材を利用していくことが必要です。そして、製材や加工、流通の段階でも、環境や地域の社会経済的な持続可能性に配慮した住まいづくりが求められていくのです。

（田中伸彦）

「持続可能な森林経営」とは

持続可能な森林経営とは、『将来の世代のニーズを満たす能力を損ねることなく、現代の世代のニーズを満たす森林経営』のことです。分かりやすくいえば、森林の生態系や環境、そこに住む多種多様な生物相などを、破壊することなく孫子の代まで伝えることができるように、林業などをやっていこうという運動です。

それでは、なぜそのような運動が起こったのでしょうか。それにはまず熱帯林の破壊の問題をあげなければならないでしょう。FAO（国連食料農業機関）の統計によれば、農地開発や乱暴な森林伐採によって、一九八〇年から一九九〇年の一〇年間に世界の熱帯林のうち一、四六三万ヘクタールが消失しました。このことと石油など化石燃料の大量消費が重なって、大気中の二酸化炭素濃度が増加し、地球温暖化の懸念さえ出てきました。また、ヨーロッパを中心に、大気汚染物質による強酸性の雨や霧が木を枯らす酸性雨被害も起こりました。このように、一九八〇年代には森林の保全と利用について世界の関心が高まり、一九九二年には、国連がリオデジャネイロで「地球サミット（環境と開発に関する国連会議）」を開催しました。

この地球サミットでは、森林の保全を目指した法的拘束力のある森林条約の制定が期待されましたが機は熟さず、代わりに森林問題が「森林原則声明」や「アジェンダ21」として集約されました。森林原則声明では「森林の持続可能な経営および利用は……環境上健全なガイドラインに基づいて行われるべきである」とされ、アジェンダ21では「森林の経営、保全および持続可能な開発のための科学的に信頼できる基準・指標の作成」が必要と勧告されました。

アジェンダ21の勧告を実現するため、世界各国は熱帯、温帯といった生態的に似たグループに分かれ、基準・指標づくりを行いました。国際熱帯木材機関や欧州森林保護閣僚会合（通称＝ヘルシンキ・プロセス）に続き一九九四年に、日本が加盟するモントリオール・プロセスグループ（アメリカ、カナダなど）の作業が開始されました。

それでは基準・指標とは何でしょうか。「基準」とは、維持すべき重要な森林の価値のカテゴリー（例

表 11・1　持続可能な森林経営のための枠組み

国家レベル	基準・指標
	国家森林プログラム（保全のための諸活動）
	森林計画制度の改善
サブナショナルレベル	サブナショナルレベルの基準・指標
経営体レベル	森林認証制度（FSC、ISO、PEFCその他の枠組み）
	経営体レベルの基準・指標（国際熱帯木材機関）
	モデルフォレスト

えば、生物多様性や社会が受ける各種のサービス）を指します。「指標」とは、ある基準について、その側面を計測するものです。例えば、「森林タイプごとの面積」は木材生産だけでなく、森林の生物多様性を評価する数値になりえます。

プロセス加盟国は、国内の森林について、指標をごまかしのないように科学的に測定し、その数値を公表することによって森林が悪い状態にならないように国際社会において相互監視していこうというものです。将来は、基準・指標の計測で、持続可能な森林経営が行われていないと判断された国・地域からの木材輸出を規制していこうという含みもあります。

ただし、指標の中にはこちらが良くなれば他の指標が悪くなるかもしれないというものも若干ありますので、個々の基準や指標によって森林経営の持続可能性が保証されるというものではなく、善し悪しは総合的に判断しなければならないと考えられています。また、目指すべき指標値もその国の自然的・社会的条件によって違うと考えられています。むしろ、森林の持続可能性に対する共通の理解と評価のための道具、共通の物差しが明確になったことの意義は大きいものといえるでしょう。

こういった基準・指標の考え方は、現在、世界の八つの地域グループで取組まれ、合計一四〇か国以上が参加するほどになっており、一部では地方(サブナショナルレベルと呼んでいる)単位や林業経営体レベルの指標もつくられています。

基準・指標はそれ単独では数値にすぎませんので、持続可能な森林経営を実践させるためには、森林計画制度を持続可能な森林経営という視点から改善したり、「国家森林プログラム」を起こし森林の保全に努める、といったことが行われます(表11・1)。また、持続可能な森林経営を行うに当たっての利害関係者の合意形成のつくり方のモデルである「モデルフォレスト」という仕組みもあります。

また民間レベルでは「森林認証制度」といって、経営が守るべきガイドラインを「基準」(プロセスの基準・指標とは必ずしも一致しない)として示し、地域(国)性を考慮したうえで、良い森林経営を認証し木材の差別化を図るという活動も行われています。

(家原敏郎)

モントリオール・プロセスとは

一九九二年六月、ブラジルのリオデジャネイロにおいて国連環境開発会議(UNCED、地球サミット)が開催されました。そこで採択された「森林に関する原則声明」および「アジェンダ21」をフォローアップするため、持続的な森林経営のための基準・指標を作成する取組が世界各地域で活発化してきました。

モントリオール・プロセスとは、国際的に合意された基準・指標づくりを推進する取組の一つで、欧州

表11・2　モントリオール・プロセスにより合意された基準及び主な指標

基準1：	生物多様性の保存 (9) 森林タイプ、分断度合い、森林に依存する種数、絶滅危惧種、等
基準2：	森林生態系の生産力の維持 (5) 木材生産利用可能面積、蓄積、植林面積、年間伐採量、林産物年間収穫量、等
基準3：	森林生態系の健全性と活力の維持 (3) 病気、昆虫、山火事、大気汚染物質、生態的に重要な生物的構成員の衰退、等
基準4：	土壌及び水資源の保全と維持 (8) 土壌浸食、洪水防止、雪崩防止、河川延長、土壌有機物質、生物多様性、有毒物質、等
基準5：	地球的炭素循環への森林の寄与の維持 (3) 森林生態系のバイオマス、炭素蓄積量、倒木、伐根、等
基準6：	社会の満たす長期的・多面的な社会・経済的便益の維持及び増進 (19) 生産、消費、レクリエーション、観光、投資、文化・社会及び精神的なニーズと価値 雇用及び地域社会のニーズ、等
基準7：	森林の保全と持続可能な経営のための法的、制度的及び経済的枠組み (20) 法律、市民参加、教育、計画、森林資源調査、モニタリング、等

注：(　)内の数字は指標数を示す。

以外の温帯林・北方林を持つ国々が持続可能な森林経営の実現を目指して結成した作業グループのことです。一九九四年六月にカナダ、米国などのイニシアティブにより発足し、その後会合を重ね、一九九五年二月にチリのサンチャゴで開催された第六回会合において、オーストラリア、カナダ、チリ、中国、日本、韓国、メキシコ、ニュージーランド、ロシアおよび米国の一〇か国間で七基準六七指標（表11・2）に合意しました。一九九六年にはアルゼンチン、ウルグアイの二か国が加盟し、二〇〇〇年現在モントリオール・プロセスには一二か国が参加しており、これらの森林を合わせると、世界の温帯林、北方林の九〇パーセントに達しています。

◉基準・指標の概要

「基準」とは、森林の持続可能性に関する多様な側面を表す特徴的な要素で、森林経営が持続可能性に近づいているかどうか評価するためのものです。「指標」とは、各基準の達成状況を表す因子で、計量的な計測又は記述による観察が可能なものです。これら基準・指標のモニタリングにより、持続的にデータを収集し、時系列的に比較することで、森林経営の持続可能性を判断する目安にしようとするものです。

基準一～五は森林の生態的な機能に基づき、生態系の健全性の維持という観点から森林経営が適切に行われているか判断するためのものです。基準六は森林の社会・経済的便益に関する機能に基づき、森林の生み出す財およびサービスが社会のニーズにどれだけ応えるものになっているか評価するためのものです。基準七は一～六までの基準を達成するために必要な法律や制度的枠組みに関する基準です。ヘルシンキ・プロセスにはこの制度的側面についての基準はなく、これはモントリオール・プロセスの際立った特徴の一つといえます。基準・指標に基づく持続可能性の評価は、個々の基準・指標ごとに行うのではなく、他の基準・指標の内容との関連の下に考慮するとされています。また、指標は評価の対象となる項目を列記しただけで、具体的な測定方法や目標とする値などは決めておらず、各国の事情に合わせて具体的に定めることになっています。

◉持続可能な森林経営に向けた我が国における取組の現状

持続可能な森林経営に向けた国際的な合意を背景とした、現場レベルの取組として、「モデル森林」と「森林資源モニタリング調査」があげられます。

モデル森林とは、一九九〇年にカナダで国内事業として始まった取り組みであり、ある地域における利害関係者間のパートナーシップとネットワークづくりをもとに、地域産業と生態系保全との共存を計り、持続可能な社会の実践を目指すものです。日本では一九九六年に北海道、高知県の二か所にモデル森林を設定し、持続可能な森林経営を評価するための「モニタリング」と「指標づくり」に重点を置いた実証活動を行っています。さらに、これとは別にモデル森林の世界的な展開を目的として、一九九八年から「モデル森林の推進に関する国際ワークショップ」（全四回）を開催し、モデル森林の理解と普及に努めています。

また、森林資源についてより詳細な情報を得ることを目指し、林野庁は一九九九年から森林資源モニタリング調査を実施しています。この調査は全国一五、七〇〇点の固定プロットについて毎木調査や植生調査などを定期的に行うものであり、その成果は地域森林計画のための資料のほか、基準・指標値算出への利用に期待できるものです。調査手法、データの収集・整理方法など検討項目も多数ありますが、こうした継続的な森林モニタリングにより、森林・林業の現実の姿が明らかになることが期待されます。

（宮本麻子）

広がる森林認証取得への取り組み

森林資源を有効かつ持続的に利用していくことは、世界的に共通した課題となっています。森林認証は、ある基準の下で森林経営が持続可能か否かを評価し、さらに森林施業が環境的、社会的、経済的な森林の諸機能に対して悪影響を及ぼしていないことを確かめる一つの手段と考えられます。評価と認証は第三者機関によって行われ、認証された森林から生産された木材を利用した製品にはロゴマークが添付されます。

現在、森林認証の代表的な組織としては、非政府組織の森林管理協議会（Forest Stewardship Council＝FSC）による森林認証および製品認証（ラベリング）と、国際標準化機構（International Organization for Standardization）によるISO一四〇〇一環境マネジメントシステムの森林管理への適用の二つがあげられます。このほか、ヨーロッパ、北米、アジアなどでも各国独自の取組が行われています。ここでは、FSC、ISO、ヨーロッパの地域認証の三つの森林認証の仕組みを紹介します。

①　森林管理協議会（FSC）

FSCは一九九三年にWWFなどの環境NGO、民間企業、先住民組織、認証団体などの二五か国の代表が集まって創設された非営利の会員制組織で、現在では五〇か国以上、三〇〇の機関および個人会員を有しています。FSCは、FSCの「原則と規準」および「認証機関のためのFSCガイドライン」に基づいて森林認証機関を認定し、その機関が認証した森林から生産された木材を原料とする製品にはFSCのロゴマークの使用を許可しています。各認証機関は、FSCの「原則と規準」に基づいて地域認証規準を作成し、それによって森林そのものの認証と、認証森林から生産された木材を利用した製品の認証を行います。二〇〇一年二月七日現在、FSCが認定した認証機関はヨーロッパと北米などに一〇ありますが、日本にはまだありません。また、FSCの認証面積はヨーロッパを中心に急速に増加しており、二〇〇一年一月末現在、世界三六か国に二、一〇〇万ヘクタールを超える認証森林が存在し、日本では三重県と高知県の民有林三、三一九ヘクタール認証されています。

② 国際標準化機構（ＩＳＯ）

ＩＳＯは、国や地域によって異なる製品やサービスの規格や基準を世界共通のものにすることを目的に一九四七年に設立され、現在一三〇か国を超える国々が加盟しています。環境問題の高まりのなかで一九九六年に誕生した環境管理に関するＩＳＯ一四〇〇〇シリーズは、その核の部分であるＩＳＯ一四〇〇一環境マネジメントシステムが一九九八年から森林にも適用されており、一九九九年末現在、全世界で一、八〇〇万ヘクタール以上の森林が認証されています。このＩＳＯ一四〇〇一では、企業や組織が持続可能な森林経営のための基準や指標を基に環境管理の方針をたて、関係部署が計画立案、事業実行、事業照査を繰り返すことで継続的な改善が図られるようになっています。ＦＳＣと異なるのは、ＦＳＣが特定の基準に照らし合わせて森林管理状況を検査し、達成度を評価するのに対して、ＩＳＯ一四〇〇〇シリーズは、環境管理システムが適切であるかを評価する点にあります。

ＩＳＯ一四〇〇一の認証を取得するには、ＦＳＣと同様に第三者機関の審査を受ける必要があります。ＩＳＯ一四〇〇一には現在ラベリング規定がありませんが、ＩＳＯ一四〇二〇シリーズでラベリング規格を検討しているので、将来、製品へのラベリングも可能となると考えられます。

③ 汎ヨーロッパ森林認証（Pan European Forest Certification＝ＰＥＦＣ）

ヨーロッパでは、ＦＳＣの認証システムが小規模森林所有者の多いヨーロッパ諸国の森林経営の歴史や法制度に適合しないとして、各国が独自の森林認証基準を設け、それをお互いに認めあおうという動きがあり、一九九八年八月、フィンランド、ドイツなど六か国の森林所有者のイニシアティブによってPEFCが創設されました。その後参加国は増え、現在一八か国、また、認証面積も参加国全体で三、二四〇万ヘクタールとなっています。

PEFCで用いられている認証基準は、ヘルシンキ・プロセスで定められた持続可能な森林経営に関する基準に基づいており、各国はこれを基に自国の事情を考慮した認証基準を作成することになっています。また、認証に当たっては、FSCと同様に独立した第三者機関による評価を行うこととしています。PEFC参加国は、PEFC基準に基づいてつくられた各国の認証基準を相互承認しており、PEFCは地域的な森林認証基準のアンブレラとしての役割を果たしています。最近では、カナダなどヨーロッパ以外の国々の認証基準との相互承認も行われるようになっています。また、PEFC独自のロゴマークを制定し、認証製品に添付するラベリングも行っています。

これまで述べてきた森林認証は、木材の流通や販売に直接的な拘束力を持ちませんが、認証を希望する森林所有者と、認証された木材・木材製品の販売を希望する企業との間で欧米を中心にネットワークの構築が進んでおり、森林経営と木材製品の流通の双方に影響を及ぼしつつあります。

（駒木貴彰）

木の住まいが育む森と森の恵み

この森林の持つ多様な働きに対する国民の要請は、その国の時代時代の社会経済条件とともに変化していきます。我が国で、森林に対する国民の要請を把握するために実施された最初の調査は一九七五年の総理府による「森林・林業に関する世論調査」でした。この調査によれば、当時の国民の森林への期待は、土砂崩壊防止などの災害を防止する働きが第一位で、木材を生産する機能が二位、水源をかん養する機能が三位でした。ところが、それから二四年後の一九九九年に実施された「森林と生活に関する世論調査」では、災害防止機能が第一位、水源かん養機能が第二位を占め、第三位には温暖化防止機能、第四位には大気浄化・騒音防止が続き、かって第二位を占めていた木材や林産物を生産する機能は最下位へと転落しているのです。

このような国民の森林に対する期待の変化には、ここ約二五年間における我が国の森林・林業を巡る環境条件の変化が反映されているようです。都市への人口の集中に伴う宅地の外延的拡大と土砂流災害の発生、異常気象による渇水騒動などが国民の森林の土砂崩壊防止や水源かん養機能への期待を高めたものと考えられます。また、京都会議やCOP6など地球環境問題への国民の関心の高まりが二酸化炭素（CO_2）を固定・貯留する温暖化防止機能への期待として反映されているようです。では、なぜ木材や林産物を生産する機能に対する期待はここまで低くなってしまったのでしょうか。これには、木材貿易が自由化された一九六一年以降の外材輸入の増加による需給の緩和・安定化があります。戦後の復興期から高度成長期へ向かう一九五五年当時には、旺盛な需要のもとで木材需給は逼迫し木材価格は高騰の一途をたどるなど、国民の森林に対する期待は木材などの林産物を供給する木材生産機能の高度発揮に寄せられていたのです。このような国民の要請に応えて、政府では、外材輸入に門戸を開くとともに生産力増強計画を策定し、旧薪炭林や過熟林などの成長が小さい林をスギ、ヒノキ、カラマツなどの成長の早い林に転換する、いわゆる拡大造林を推進してきました。この結果、現在ではスギ、ヒノキなどの人工林が一、〇三五万ヘクタールと全森林面積の四一パーセントを占めています。しかし、その林齢構成は三〇～三五年生の間伐を要する林がもっとも大きな割合を占めるなど全体的には育成途上の段階にあるといえます。ところが、国内の人工林資源が成熟期に達する前に、国内の木材市場は外材に席巻されてしまったのです。木材輸入の自由化は国産材の需給の逼迫を補完する目的で始められたものですが、価格および商流・物流面で優位に立つ外材は、瞬く間に国産材を駆逐し国内市場の首座を占めてしまったのです。この結果、国内林業はきわめて困難な危機的状況に置かれています。

一九九二年のリオ・サミットの「森林原則声明」に即して、我が国も「持続可能な森林経営」を確立することを約束し、モントリオール・プロセスの一員として、その要件である七つの基準と測定基準である六七の指標の設定に合意しました。「持続可能な森林経営」とは森林生態系や生物種の多様性の保全など多様な森の恵みを損なうことなく後世代に継承していくことが可能な賢明な森林の利用の仕方ということです。このような理念に照らしたとき、我が国の森林・林業の現状は「持続可能な森林経営」に向かいつつあるといえるのでしょうか。営々と育ててきた一、〇三五万ヘクタールのスギ、ヒノキなどの人工林資源が成熟度を高めるなかで、木材需要の八〇パーセントを海外の資源に依存していること自体が異常というべきでしょう。また、山村社会では依然として過疎化が続き、「持続可能な森林経営」の確立に向けた森林施業の担い手である林業従事者の減少・高齢化が進行しています。このような状況のもとで、「持続可能な森林経営」を実現していくためには、国内資源の循環利用システム、すなわち、国内林業を再構築し自給率を高めていくことが必要なのです。国内の森林資源の循環利用を高めることは森林の健全化を促進し、森林のCO_2の吸収・固定能を高めるなど森の恵みをより豊かにすることになるのです。

（坂口精吾）

でいます。特に途上地域ではその問題が深刻化してきました。森林をよい状態に保つためには、伐採のしかたを工夫したり、伐採したあとの手入れをしっかりする必要があります。こうした配慮がなされ、森林の状態が悪くならないような森林管理のしかたを「持続可能な森林経営」といいます。そして持続可能な森林経営のもとで生産された木材であることを証明し、消費者がそのような木材を選んで購入できるようにすることで森林を維持していこうとする取り組みが木材のラベリングです。

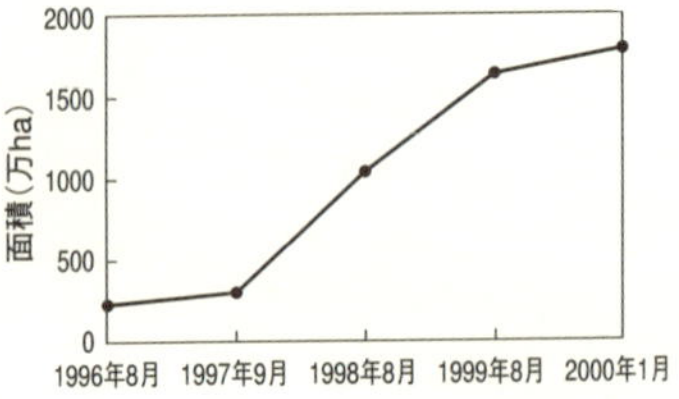

FSCによる認証森林面積の推移

木材のラベリングは木材生産者からも消費者からも独立した第三者機関によって行われています。これらの機関を評価機関といいますが、評価機関はそれぞれ、森林の管理者からの申し出があると、その森林で本当に持続可能な経営が行われているかどうかを独自の基準に基づいて審査します。審査の結果、条件が満たされていれば認証を与え、認証した森林から産出される木材にその旨を表示する（例えばシールを貼り付ける）こと、すなわちラベリングを認めます。

このような評価機関にはさまざまなものがありますが、そのうち組織、実績ともに最大規模のものがFSC（Forest Stewardship Council＝森林管理協議会）です。FSCは「環境保全の点から見て適切で、社会的な利益にかない、経済的にも継続可能な森林管理を推進すること」を目的とする非営利団体として1993年に設立されました。2002年1月10日現在では世界53カ国、2,552万haの森林がFSCの認証を受けています。FSCの特徴としては、森林そのものの認証だけでなく、木材の加工·流通分野の認証も用意し、認証森林の木材が確実に消費者の手に渡るシステムをつくっていること、FSC自身は実際の認証を行わず、認証を与えるための「認証機関」を認定するということがあげられます。

現在のところ、ラベリングされた木材が日本に輸入されることはほとんどありませんし、国内では2000年10月にようやく2件目のFSC認証が取得されたばかりですが、そのうち森林認証のシールが貼られた商品を身の回りで見かけるようになるかもしれません。（嶋瀬拓也）

木材貿易とラベリング

1）世界の木材生産と木材貿易

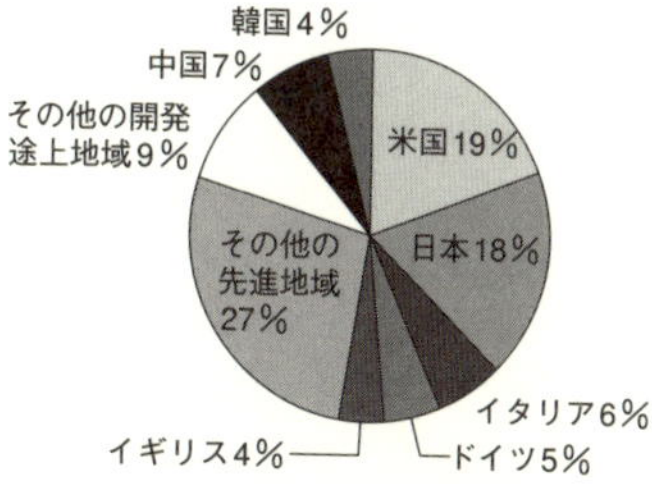

世界の木材輸入（1997年）

国連食料農業機関（FAO）の統計によると、1997年に世界で生産された木材は33億8千万m³でした。そのうち45％が「用材」です。用材とは建築や家具、紙など、燃料以外の用途に当てられる木材のことをいいます。残りの55％は「薪炭材」です。これは薪や炭となる木材のことで、燃料として使われます。世界の国々を先進地域と開発途上地域に分けると、木材生産の37％を先進地域が、63％を開発途上地域が占めていますが、先進地域で生産された木材の9割近くが用材であるのに対し、開発途上地域では生産量の8割が薪炭材です。

では、木材の貿易についてみてみましょう。FAOのデータをもとに林野庁が計算したところ、1997年の世界の木材輸出量は4億6千万m³でした。このうち8割近くは先進国から輸出されたものです。輸入量は4億8千万m³で（統計の誤差などのため、輸出量とは一致しません）、8割を先進国が輸入しました。木材の輸入量が最も多いのは米国で、世界全体の19％を占めています。日本は18％で第2位です。木材輸入国としてはこの2か国が突出しています（ただし米国は輸出量でも第1位で、輸入量から輸出量を差し引いた純輸入量では日本がトップです）。

ほとんどの薪炭材は生産された国で消費され、輸出されるものはごくわずかです。これに対して用材や、これを加工して得られた製材品、合板、紙などの製品は、国境を越えた取り引きが活発になされています。1997年には世界で生産された用材15億2千万m³のうち、1億2千万m³が丸太のままで輸出されました。製品として輸出されたものは、製材品が1億1千万m³、合板やパーティクル・ボードなどの木質系パネルがあわせて5千万m³、紙・板紙（段ボールなどの厚紙）が8,800万トン、パルプが3,500万トンに達しています。木材の貿易量は生産量の伸びを大幅に上回るスピードで拡大してきましたが、なかでも加工されてから輸出されるものの比率が高まっていることが近年の木材貿易の特徴です。

2）木材のラベリング

貿易が活発化する一方で、地球規模での森林の減少、質の低下が進ん

間伐材や心持ちの製材でもここまでできる

木造の大きな建物といえば、集成材やLVLを使って建てるのが一般的です。集成材やLVLは、薄い板を貼り合わせて作った木材で、太い断面が得られるとともに、板の組み合わせ方で強度が設計できる信頼性の高い材料であるからです。

しかし、心（年輪の中央部分）を持つ間伐材や普通の製材でも、大きな空間を持つ建物を造ることができます。間伐材や普通の製材は強度のバラツキが大きいのですが、統計･確率論を駆使し、構造形式を工夫することで、その不利を克服することが可能なのです。

ここで紹介する建物の一つは、熊本県小国町にある小国町民体育館です。断面が9cm角〜17.5cm角のスギの心持ち材を立体トラスとした構造形式の建物で46m×57mの広さがあります。白く塗装されたスギの骨組みは、優雅で美しく、日本建築学会賞（作品賞）を受賞しました。

もう一つは、奈良シルクロード博のパビリオン（今はありません）で、断面がたった5cm×10cmのスギの製材を使いながら、格子シェルという構造形式を採用することで、幅38.8m、長さ104.5mの巨大な空間を可能にしました。このパビリオンが木造で造られた理由は、建物が軽く基礎が小型ですむからで、建設場所である奈良公園の地下に眠っている文化財を守るためでした。軽くて強い木材の素晴らしい性質を、納得することができますね。

（神谷文夫）

奈良シルクロード博のパビリオンと内部

小国町民体育館と内部

資　料

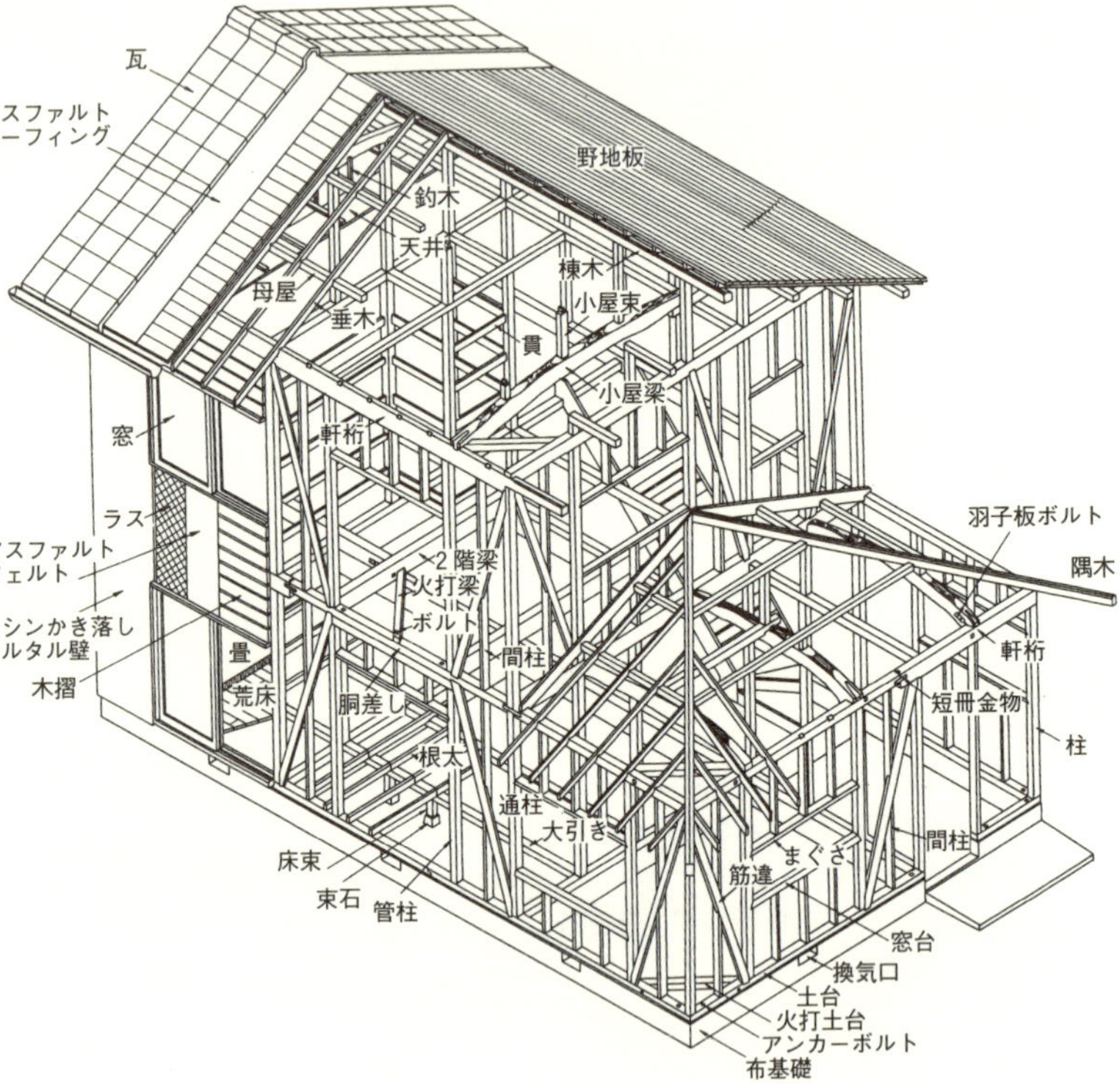

架構図(1) —— 在来構法住宅

日本建築学会・構造用教材から、1985

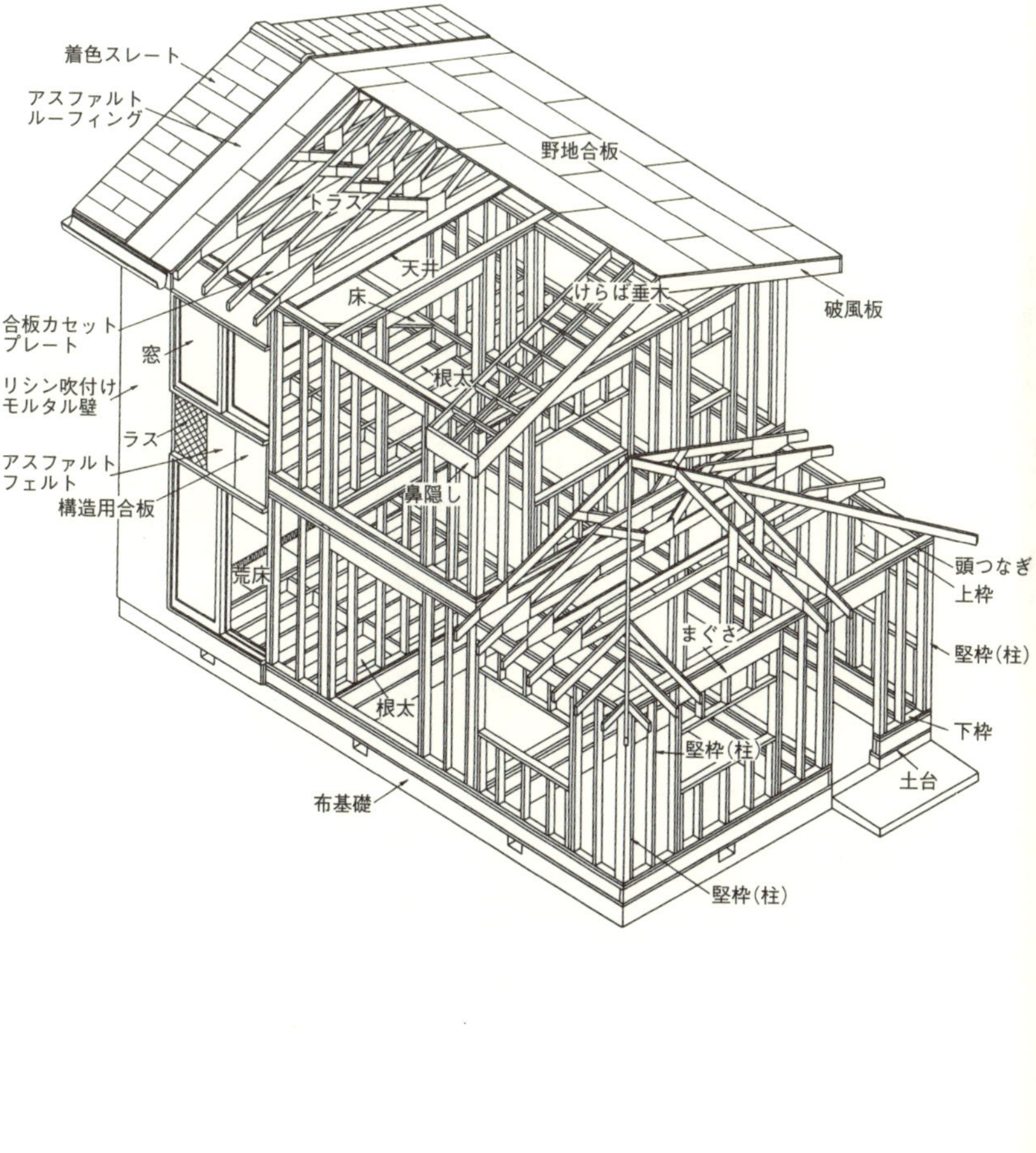

架構図(2) —— 枠組壁工法住宅

日本建築学会・構造用教材から、1985

もっと詳しく知りたい人のために
――木造住宅等に関する図書リスト――

1　森林林業に関するもの

・森林・林業・山村入門　船越昭治編　地球社
・森林・林業百科事典　日本林業技術協会　丸善出版事業部
・森林の環境――１００不思議　日本林業技術協会
・２１世紀の環境企業と森林――森林認証・温暖化・熱帯林問題への対応　小林紀之　日本林業調査会
・ゼロエミッションと日本経済　三橋規宏

2　木材加工に関するもの

・各種木材および加工木材の日本農林規格　農林水産省日本農林規格協会
・木材工業ハンドブック（改訂新版）森林総合研究所編　丸善
・木材の知識（改訂4版）商品と流通の解説　上村武　経済調査会
・木材科学講座8　木質資源材料　鈴木正治編　海青社

3　木造建築の全般に関するもの

・木造住宅　建てる前・買う前に知っておきたい１２３の常識　大庭孝雄　日本実業出版社
・これからの木造住宅／１　計画と設計／２　構造計画と耐震性向上／３　省エネルギー・熱環境計画／

4 遮音計画／5 防火計画の手引き／6 高齢者対応住宅・リフォーム計画／7 生産供給と施工管理
建設省住宅局木造住宅振興室監修　丸善
・マンガで学ぶ　木造住宅の設計監理　小林純子他　井上書院
・マンガで学ぶ　ツーバイフォー住宅　西川邁　井上書院
・マンガで学ぶ　木の家・土の家　小林一元・高橋昌巳・宮越喜彦　井上書院
・木造建築を見直す（岩波新書）　坂本功　岩波書店
・地震に強い木造住宅　坂本功　工業調査会
・地震と木造住宅　杉山英男　丸善
・木質環境の科学　山田正編　海青社

4　建築法規に関するもの

・建築基準法令集　平成13年度版　日本建築学会
・デザイナーのための建築法規チェックリスト　彰国社
・木材科学講座9　木質構造　有馬孝禮他編　海青社

5　木造建築の設計に関するもの

・デザイナーのための／木構造／見積チェックリスト／生活動作とインテリアスペースチェックリスト／内外装材チェックリスト／人体・動作寸法図集ディテール入門　彰国社
・木造の詳細（1～4）　彰国社
・図解木造住宅設計の進め方　茶谷正洋・山室滋　市ケ谷出版社

・実例によるツーバイフォー住宅設計図集　井上書院
・ツーバイフォー〔基礎編〕〔改訂版〕　鈴木秀三・高橋明彦・友井政利　井上書院
・ツーバイフォー〔応用編〕　鈴木秀三・高橋明彦・友井政利　井上書院
・目でみる三階建木造住宅ハンドブック　田口明　山海堂
・木質構造設計規準・同解説　日本建築学会

6　木造建築の見積に関するもの

・木造住宅積算入門〔改訂4版〕　はまだかんじ　大成出版社
・だれにもわかる木造住宅の見積書の見方・作り方　岡本辰義・梶ヶ谷国夫　オーム社
・改訂　木造住宅の見積り　阿部正行　経済調査会
・木造住宅の積算と見積り　山内久三郎　理工学社

7　木造建築の施工に関するもの

・住宅現場・公開講座　品質を守る木造住宅のつくり方　力石眞一　井上書院
・図解軸組木造住宅のしくみと施工　荒井春男・前場幸治・福井綾子他　東洋書店
・木造住宅施工の実務手順　木下工務店技術本部 編著　彰国社

8　木造建築の保守に関するもの

・木造住宅監理の話　山田修　学芸出版社
・木造住宅のクレームとトラブルを防ぐ　高木任之　産調出版

用語集

あて材　傾斜地などで樹心が一方に偏って成長し、肥大成長が促進された部分を持つ木材。あて材は縦方向の収縮率が異常に大きいため、反り、狂いの原因になる。

末　木（うらき）　樹木の先の部分。

鉛直荷重　建物の鉛直方向に作用する荷重をいい、固定荷重・積載荷重・積雪荷重などがある。

横架材（おうかざい）　建物の梁、桁など水平方向に掛け渡した部材の総称。

加圧注入　耐圧製の注薬缶に木材を入れて密閉し、減圧、加圧操作によって防腐、防虫薬剤を木材中に注入すること。

矩計図（かなばかりず）　建物の特徴を端的に示す外壁部分の断面図で、各部の標準的な高さ関係、材料、詳細、架構方式などを示す図面。

環孔材　木材の木口面で早材部の道管が晩材よりも大きく年輪に沿って見られる木材をいい、代表的な木材としてケヤキが有名。

間伐材　森林の育成の過程で植栽された木の密度を調節し、生産目標にかなった形質を持つ価値の高い材を生産するために行われる間引き・伐採された木材。

気乾比重　木材の物理的・機械的性質を決める重要な指標で、木材を大気中で乾燥させたときの単位容積あたりの重量を表す値。日本では木材の含水率が一五パーセントのときの比重。

極相林　自然環境のなかで順応できない樹木は次第に消滅し、順応できたものだけが永続的に残るといった樹木の遷移過程の最終段階に見られる成熟した森林。

許容応力度　建築物などの構造体の外力に対する安全性を確保するために決められた構成部材に許容される応力度の限界値。

構　法　建物あるいはその部分の仕法・性能などを踏まえた構成方法。とくに構造的な特徴を表す場合に使う。

工　法　加工・工事などにおける作り方や組み立て方をいうが、枠組壁工法のように建物全体をさす場合もある。

小幅板　ＪＡＳで規定された製材品の板類で、厚さが三センチメートル未満、幅が十二センチメートル未満の幅の狭い板をいい、貫、木ずり、腰羽目板、縁甲板などに使われる。

小割材　製材品のひき割類のうちで、垂木以下の小断面のものの総称。

材　種　製材品はその断面と形状によって、板類（板、小幅板、斜面板、厚板）、ひき割類（正割、平割）、ひき角類（正角、平角）に区分されているが、規格に規定されていないもので、葉柄材、板割、小割材、太鼓材、半割・三ツ割・二ツ割、大角・中角・小角などの種類がある。

材　面　木材の切断面で、丸太の木取り方法によって木口（横断面）、柾目（年輪に直角方向）、板目（年輪に接線方向）がある。

差し鴨居　構造材を兼ねた鴨居で通常の鴨居よりせいが高く、大スパンの柱間に梁と同程度の断面を持ち、下面には戸や襖溝を付けた部材で、柱との取り合い（仕口）は、両端ともほぞざしとする。

里　山　農山村の集落周辺部に位置し、農民の営み（農用や薪炭生産）の下で利用された履歴をもつ林野をいうが、営みと自然との一体的な環境と調和した景観をいうこともある。

桟積み（さんづみ）　木材を天然乾燥するとき、通風を良くするために木材と木材の間に三センチメートル角程度の木材（桟木という）を一定の間隔にはさんで水平に積み上げること。

直張床（じかばりゆか）　平滑に仕上げたコンクリート床スラブ上に直接接着剤などを用いてフローリングなどの床材料を貼り、仕上げた床。

軸　組　土台、柱、梁、桁、筋かいなどからなる住宅の骨格となるもの。

下地材（したじざい）　床や壁の仕上げ工事を行うための素地として使われる板などの材料一般。

シックハウス症　シックビル症候群あるいはシックビルディング症候群ともいい、室内の有害な揮発性有機化合物（ＶＯＣ）によって引き起こされるアトピー性皮膚炎、喘息などのアレルギー、頭痛などの健康障害を伴う症状。

地　山（じやま）　掘削などで乱されていない自然地盤。

集成材　挽き板（ラミナ）の繊維方向に平行に接着剤を用いて、長さ、幅、厚さの各方向に集成接着した柱、梁、板材とした材料。造作用集成材、化粧ばり造作用集成材、構造用集成材、化粧ばり構造用集成材、構造用大断面集成材など、目的、用途によっていろんな種類がある。

準不燃材料　建築基準法施行令に規定された不燃材料に準ずる防火性能を持つ材料で、厚さ九ミリメートルのせっこうボードや木毛セメント板などが該当する。

準防火地域　火災の危険を防除するため都市計画によっ

て定められた防火地域の建築物は建築基準法によって建築物の構造が規定され、耐火建築物としなければならないが、都市計画によって防火地域に準ずる地域として定められる地域。

仕様書　建築工事に必要な材料、品質、性能、施工に関して詳細な指示を示した文書。

除湿乾燥　乾燥室内で湿潤な空気を冷却し、水蒸気を凝縮・除去する乾燥方法。

人工乾燥　木材を乾燥室で人工的に温・湿度を調節し、短時間で乾燥させること。熱風を乾燥室に送り込む方法や木材に高周波を当てて木材内部から発熱させて乾燥する方法などいろんな方法がある。

心持ち材　一本の小丸太から一本の角材をとった製材品で、樹心があり、心のない心去り材と比べて割れやすいため背割りを入れてこれを防ぐ方法が採られている。

森林資源モニタリング調査　森林資源の分布状況の変化を定期的かつ体系的に調査することで、ランドサットなどの観測衛星で観測しながら分析を更に高精度に行うための技術研究が進められている。

水平荷重　構造物に水平方向に作用する荷重で地震力や風圧力などがある。

寸法安定性　木材・木質材料の湿度の変化による膨潤、収縮を抑える効果を示す指標の一つ。木材をフェノール樹脂で処理したり、アセチル化、ホルマール化するなどの処理方法がある。

生態系　ある地域の生物の群集とそれを取り巻く物理的、生物的環境の間に相互作用が働いて、その機能が成り立っている系をいい、エコシステムともよんでいる。

セカンダリーグロス　樹齢一〇〇年未満の若齢二次林木をさし、日本ではセカンドグロスと呼んでいる。対語として、アメリカでは開拓時代以前から存在する樹齢一〇〇年以上の用材適齢木をオールドグロス（老齢樹）とよんでいる。

施業方法（せぎょうほうほう）　施業は、森林に関する経済活動である林業そのものを意味するが、日常的に行われる植栽、下刈り、除・間伐、主伐などの諸作業があり、そのやり方を施業方法という。

背割り　心持ち材の乾燥による割れを防ぐためにあらかじめ髄心に達する鋸目を材の長さ方向に沿って入れること。

早　材（そうざい）　樹木の成長層の中で春から初夏にかけて形成された大きな細胞で、密度の低い、淡色の部分。

造作材（ぞうさくざい）　建物の木工事で、軸組工事が終わった後に行われる、天井、床、敷居、階段、作りつけ家具などの仕上げ工事を造作というが、これらの工事に使われる建築部材で、敷居、鴨居、長押、天井板、廻り縁、棹縁などがこれに該当。これらの部材は、見え掛かり（表面に現れる）部分に使われることから、化粧性が重視される。

ゾーニング計画　地域計画において、土地利用や開発に伴う混乱など人間のインパクトによる環境悪化を防止するため、土地利用について区域により異なる規制を定める計画手法をいう。都市計画で行われている、用途地域制、容積地域制、防火地域制、景観地域制がその例としてあげられるが、林野庁の行っている保安林制度や生態系保護地域指定もゾーニング計画のひとつである。

素材生産　立木を伐採し、素材（丸太）にして木材加工業の原料（原木）にするまでの技術工程のこと。伐木作業、造材作業、集材作業、巻き立て作業、運材作業、生産量と品質を計測する検知作業などからなっている。

耐久性　劣化外力（生物、熱、光など）の作用を受けある期間を経過しても機械的性質、密度、形状などの変化がなく、長く持ちこたえる性能。

耐朽性　木材の腐朽菌に侵されず腐りにくい性能。

たいこ材　丸太を製材にするとき柱のように四方を平面にしないで、相対する二面だけを鋸で挽き、その断面があたかも太鼓状をしていることからこう呼んでいる。根太、小屋梁などに使われる。

耐震診断　既存の建築物等について、耐力壁の配置や量、接合部の良否等を中心に想定される大地震に対して構造上の安全性が確保されているかどうかを調べ、診断すること。

耐水性　ある物質を水中に長時間浸漬しても外観、形状などが変化したり物理的・機械的性質などが低下しない性能。

縦つぎ材　木材同士を繊維方向（長手方向）に結合した部材。縦つぎの方法にはフィンガージョイント、スカーフジョイントなどいくつかの方法があるが、強度部材で使う場合は結合部分の強度が要求され、規格に適合していなければならない。

耐震性　建物が地震に耐え、損傷や倒壊しない性能で、構造安全上の大きな指標となる。

天然乾燥・自然乾燥　木材乾燥法の一つで通風や立地条件のよい場所に桟積みし、自然に乾燥させる方法。含水率を低くするには限度があり、人工乾燥に頼る場合が多い。

通しボルト　ログハウスで、積み重ねた校木に孔あけし、一つの階層部分を補強するために使う長いボルトで、校木の交差部や開口部の両脇等に配置する。丸鋼両端にねじ切りされたボルトが一般的。ログハウス以外に工業化住宅でも土台、桁等の横架材間で壁パネル両側に補強のために使うこともある。

内装制限　火災の拡大を防ぎ、避難と消火活動の促進を図るため、建物の用途、規模などに応じて室内の壁と天井の仕上げ材料を防火的なものに制限すること。

難燃材料　建築材料の燃えにくさを評価するための性能の一つに難燃性があるが、通常の火災の加熱下にあって、着火しにくく、燃焼速度の遅い性質を持つ材料。

南洋材　東南アジアからパプア・ニューギニアまでの熱帯地域から日本に輸入される木材の総称。とくにフタバガキ科の広葉樹が多い。

年輪界　成長輪および年輪の外縁をいう。

年輪幅　一成長期間中に形成された木部の成長層の幅をいい、木材の木口面で半径方向における年輪の大きさとして測定する。年輪幅の広狭は材質評価の重要な指標となる。建築における構造材の規定の中に年輪幅の制限があるが、力学的性質に影響を及ぼすことによる。

羽柄材（はがらざい）　建築用製材品のうち軸組構造用材（柱、土台、梁、桁など）以外のものの総称で、板、小幅板、挽き割り類などがこれに含まれる。建築用材としては副次的に使うものという意味で葉柄材、単品の材積が比較的小さく種類が多いという意味で端柄材とも書く。

幅はぎ　板などを幅びろのものにするため、その側面を接着剤などを用いてつぎ合わせること。小幅板をつぎ合わせた幅はぎ板が床下地や屋根下地に使われている。

晩　材　一成長輪の中で密度が高く、細胞が小さく成長期の夏から秋にかけて形成された材の部分。年輪をみるとき濃く見える部分がこれで、材の識別などに大いに役立つ。夏材、秋材ともいう。

火打ち梁　小屋組、二階床組の隅角部で、胴差し、梁、桁などを直交させて角を作る場合、これらの横材に対し四五度に入れて補強またはゆがみを少なくするために使われる部材。通常、柱と同寸の木材を使うが、最近では鋼製のものが多用されている。

挽き板　製材の材種の一つで板類をいう。集成材を構成する板も挽き板というが、英語でラミナという。

ヒノキチオール　最初タイワンヒノキの心材から分離されたことからこの名がある。ヒノキ科の樹木、例えば我が国のヒバからもとれる精油成分で、特有のにおいをもち、殺菌性があるところから、この成分を取り込んだ床材や内装などの建材が作られている。

複合梁　製材、集成材、単板積層材などの軸材料同士を合わせたものや軸材料と合板等木質系面材料やその他の異種材料とを、釘・ボルトなどの金物あるいは接着剤を用いて接合することによって製造した梁の総称。ボックスビーム（箱型梁）、I型ビーム、合わせ梁、平行弦トラスなどが該当する。

不同沈下　時間の経過と共に起きる構造物の沈下で、構造体に強制変形による応力を生じさせ、ひび割れの発生、耐力の低下といった構造的な傷害を引き起こす原因となる。

不燃材料　加熱しても容易に燃焼せず、また、防火上有害な煙、ガスの発生及び溶融、破壊、脱落などを生じない材料で、コンクリート、レンガ、瓦、鉄鋼、モルタルなどがある。

閉鎖林　林木が成長して隣接する樹冠が相互に重なり合って林冠を形成している森林。

萌芽更新　林木を伐採した後の株から発生させた萌芽を成長させて林に更新する方法。広葉樹類では若い年齢では萌芽力が強く、薪炭林造成はほとんどこれによっている。

防火地域　市街地における火災の危険を防除するため都市計画に定められた地域地区の一つで、建築基準法により建築物の構造が規定される。

防火戸　外壁または間仕切り壁などの開口部に設ける一定の性能を持つ建具。防火設備の一種で、甲種及び乙種防火戸がある。

ホールダウン金物　木造住宅が地震力などの水平力を受けるとき柱や耐力壁の脚部に大きな引き抜け力が発生し、建物の転倒、破壊につながる怖れがあるところから、それを防止するために開発された引き寄せ金物。

北洋材　南洋材に対する言葉で、北米材も広義には含められるが、一般的には、主にロシア極東地域からの木材をいう慣用的な総称。

ボックスビーム　上・下弦材およびスティフナに製材品を用い、両面に合板などの面材料を釘打ち又は接着した箱形の断面を持つ梁。

北方林　北半球のユーラシア大陸北部から北アメリカ北部にかけての亜寒帯林あるいは高標高地帯に広がる針葉樹林帯の森林。

曲げ剛性　梁や板の曲げにくさを表す量。弾性範囲での梁の場合にはヤング係数Eと断面二次モーメントIの積EIで表される。

目切れ　製材品でその稜線に対して木材の繊維方向が傾斜したものをいう。木材の強さは繊維方向が一番高いが、繊維の傾斜によって強さは影響を受け、その傾斜角度に合わせて強度の修正が行われている。

杢（もく）　木理が種々の原因で不規則な配列となって材面に現れたもので、希少価値があるところから化粧的に価値の高いものとして珍重する。

木　理　木の面に現れる年輪、放射組織など各種の細胞の配列の仕方によってできる模様。柾目板などに年輪幅が密に見られる精緻木理や材面に現れる異常に発達したものは重宝がられ、銘木扱いされる。

モデルフォレスト　国連環境開発会議以降の森林・林業分野の世界的な課題である持続可能な森林経営を各国が現場レベルで実践し、具体化していくための取り組みで、我が国でも高知、北海道などで纏まりのある地域の森林を対象に、地方自治体、地域住民、ＮＧＯ、企業などの参加の下、森林計画の作成及び実施とモニタリング、研究開発などが先導的に行われている。

盛土（もりど）　掘削した土などを盛り上げて建物の敷地や道路や堤防を築くこと。盛り土の場合、土を突き固め、安定させないと水を含みやすい上、地震などの大きな振動で崩壊しやすい。

屋根下地　建物の上部の覆いをいうが、母屋、垂木、小屋束等で組まれた小屋組上面を覆う板、合板などの面材料をいう。

木質建材認証制度　新しい木質建材で、日本農林規格に制定されていないもの、規格の対象となっているが規格に基準が定められていない特殊な性能を有するものについて、優良な製品の認証を行う一方で、不良品に関わる品質の改善などの勧告を行う制度で、認証された建材にはＡＱ（Approved Quality）マークが表示される。認証・勧告は、㈶日本住宅・木材技術センターが行っている。通称ＡＱ制度といっている。

床　組　床を支える骨組み部分。一階の床組では大引き、根太、床束などで構成、二階床組では大梁、小梁、根太、火打ち梁等で構成された骨組み。

ユニバーサルデザイン　形を機能に合わせて一度つくってしまうと変えにくいことから、最初から機能と形とはお互いに自由にしておこうという設計の考え方。室空間の用途を自由にする考えをユニバーサルスペースという。

老齢林　高木層の衰退木、枯死木、倒木が存在し、さまざまな世代、大きさの個体の存在する森林。

ロータリレース　原木を回転させ、固定した刃物により所要の厚さの単板（ベニア）に剝く機械。

（『共立建築辞典』建築事典編集委員会編、一九七〇、共立出版、『林業』木材産業事典編集委員会編、一九八八、日本林業調査会　より抜すい）

原田　寿郎　森林総研木材改質研究領域木材保存研究室主任研究員
原田　真樹　森林総研構造利用研究領域材料接合研究室主任研究員
林　　知行　森林総研構造利用研究領域材料接合研究室長
久田　卓興　森林総研研究管理官
平川　泰彦　森林総研木材特性研究領域組織材質研究室長
*藤井　　毅　森林総研複合材料研究領域チーム長
藤井　智之　森林総研木材特性研究領域長
藤原　勝敏　森林総研企画調整部研究情報科長
三井　信宏　森林総研構造利用研究領域木質構造居住環境研究室員
宮武　　敦　森林総研複合材料研究領域積層接着研究室主任研究員
村田　光司　森林総研加工技術研究領域木材機械加工研究室長
森川　　岳　森林総研構造利用研究領域木質構造居住環境研究室員
桃原　郁夫　森林総研木材改質研究領域木材保存研究室主任研究員

《第Ⅱ部》

家原　敏郎　森林総研森林管理研究領域資源解析研究室長
石崎　涼子　森林総研林業経営・政策研究領域林業システム研究室員
鹿又　秀聡　森林総研林業経営・政策研究領域林業システム研究室員
駒木　貴彰　森林総研北海道支所北方林管理研究グループ長
齋藤　和彦　森林総研森林管理研究領域環境計画研究室員
*坂口　精吾　元森林総研林業経営部長（現森のなんでも相談室長）
嶋瀬　拓也　森林総研林業経営・政策研究領域林業動向解析研究室員
杉村　　乾　森林総研林業経営・政策研究領域環境計画研究室長
田中　伸彦　森林総研森林管理研究領域資源解析研究室主任研究員
西園　朋広　森林総研森林管理研究領域資源解析研究室員
堀　　靖人　林野庁森林整備部研究普及課研究企画官
松本　光朗　森林総研林業経営・政策研究領域林業システム研究室長
宮本　麻子　森林総研森林管理研究領域環境計画研究室員
山田　茂樹　森林総研林業経営・政策研究領域林業動向解析研究室主任研究員

執筆者紹介

（五十音順／＊は編集者／独立行政法人森林総合研究所は森林総研と略称）

《第Ⅰ部》

阿部　市郎　NPO法人 建築技術支援協会常務理事（元（株）三井ホーム常務）
井上　明生　森林総研複合材料研究領域積層接着研究室長
今富　裕樹　森林総研森林作業研究領域作業技術研究室長
上杉　　啓　東洋大学工学部建築学科教授
大村和香子　森林総研木材改質研究領域木材保存研究室員
加藤　英雄　森林総研構造利用研究領域材料接合研究室員
＊金谷　紀行　元森林総研次長（現林業科学技術振興所専務理事）
＊神谷　文夫　森林総研構造利用研究領域長
軽部　正彦　森林総研構造利用研究領域材料接合研究室主任研究員
河合　　誠　（株）三井ホーム技術開発研究所所長
木口　　実　農林水産技術会議研究調査官
坂本　　功　東京大学大学院工学系研究科教授（建築学専攻）
佐藤　雅俊　東京大学大学院農学生命科学研究科助教授（農学国際専攻）
渋澤　龍也　森林総研複合材料研究領域複合化研究室主任研究員
末吉　修三　森林総研構造利用研究領域チーム長
杉本　健一　森林総研構造利用研究領域木質構造居住環境研究室主任研
鈴木憲太郎　森林総研複合材料研究領域長
千葉　幸弘　森林総研植物生態研究領域物質生産研究室長
恒次　祐子　森林総研構造利用研究領域木質構造居住環境研究室員
外崎真理雄　森林総研木材特性研究領域物性研究室長
＊土井　恭次　林業科学技術振興所顧問（前理事長）
長尾　博文　森林総研構造利用研究領域チーム長
西村　　健　森林総研木材改質研究領域木材保存研究室員

木の家づくり

きのいえづくり

発 行 日 ―――――― 2002年6月1日　初版第1刷

定　　価 ―――――― カバーに表示してあります

編　　者 ―――――― (財) 林業科学技術振興所　©

発 行 者 ―――――― 宮　内　　久

海青社
Kaiseisha Press

〒520-0002　大津市際川3丁目23の2
Tel. (077) 525-1247　Fax. (077) 525-5939
ホームページ=http://www.kaiseisha-press.ne.jp
E-メール=info@kaiseisha-press.ne.jp

● ISBN 4-906165-88-5　● 乱丁落丁はお取り替えいたします　● Printed in JAPAN